磁流变减振器
设计理论及控制技术

Insight into Magnetorheological Shock Absorbers

［波兰］Janusz Gołdasz　Bogdan Sapiński　著
赵丹　刘少刚　柴丽琴　译

国防工業出版社
·北京·

著作权合同登记　图字:军-2018-036 号

图书在版编目(CIP)数据

磁流变减振器设计理论及控制技术/(波)杰纳斯·古尔德,(波)博格丹·萨皮恩斯基著;赵丹,刘少刚,柴丽琴译.—北京:国防工业出版社,2020.5

书名原文:Insight into Magnetorheological Shock Absorbers

ISBN 978-7-118-10368-7

Ⅰ.①磁…　Ⅱ.①杰…②博…③赵…④刘…⑤柴…　Ⅲ.①磁流体-流变-减振器　Ⅳ.①U260.331

中国版本图书馆 CIP 数据核字(2020)第 067622 号

※

国防工业出版社出版发行
(北京市海淀区紫竹院南路 23 号　邮政编码 100048)
天津嘉恒印务有限公司印刷
新华书店经售

*

开本 710×1000　1/16　**印张** 14¾　**字数** 240 千字
2020 年 5 月第 1 版第 1 次印刷　**印数** 1—2000 册　**定价** 79.00 元

(本书如有印装错误,我社负责调换)

国防书店:(010)88540777　　发行邮购:(010)88540776
发行传真:(010)88540755　　发行业务:(010)88540717

序 言 一

许多液压工程师致力于设计出快速、稳定和可靠的液压阀,使人们能够直接从液压执行器中获取有用的输出(即液压阀几乎不会造成干扰)。在可控悬架阻尼器领域中,由于该类型阻尼器的流量和压力条件差异很大,设计阻尼器使用的响应迅速且性能良好的液压阀是一项极其困难的任务。为了解决这一问题,研究者们开始在汽车半主动悬架系统中使用磁流变(MR)液和电流变(ER)液。例如:2000 年初,Delphi Automotive Systems 和 Corp/BWI Group 合作研制的 MagneRide™;2010 年初,Fludicon GmbH 研制的 eRRide™。

基于磁流变液的车辆半主动悬架系统涉及多个领域的知识和技术,例如,悬架控制算法、车载电源和图像处理电路、密封/轴承材料、系统设计方法以及对于悬架阻尼器静态力和动态力的分析等,这种多学科交叉技术的研究进展一般都非常缓慢。随着相关技术的不断发展,研究者们在 12 年前成功研制出第一款基于磁流变液的汽车半主动悬架系统——MagneRide™。这种系统具有非常出色的性能,例如,响应速度快、动态范围宽和可靠性强等。在此基础上,研究者们又陆续开发出两代新产品,也即磁流变汽车半主动悬架系统的商业化逐步实现。

我和本书的两位作者共同致力于研究磁流变阻尼器的设计和分析方法。我认为本书中介绍的所有方法在实际研究中都具备适用性和实用性。

首先,本书全面地介绍了磁流变液的基本原理,包括磁流变液的组成及其性能特点等。从磁流变液的流动状态和电磁学的角度出发,提出了一些可用于设计和优化磁流变阻尼器的方法。

其次,本书介绍了磁流变阻尼器的基本结构和不同的活塞结构,提出了一种描述活塞中流体流量和磁场分布的方法,并从静态和动态两个角度分析了阻尼器的性能。此外,书中使用计算流体动力学(CFD)和电磁有限元(FE)模型,详细分析了阻尼器中的流场和磁场。这些模型在描述磁流变阻尼器的行为和进一步优化磁流变阻尼器的性能方面具有非常重要的作用。为了保证论述的完整性,本书还提出了一种分析阻尼器电路的方法,并将其与磁流变阻尼器的模型结合使用。针对阻尼器的静态和动态特性,本书进行了一系列实验,验证了上述模型的有效性。

出于保密的原因,MagneRide™系统中的传感器和相关的控制算法不在本书的介绍范围内。但这并不会给读者的理解造成障碍,因为有很多通用的算法可以应用于磁流变阻尼器中(如“Skyhook”或其他用于半主动系统的控制算法)。

能量收集阻尼器是一个非常有趣的新兴研究领域。对于大部分路面情况而言,尽管阻尼器产生的能量不足以驱动车辆,但能够驱动车辆内部的传感器和控制器等电子设备,从而实现半主动阻尼器的自供电功能。在本书中,作者提出了一种基于磁流变液的能量收集阻尼器,这对促进该领域的进一步研究具有非常重要的意义。

本书的两位作者在汽车阻尼器和智能材料相关领域具有十分丰富的研究和工作经验。我相信本书能够让读者进一步地接触和了解磁流变技术,并且对需要理解磁流变液及其应用的工程师、研究人员和学生具有极高的价值。

Alexander A. Alexandridis 博士
Delphi Corporation 总工程师(已退休)
Fludicon GmbH 首席执行官(已退休)
MagneRide™共同发明人

2014 年 11 月 17 日
于德国达姆施塔特

序　言　二

从语言学的角度讲,“魔法”(magic)和“磁”(magnet)虽相似,但这两个词分别都有其特定的词源,而且“魔法”这个词的出现比“磁”大约早了一个世纪。从14世纪开始,“魔法”一般被认为是“利用隐藏的自然力量影响事件的发生并创造奇迹”。然而,对于那些磁流变液的研究者来说,用“魔法”这个词描述磁流变液是非常合适的。BWI公司是这个世界上唯一研发出一系列磁流变阻尼器的公司,作为这个项目组的负责人,我多次被问到“磁流变液是如何工作的?”我的回答始终是“它是一种魔法!”

当然,从技术的角度而言,磁流变阻尼器并不是“魔法”,而是一种相当复杂的装置。若要真正地理解磁流变阻尼器,就需要掌握流体动力学、磁场理论、动力系统、电气系统等多种知识。在本书中,作者将磁流变阻尼器这一看似是“魔法”的东西分解为很多个用于支撑这一技术的基础理论。本书结合了相关的理论和经验,从磁流变液的基础知识出发,介绍了磁流变阻尼器、控制阀、数学模型、阻尼器结构和能量收集阻尼器的相关细节。此外,还介绍了相关领域的研究进展以及下一步的研究重点。

这本书无疑是一本综合了背景、研究和相关数据的“魔法书”,具有很高的学术价值,它将会使每一位读者对磁流变液及磁流变阻尼器有更深入的理解。

Douglass L. Carson
BWI集团悬架系统工程主管

2014年11月17日
于美国俄亥俄州代顿市

前　言

固体和液体遵循不同的物理定律,例如,固体的行为是线性的,可以用胡克弹性定律来描述,线性流体的流变性则是用牛顿黏度定律描述的。但有些材料并不符合这些常规的定义,如被称为智能流体的电流变液和磁流变液。当给这类材料施加外部电场或磁场时,它们的物理状态会发生变化,即从流体转化为类固体。这种变化是可逆的,变化幅度大且响应速度快。磁流变液或电流变液的这种特性使得它们可以应用于振动控制领域中,并且十分适用于系统状态需跟随外部条件实时变化的系统中。

磁流变液和电流变液自从 20 世纪 40 年代被发现以来,就引起了科学家和研究者们的强烈好奇。直到 20 世纪 90 年代早期,大部分的研究工作还都集中在电流变液上。然而,电流变液存在的电气故障和安全等问题使其很难适用于实际应用中。当相关技术问题得到解决后,磁流变液的研究开始迅速发展。2002 年,磁流变液成功地应用于乘用车无阀控制底盘系统中,并在北美市场开始销售。该系统是一种基于磁流变液的减振器,也称为车用磁流变阻尼器。截至 2009 年,磁流变动力系统装置已经成功实现了商业化,被应用于各种高端汽车中。2012 年,MagneRide™已经发展成为标准悬挂系统的一种,并被许多型号的乘用车所使用。

近些年来,磁流变阻尼器在能量收集方面的应用受到了许多研究人员的注意。在车辆的运动过程中会有一部分能量损失,这部分能量会以热量的形式耗散。而能量收集磁流变阻尼器可将这一部分能量回收并转化为电能,用于监测磁流变装置的输出。随着对混合动力汽车与电动汽车研究的深入,能量收集磁流变阻尼器也越来越受人关注。然而,这种设备的制造难度、生命周期、重量和生产成本以及能够回收的能量大小仍存在问题,这些因素都会影响其商业化的进程。

在车辆悬架中,磁流变阻尼器一直处于受控状态,其活塞杆由规定的位移/力驱动,阻尼器线圈中的电流由脉冲宽度调制(PWM)驱动器提供。线圈中的电流在阻尼器中感应出磁场,进而改变磁流变液的屈服应力和阻尼器的阻尼力。阻尼器中的磁场变化会导致磁路组件中产生感应电动势,同时在磁芯中产生涡流,磁芯中的涡流会形成一个与磁通量变化相反的磁场,使磁流变阻尼器的响应速度变慢。因此,通过 PWM 电流驱动器给阻尼器线圈提供可变的电流会导致阻尼器的行为随时间发生变化,在描述阻尼器的特性时,准确地获取这一时变特性是非常重要的。对磁流变阻尼器进行控制需要确定很多因素,例如,线圈对电流变化的阻抗、磁流变液在有磁场条件下屈服应力和输出阻尼力的耦合以及电流驱动器的动态特性等。

总之,本书的主要目的是向读者介绍关于磁流变阻尼器的工作原理、建模和工程应用等方面的信息。作者承诺,为方便读者理解,书中在介绍理论或实际应用时,都会提供相关的基础知识。具体来说,包含智能流体和相关设备的背景信息、常见结构及其理论和实验验证。其次,书中对磁流变液的关键技术、理论背景、组成进行了介绍,阐述了影响磁流变液特性的关键因素,并在此基础上介绍了现有阻尼器和控制阀的结构。此外,本书介绍了应用于汽车底盘的流动模式磁流变阻尼器的常见结构。其中,重点研究了在活塞组件中带有一个或多个线圈以及至少一个环形间隙的单筒磁流变阻尼器。

由于磁流变液的特殊性,研究磁流变液时需要综合材料的流变性、电学性能、机械性能以及控制原理等多个学科的知识,这给磁流变液的研究带来了极大的困难。在汽车工业中,研究者们通常会先建立一个初步的稳态模型,然后借助先进的测试工具并结合非线性波动磁场,深入地研究磁流变阻尼器的动态模型。在本书中,作者也主要集中于这两个方面的研究。为了获取磁流变阻尼器的数学模型,我们需要搭建一个流动模式的单筒磁流变阻尼器样机。具体地,本书首先回顾了平面流动状态下非牛顿流体的几种本构模型,结合无量纲参数对这些模型进行分析,得到了其精确解(解析解)。这些无量纲参数反映了磁流变液的塑性、惯性、黏度、剪切稀化/稠化特性,并以一种简单的方式体现了磁流变阻尼器中磁流变液在屈服前和屈服后的流动状态。在建立有旁路的流动模式磁流变阻尼器的稳态模型时,这些无量纲参数的应用尤为重要。在稳态模型的基础上,还应再建立一种可用于组件研究和车辆整体研究的动态模型。此外,这些模型中还包含了磁流变液的压缩性、惯性、通过磁流变阻尼器活塞时发生的泄漏、摩擦、浮动活塞的惯性、气蚀和气压等影响因素,用于研究与屈服应力相关的阻尼器特性。为了验证这两种模型的准确性,本书设计了一系列具有不同活塞结构的阻尼器样机,并在实验中给它们施加不同的活塞输入速度、位移激励和线圈电流。实验结果证明,这两种模型可以有效地描述磁流变阻尼器的稳态和动态特性。

总体来说,第 1 章阐述了本书的相关背景知识;第 2 章描述磁流变液的组成以及这些成分对其性能的影响;第 3 章回顾了流动模式车用磁流变阻尼器;第 4

章介绍磁流变阻尼器使用的几种非牛顿流体模型；第 5 章介绍磁流变单筒阻尼器和双筒阻尼器的集中参数模型；第 6 章使用计算流体力学方法建立了磁流变液的流动模型；第 7 章介绍磁流变装置中动力驱动系统的结构、控制电路和控制策略；第 8 章设计了几种磁流变阻尼器样机，针对这几种样机进行实验并分析实验结果；第 9 章概述能量收集磁流变阻尼器的发展历程；第 10 章为全书的总结。

Janusz Gołdasz
Bogdan Sapiński

2014 年 7 月
于克拉科夫

致　　谢

我们要对以下个人和组织表示感谢，他们的支持对本书的创作至关重要。

首先，感谢 BWI 集团与克拉科夫 AGH 科技大学对本书提供的支持，尤其要感谢 BWI 集团的阻尼器项目负责人 Sławomir Dzierżek 博士。其次，非常感谢国家研究与发展中心（波兰）对书中能量回收磁流变阻尼器这一章节的支持。

最后，我们为请到了 BWI 集团悬架系统工程主管 Alexander A. Alexandridis 和 Douglass L. Carson 博士为本书撰写序言感到非常荣幸。

作者简介

Janusz Gołdasz

克拉科夫技术大学(波兰,克拉科夫)自动化与信息技术学院兼职教授。1994 年获得西里西亚科技大学(波兰,格利维斯)机械工程科学硕士学位(M.Sc.)。1999 年获得斯特拉斯克莱德大学(英国,格拉斯哥)机械工程博士学位。自 1999 年以来,在 Delphi 公司和 BWI 集团担任高级仿真工程师(Delphi 的底盘业务于 2009 年被 BWI 集团收购)。2013 年获得西里西亚科技大学机械设计特许任教资格。

从事科学研究和工程应用研究已有近 20 年的时间,研究方向包括智能流体及其在车辆半主动底盘中的应用、传统车辆阻尼器以及机电作动器。迄今为止,已出版专著 1 部,获得多项美国专利,发表多篇科技论文。

Bogdan Sapiński

克拉科夫 AGH 科技大学(波兰,克拉科夫)机械工程与机器人学院过程控制系教授。于 1978 年和 1982 年分别获得电气工程科学硕士学位(M. Sc.)和博士学位。2004 年获得克拉科夫 AGH 科技大学机电一体化特许任教资格。

从事学术研究 35 年,以作者或合著者的身份发表科技论文 300 余篇,出版专著 3 部,还拥有多项与机电传感器和作动器相关的专利。1999 年至今,参与磁流变液技术及其应用在机械系统振动控制中的研究。目前的主要研究方向为磁流变能量收集装置。

符 号 表

A	磁 位
A_H	孔的横截面积
A_b	旁路横截面积
A_c	线圈窗口面积
A_{core}	磁芯横截面积
A_{eff}	活塞有效横截面积
A_f	平板面积
A_g	环形间隙横截面积
A_m	磁芯有效表面积
A_o	节流孔口面积
A_p	缸筒(活塞)横截面积
A_r	活塞杆横截面积
A_2	止回阀流通面积
A_3	止回阀流通面积
B	磁通密度
B_{core}	磁芯的磁通密度
B_g	环形间隙磁通密度
B_i	铁芯的磁通密度
B_s	套筒的磁通密度
B_{sat}	饱和磁通密度
$Bi = \dfrac{\tau_0 h}{(\mu \bar{v})}$	Bingham 数
C	高速损失系数
C_H	孔的流量系数
$C_f = \dfrac{\tau_w}{\rho \bar{v}^2}$	无量纲摩擦因数

（续）

c_f	等温压缩系数
C_o	节流孔口流量系数
C_2	止回阀流量系数
C_3	止回阀流量系数
D	电流密度
D_b	旁路直径
D_c	活塞中磁芯直径
D_{dc}	EH 阻尼器内径
D_{dp}	EH 阻尼器活塞直径
D_{dp1}	EH 阻尼器腰形孔外径
D_{dp2}	EH 阻尼器缸筒内径
D_{dp3}	EH 阻尼器腰形孔内径
D_{dr}	EH 阻尼器活塞杆直径
D_o	节流孔口直径
D_p	活塞直径
D_r	活塞杆直径
D_t	缸筒外径
D_2	套筒内径或内间隙外径(双间隙磁流变阀)
D_3	外间隙内径
D_4	外间隙外径
d_{ci}	发电机线圈窗口内径
d_{co}	发电机线圈窗口外径
d_{mi}	永磁体内径
d_{mo}	永磁体外径
E	电场强度
E_s	弹性模量
e	电动势
f	频率
F_a	剪力

(续)

F_d	阻尼力
F_{EH}	EH 阻尼器的输出阻尼力
F_{fg}	浮动活塞摩擦力
F_{fp}	活塞摩擦力
F_{fr}	活塞杆密封摩擦力
F_{min}	最小阻尼力
F_{max}	最大阻尼力
F_{off}	关闭状态(最小)阻尼力
F_{on}	开状态(最大)阻尼力
F_1	品质因数(有效体积)
F_2	品质因数(重量)
F_3	品质因数(功率效率)
$G = -\frac{h\Delta p}{2L\tau_0}$	无量纲压力值
G^*	复数模量
G_1	内间隙压力数
G_2	外间隙压力数
g_{ca}	线圈架厚度
g_h	发电机外壳厚度
H	磁场强度
H_c	发电机线圈窗口高度
H_{ca}	发电机线圈骨架高度
H_{dc}	EH 阻尼器线圈窗口深度
H_g	间隙磁场强度
H_h	发电机外壳高度
h	环形间隙高度
h_f	旁路深度
h_1	内环高度(间隙尺寸)
h_2	外环高度(间隙尺寸)

（续）

H_{co}	线圈槽深度
H_g	环形间隙中的磁场强度
$He = \dfrac{\tau_0 \rho h^2}{\mu^2}$	赫斯特罗姆(Hedstrom)数
h_m	发动机永磁体高度
I_{co}	线圈电流峰值
i_{co}	线圈电流
I_{max}	最大线圈电流
i_{cmd}	输入线圈电流
i_s	稳态电流
i_{tr}	瞬态电流
j	电流表面密度
$K_a = \dfrac{Q_a}{Q_p}$	环流流量比值
$K_b = \dfrac{Q_b}{Q_p}$	旁通流量比值
K_{co}	PI 控制器比例设置
$K_f = \dfrac{F_{on}}{F_{off}}$	阻尼力增益或放大比
$K_l = \dfrac{Q_l}{Q_p}$	泄漏流量比值
$K_Q = \dfrac{Q}{Q_p}$	流量比值
K_r	相对比例增益
$K_1 = \dfrac{Q_1}{Q_p}$	内间隙流量比
$K_2 = \dfrac{Q_2}{Q_p}$	外间隙流量比
k_c	线圈耦合系数
k_p	单位面积平均粒子数
k_α	控制器输出比例增益

（续）

k_β	电流传感灵敏度
L	环形间隙长度
L_a	有效长度
L_c	压缩腔长度
L_{ce}	涡流回路电感
L_{co}	线圈电感
L_{dp}	EH 阻尼器活塞长度
L_{dp2}	EH 阻尼器挡板高度
L_{dc}	EH 阻尼器有效长度
L_f	增益
L_g	气室长度
L_{go}	发电机线圈电感
L_r	复原腔长度
LDE	设备寿命估算
M_s	磁化饱和度
m	流量指数
m_g	浮动活塞质量
m_r	活塞总成质量
m_t	缸筒质量
N_{co}	线圈匝数
N_s	单位面积的链数
N_2	搜索线圈匝数
n	绝热常数
$P=-\dfrac{\Delta p}{L}\dfrac{wh^3}{12\mu Q}$	无量纲压力（Philips，1969）
p_a	大气压
p_c	压缩腔压强
p_g	气室压强
p_{g0}	初始气室压强
p_m	机械功率

(续)

p_r	复原腔压强
p_v	气体压强
p	压强
p_{EH}	瞬时功率
p_{out}	出口压强
p_x	压力梯度
Q	体积流量
Q_a	环形同隙体积流量
Q_b	旁路体积流量
Q_o	孔口体积流量
Q_p	总体积流量(活塞运动引起的)
Q_0	临界体积流量
Q_1	内间隙体积流量
Q_2	外间隙体积流量
Q_{v1}	磁流变阀体积流量
Q_{v2}	活塞阀体积流量
Q_{v3}	底阀体积流量
r	径向坐标
R_{co}	线圈电阻
R_{c2}	寄生回路电阻
R_{ce}	涡流回路电阻
$Re = \frac{\rho \bar{v} h}{\mu}$	雷诺数
Re_b	旁路雷诺数
R_{go}	发电机线圈电阻
r	平均半径
$S = \frac{12\mu Q}{wh^2\tau_0}$	无量纲塑性值
S_0	塑性阈值
$T = \frac{wh^2\tau_0}{12\mu Q}$	无量纲屈服应力(Philips,1969)

(续)

T_a	阻尼器温度
T_{on}	脉冲持续时间
T_{off}	脉冲关断时间
T_i	PI 调节器的积分因子
t	时间
t_c	磁场形成时间
t_w	缸壁厚度
U_{bat}	电源(供电)电压
U_{co}	线圈电压峰值
u_{co}	线圈电压(线圈端子)
u_{go}	发电机输出电压
U_{ref}	参考电压
u	流体速度
u_z	速度梯度
u_1	主线圈电压
u_2	搜索线圈电压
w	环形间隙平均宽度
w_f	旁路宽度
W_{co}	线圈槽宽度
W_m^*	机械功率密度
W_e^*	电功率密度
w_1	内环形间隙平均宽度
w_2	外环形间隙平均宽度
V	体积
V_c	压缩腔体积
V_{c0}	初始压缩腔体积
V_g	气室体积
V_{g0}	初始气室体积
v_g	浮动活塞速度

（续）

v_{in}	入口速度
V_{min}	磁流变液的最小体积
V_p	活塞速度峰值
$V_{p,ref}$	活塞参考速度
V_r	复原腔体积
V_{r0}	初始复原腔体积
V_s	固体颗粒平均体积
v_p	活塞速度
v_r	活塞杆速度
v_t	缸体速度
$\bar{v}$	流体的平均速度
X_p	活塞位移振幅
x_g	浮动活塞位移
x_p	相对位移
x_r	活塞杆位移
x_t	缸筒位移
Z_{co}	阻尼器阻抗
z	垂直坐标
α	流体柱塞区的宽度
α_d	占空比
α_0	常数
β	综合体积弹性模量
β_c	容器的体积弹性模量
β_f	流体体积弹性模量
β_0	纯流体体积弹性模量
$\gamma = \frac{\mu}{\mu_r}$	无量纲黏度比
γ_d	PWM 驱动器系数
γ_e	材料的变形量
Δp	压强差

（续）

Δp_a	环形间隙压差
Δp_b	旁路压差
Δp_H	孔隙压差
Δp_{min}	最小压差
Δp_{max}	旁路最大压差
Δp_o	节流孔口压差
Δp_1	内环形间隙中的屈服压差
Δp_2	外环形间隙中的屈服压差
$\delta = \frac{\tau_1}{\tau_2}$	无量纲屈服应力比
δ_p	相邻粒子间的间隙
ε	信号误差估计
μ	流体黏度
μ_{app}	表观流体黏度
μ_b	基液(载液)黏度
μ_m	磁导率
μ_{MR}	磁流变液相对磁导率
μ_r	屈服前黏度
μ_0	真空磁导率
v	泊松系数
κ	相对气体含量
κ_{EH}	定向系数
κ_v	磁化系数
κ_d	方向性系数
λ_{co}	磁链
λ_0	初始磁链
ρ	流体密度
σ_{EH}	偏移系数
τ	剪应力
τ_{co}	时间常数

（续）

τ_w	壁面剪应力
τ_0	屈服应力
τ_1	静态屈服应力(双塑性 Bingham 模型)
τ_2	动态屈服应力(双塑性 Bingham 模型)
Φ	磁通量
ϕ	磁通量
θ_a	颗粒链中心线与磁场方向之间的夹角
ϕ_g	间隙磁通量
ϕ_s	钢芯磁通量
ϕ_v	颗粒体积分数
ω	角速度

目　录

第1章　引　　言

本章介绍智能材料和智能系统的概念及其主要功能,回顾关于磁流变研究的发展史及其在汽车行业中的应用。同时,对磁流变液的工作模式、半主动流动模式汽车阻尼器的原理以及 MagneRide 系统进行详细的介绍。

1.1　磁流变液简介

智能材料能感知外部刺激并适应外界环境的变化,其概念最初来源于对自然系统的观察,即其能适时地感知并响应外界环境的变化。1996 年,Takagi 将智能材料定义为能够对环境变化做出响应并以协调的方式展现其功能的材料。1996 年,Spillman 等人指出智能材料是一种物质结构,即以生命体的某种方式(如目的、手段)或规则实现特定目标的非生命体物质结构。从广义角度来说,智能材料是一种集传感、分析、判断及驱动等功能于一体的复杂材料,具备非常优秀的可控特性。出现外部刺激时,材料所处的环境条件会发生改变,如温度、湿度、压力、光、磁场等,这会导致材料性质发生相应变化,如尺寸、形状、结构、颜色、磁化、导电性等。

目前,智能材料以构成智能系统部分组件的形式被广泛使用,在实际应用中,以特定的方式使其能够对外部刺激做出响应。智能系统利用智能材料的某些特定属性,通过输入和输出之间的反馈或者将信息处理模块和判断模块相结合,从而实现传感和响应功能。这些因素形成了 adaptronics 的基础。adaptronics 是一个综合了智能材料、智能结构、机敏材料、机敏结构以及自适应系统等一系列技术的新的术语,它源自于材料科学、自动化与控制以及计算机科学。如图 1.1 所示,adaptronics 是指一个包含传统调节器电路所有功能元件的系统,且系统中至少有一个元件具备多种功能。智能材料包括生物聚合物和凝胶、可控磁流变液和电流变液、磁流变弹性体、磁流变复合材料、形状记忆合金和聚合物、压电聚合物、电活性聚合物、压电和电致伸缩陶瓷、磁致伸缩材料以及液晶等。Janocha 于 2007 年指出,智能材料在汽车工业、飞机、航空航天、机械工程、土木结构、医疗技术、微系统技术等领域中已有广泛的应用,未来在(半)主动振动抑制、噪声衰减、形状控制、智能机器、健康监测和微机械系统等领域都将具有广阔的应用前景。如此看来,几乎每个科学领域中都有一些应用可以通过引入 adaptronics 提高技术效益。

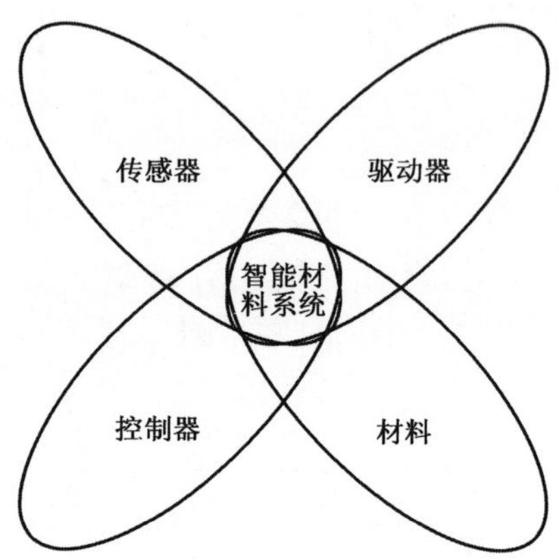

图 1.1 智能材料系统(SMS)(Chong,2003;Rogers,1993)

智能材料按响应特性可分为热敏材料、光敏材料、电敏材料、磁敏材料以及应力场敏感材料。热敏材料将热能转换为机械能,而其余材料则将磁刺激(或其他输入)的能量转化为机械能。磁敏材料和电敏材料是一种介于固体和液体之间的特殊材料,如磁流变液和电流变液等。磁流变液和电流变液均是将微米级固体颗粒分散在非导电载体油液中形成的悬浮液,它们在磁刺激(磁流变液)或电刺激(电流变液)条件下都会从液体转变为类固体。几十年来,科学家和研究者们发现智能材料的可控特性符合随系统工作条件变化而改变的要求,并且,已经在实际工程系统中得到了应用。此发现应归功于美国学者 Rabinow(1948)(磁流变液)和 Winslow(1947)(电流变液),他们分别首次描述了两种材料的流变学变化并试图将它们应用于各种设备。智能材料最早的应用方式是将其应用于可控离合器中。Winslow(1947)将电流变效应定义为在外加电场作用下材料表观黏度的变化。Rabinow 的发现在 20 世纪 50 年代初引起学者们的极大兴趣,但技术及成本问题限制了磁流变材料的商业化。因此,磁流变液的相关研究显著减少。在 20 世纪 70 年代后期,关于磁流变液配方以及相关设备的研究热潮又一次出现(Shulman et al.,1986;Shulman et al.,1993)。Shulman 和 Kordonsky(1993a,b)展开了关于磁流变效应基本原理的研究,该研究使人们很快意识到磁流变液的应用潜力。Gorodkin 等人在 1994 年设计了一种磁流变阀,并演示了它们在座椅悬架系统和车辆悬架控制中的应用。Gorodkin 提出了一种通过车载计算机或微处理器有效控制阻尼器特性的方法。因此,减振和隔振的实时性在当时已经得到了研究者们的认可。20 世纪 90 年代中期,通用汽车公司将该技术应用于半主动汽车悬架系统(Alexandridis,2000;Hopkins et al.,2001;Kruckemeyer et al.,2001),这是在世界上第一个基于智能流体的半主动汽车悬架系统,其结构如图 1.2(a)所示。由此,加快了智能流体技术的发展。通用汽车公司和德尔福公司合作,开发出了 MagneRide 系统,并成功将其运用到通用公司生产的凯迪拉克赛威(STS)中,这款车于 2002 年在北美市场发售。随后,通用汽车公司于 2003 年发布的 Corvette C5 轿车上也使用了该系统,并着手将这种悬架系统延续到公司的新一代汽车上。通用汽车公司已经将这款悬架以 Magnetic Ride Control 的名称投放市场,该悬架系统因其具备阻尼可变性并能适应不断变化的行驶条件而吸引了许多欧洲汽车制造商。在 2005 年奥迪 TT 汽车的新车发布会上,德国制造商在这款车型上配置了奥迪磁流变减振器(Audi Magnetic Ride),法拉利于 2006 年发布的 599 GTB Fiorano 公路车上也使用了该系统。自此,欧洲各大公司陆续开发出了很多带有磁流变减振器的车型,如奥迪 A3、奥迪 R8、兰博基尼 Gallardo、路虎揽胜等,几乎所有法拉利车型上都配有标准磁流变悬挂系统(SCM)。2009 年,德尔福公司被 BWI 集团收购,其底盘部门正在继续研发下一代系统,研究成果将应用在未来的汽车上。自磁流变阻尼器在凯迪拉克汽车中首次亮相以来,该技术已经在 20 多个客运平台(D-I 部分)(BWI 集团,2011)中实现。图 1.2(b)所示为保时捷 911Turbo 车型上使用的主动式引擎支撑系统,这是基于磁流变技术推出的另一种设备。Murphy(2012)预测在 15 年内,近一半的汽车阻尼器将使用磁流变液。

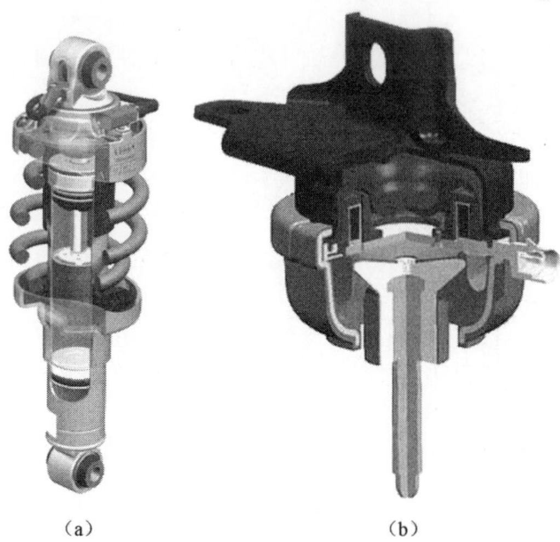

(a)　　　　(b)

图 1.2　汽车磁流变器件(BWI 集团,2014)

(a)磁流变阻尼器;(b)磁流变托架。

长期以来,研究者们致力于找到一种能在系统工作条件发生变化后瞬间改变其性能的材料。这种材料的潜在应用范围不仅仅局限于汽车市场,还包括许多其他应用,例如,赛车悬架(Racing,2000)、磁流变旋转阻尼器(Lord Corp,2001)、山地自行车阻尼器(Batterbee et al.,2009)、地震阻尼器和桥梁阻尼器(Ding et al.,2013)、卡车座椅阻尼器(Jolly et al.,1999)、光学仪器阻尼器(Kordonski et al.,2000)等。除了上述阻尼器外,这种材料在其他领域中也有着十分广泛的应用,主要包括洗衣机阻尼器(Chrzan et al.,2001)、液体防弹衣(Wisniewski,2011)、假肢和外骨骼(Chen et al.,2006)、触觉装置(Rizzo et al.,2007)、直升机旋翼滞后阻尼器(Wereley et al.,1999)、自供电和自感阻尼器(Chen et al.,2012;Sapinski,2011)、滑雪设备阻尼器(Battlogg,2010)、多模发动机支架(Brigley et al.,2007;Nguyen,2009)、癌症治疗(Flores et al.,1999;Flores et al.,2002)等。

需要说明的是,有些研究人员认为磁流变技术的成功是以牺牲电流变技术的研究为代价的。但是,多年来,这两种材料都受到了研究人员和业界的极大关注。

从流变学角度来看,磁流变液和电流变液是相似的,即二者的流变学特性可以用相同的本构模型进行量化,且它们的流变学行为(屈服应力)都是由外场作用控制的。图 1.3 所示为 Stanway 等人(1996)设计的系统,他们使用能量调节器对磁流变阻尼器所处的磁场进行控制。磁流变液对外界刺激的响应程度远大于电流变液,如果将磁流变液引入可控系统中,就可以使其具有自适应性,从而能够使系统跟随工作条件的变化而变化。电流变材料有一些局限性,如高压击穿现象、温度敏感性等,而磁流变材料所需的工作电压却比电流变液更低。此外,磁流变液产生的屈服应力远远超过电流变液,稳定性强、使用温度范围宽且不受杂质的影响。但磁流变液也存在易磨损、磁饱和较低等问题。

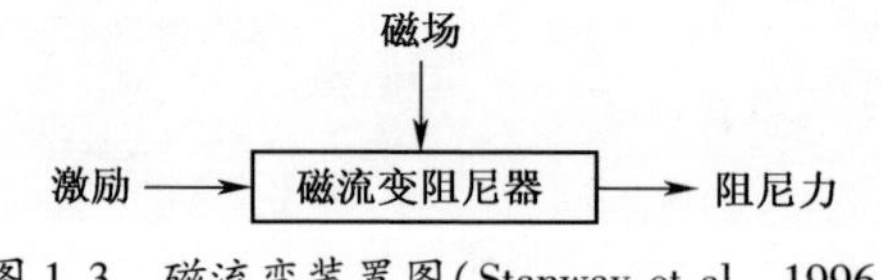

图 1.3　磁流变装置图(Stanway et al.,1996)

自 20 世纪 90 年代以来,研究者们对这磁流变液和电流变液产生了极大的兴趣。目前,对于这两种材料的研究主要集中于控制策略方面。尽管,目前在电流变液的相关研究上有了一些进展,而且也已经出现了相关的商业产品(Fludicon,2014;Frost,2009),但是,多数研究者仍然认为,磁流变液的可控性优于电流变液。此外,磁流变液相关产品的商业化程度也远远超过了电流变液。因此,本书重点介绍磁流变液及其应用。

1.2 磁流变设备的工作模式

可控磁流变设备的工作模式主要有四种,如图 1.4 所示(Jolly et al. ,1999)。

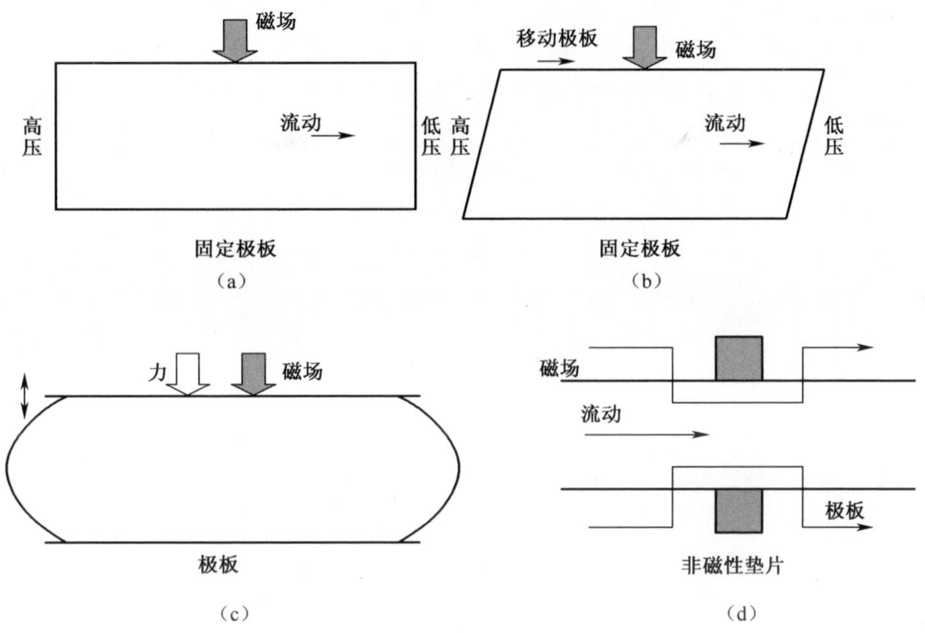

图 1.4 磁流变液在控制系统中的工作模式

(a)流动模式;(b)剪切模式;(c)挤压模式;(d)混合模式。

(1) 流动模式。由于压力差的存在,流体在两个固定平面(或同轴表面)之间流动,通过施加与流体流动方向垂直的磁场控制磁流变液的流变性的变化。基于该工作模式的典型装置主要有磁流变作动器、电流变作动器以及线性长行程阻尼器(Carlson et al. , 1994; Hopkins et al. , 2001; Kruckemeyer et al. , 2001; Petek, 1993)和磁流变动力悬挂(Baudendistel et al. , 2003)。目前,最常见的磁流变设备是流动模式车用磁流变阻尼器。

(2) 剪切模式。流体在相对运动的两个平行平面之间流动,通过施加与流体流动方向垂直的磁场控制磁流变液的流变性的变化。基于该工作模式的典型装置主要有旋转阻尼器(制动器)或离合器(Carlson, 1999; Jolly et al. , 1999; Lord Corp, 2001; Rabinow, 1948)、转向阻尼器(Namuduri, 2003)、外骨骼作动器(Chen

et al. ,2006)。该模式在四种工作模式中效率最低,需要很大的剪切面积来提供阻尼力。

(3) 挤压模式。流体处于两个平行平面之间,两极板之间的距离随给定的位移或输入力而变化。基于该工作模式的典型装置主要是大功率小行程线性阻尼器和悬架(Carlson,1996;Farjoud et al. ,2011;Goldasz et al. ,2011;Jolly et al. ,1996;Zhang et al. ,2011)。该模式只适用于振幅较小的场合。

(4) 混合模式。磁流变阀具有沿流体通道轴向排列的磁极。利用磁场控制半圆孔的有效直径,即磁极附近流体层的流体固化。近年来,Carlson et al. (2008)、Goncalves et al. (2009)研究得出了场致压差数据,结果证明该模式所产生的压差远大于其余三种模式。因此,这种工作模式最适合磁流变液,预计在未来可研发出一种混合模式的可控孔状阀门系统。

实际上,磁流变装置中至少包含两种上述工作模式。例如,流动模式和挤压模式组合或流动模式和剪切模式组合的混合模式装置(Brigley et al. ,2007;Hong et al. ,2005;Minh,2009)。迄今为止,这四种工作模式中只有前两个已经商业化,还没有基于挤压模式的商业化设备。但是,研究者们对基于磁流变液挤压工作模式的硬件开发有很大的兴趣(Farjoud et al. ,2011;Jolly et al. ,1996;Sproston et al. ,1994;Wiliams et al. ,1993;Zhang et al. 2011)。Minh(2009)和 Brigley 等人(2007)指出,目前最新颖且有前景的挤压模式应用是基于混合模式的磁流变液阻尼器或磁流变悬架。虽然,混合模式的商业应用尚未开发和实施,但是读者可参考 Wang et al. (2001)等相关研究,了解基于剪切和挤压模式的设备的相关信息。

1.3 磁流变阻尼器

在汽车工业中,汽车阻尼器通常称为减振器(Dixon,2007)。但这种称谓会导致人们对汽车阻尼器的误解,汽车阻尼器消耗能量,而轮胎和弹簧吸收悬架中的冲击。汽车阻尼器按阻尼力变化机制类型可分为被动阻尼器、手动可调阻尼器和自适应阻尼器(Dixon,2007)。其中自适应阻尼器还可以继续划分为半主动型、慢速主动型、快速主动型以及具有故障安全功能的快速主动型(Gysen et al. ,2009)。被动阻尼器使用了机械阀门,故无须外部电源以及控制输入;手动可调阻尼器使用了电动作动器,故该系统可以选择阻尼阀的预设特性;自适应阻尼器是自主的,故其具备根据道路状况变化产生相应大小阻尼力的能力,适用范围为双位系统到连续可变系统(Dimatteo et al. ,1997;Groves et al. ,2002;Hopkins et al. ,2001)。其中,主动悬架系统的成本过高,因此,自适应阻尼器的概念现在只局限于半主动阻尼系统。近年来，随着能量收集技术的出现，一类具有能量再生的（半）主动阻尼系统脱颖而出（Chen et al.，2012；Sapinski，2014）。这种能量再生阻尼器的外部供电单元由电磁感应（EMI）式驱动器代替，从振动中收集的能量用于控制（半主动）阻尼器的阻尼力输出。在撰写本章的相关材料时，新技术的发展潜力尚未得到证实，笔者还未能获取从运动中收集能量并用于驱动执行机构的相关实例和数据。Gysen 等人于 2010 年报道称电磁阻尼系统的功耗峰值为 500W，因此，这类设备是可以作为独立硬件来运行还是需要外部供电单元有待进一步确定。

纵观汽车工业发展历程，在汽车使用摩擦阻尼器的时代，汽车工程师就希望设计出一辆具有可调悬架系统的汽车。19 世纪初，人们需要手动将鲍登线连接到汽车的摩擦垫上以实现驱动（Dixon，2007）。1933 年发布的凯迪拉克 355C V8 轿车采用了可由驾驶员设置的五挡驾驶控制系统（GM Heritage Center，1993），该系统使用了当时流行的四旋转叶片（Houdaille 型）阻尼器；1934 年发布的帕卡德超级八敞篷维多利亚车采用了类似三位液压行驶的控制系统。新一代可调系统中采用了气动阀门，如 Dessimond（1957）介绍了一种具有偏心圆盘式阀的液压阻尼器，通过在阀的下方通入高气压给圆盘施加额外的可变力。Karnopp 等人（1974）提出了天棚半主动悬架的概念，在乘用车中引入开关型可变阻尼系统，基于天棚控制的半主动悬架系统在当时虽处于起步阶段，但一些相关设备的出现让人们看到了该系统的前景（Hrovat，1997）。20 世纪 80 年代末，电子和计算机技术的进步使得日产、丰田或三菱等汽车公司开发出了具有实时电磁阀控制的液压阻尼器；大约在 1985 年，Colin Chapman 为 Lotus Excel 公司开发了一个全主动液压悬架系统，但是该系统从未对外出售过。Lotus 系统是通用汽车主动悬架项目的基础，1990 年款雪佛兰 Corvette ZR-1 主动悬架就是以 Lotus 系统为原型的，由于该系统存在校准问题且可靠性一般，最终未得到进一步推广。20 世纪 90 年代，智能材料的研究取得了重大进展，促使世界上第一个智能汽车悬架系统问世。近年来，研究者们在能量再生主动悬架系统领域进行了一系列研发工作，但在笔者撰写本书时，这些系统尚未公开出售。

迄今为止，基于智能流体控制的汽车悬架系统中，MagneRide^{TM}系统一直都是生产规模最大的一种，如图 1.5 所示（Alexandridis，2000），该系统与汽车的车载体系相结合，并与车上的其他系统协同工作。由图可知，原始汽车悬架系统需要四个位置传感器采集车速以及方向盘运动信息。其中，相对位移传感器利用电子控制器（ECU）探测车身的运动，ECU 通过 CAN（控制器局域网络）采集各传感器的信号，CAN 确保了车上其他系统能够访问磁流变功率驱动模块的信息。控制器除了能以 1kHz 的频率处理四个磁流变阻尼器的动作之外，还能够与牵引力控制(TC)、调平(升降)系统以及制动防抱死系统(ABS)进行整合,例如,控制器与牵引力控制整合确保了汽车在光滑路面上行驶的稳定性。第三代MagneRide 系统的研发侧重于响应速度的提升。目前,该悬架系统的硬件基于32 位微控制器,电流控制器的控制频率为 30kHz,远高于可听的噪声范围。与前几代系统相比,第三代 MagneRide 还有一些其他的显著改进,即更广的动态范围和较低的速度响应(New Electronics,2011)。

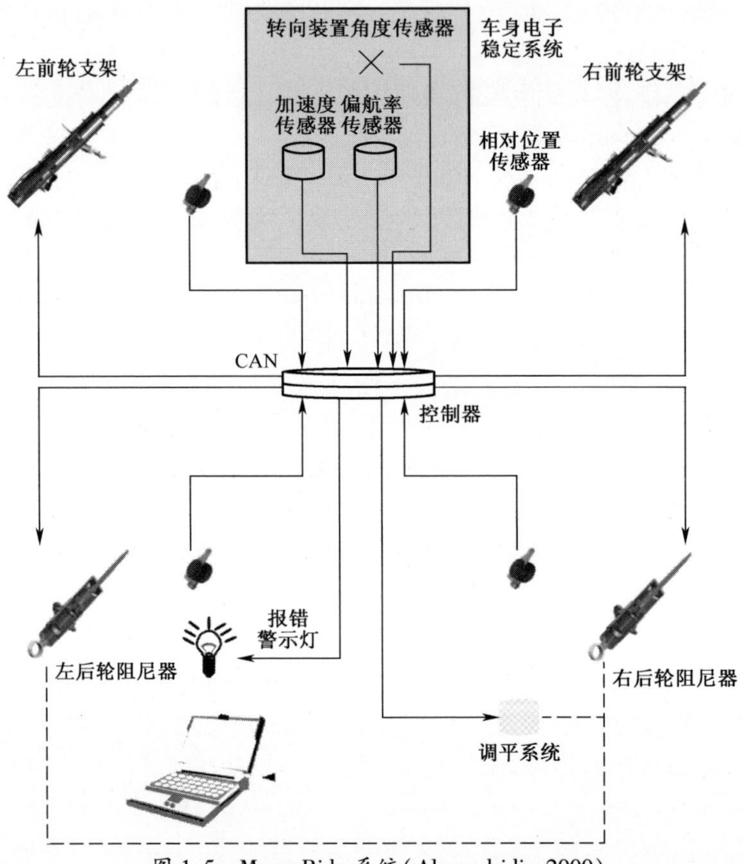

图 1.5 MagneRide 系统(Alexandridis,2000)

从设计角度看,半主动阻尼器是基于可变节流孔或智能流体的概念设计的。其中:一类半主动阻尼器是具有无级变速机电阀的被动阻尼系统的扩展;另一类则是通过磁场(电场)作用下智能流体表观黏度的改变来影响阻尼力的输出。磁流变液阻尼器是第二类阻尼器的代表。

半主动磁流变阻尼器的主要优点包含机械结构简单、阻尼特性连续变化、转速比高、快速无噪声工作、鲁棒性、低功耗要求和可控性等(Alexandridis,2007)。

汽车工业对寿命周期和温度使用范围的要求与传统的汽车悬架阻尼器的规定一致(Burson,2006;Murphy,2012)。典型的磁流变阻尼器性能数据表明,新一代汽车磁流变阻尼器的响应时间低于 12ms,活塞最大速度为 1m/s 时的转速比超过 6∶1(Gołdasz,2012)。

除了极少数个例外,磁流变控制阀已经摆脱了机械运动部件,实际工作时几乎没有噪声。机电阀的时间响应不仅取决于电磁回路的动态特性,还取决于驱动开关机构力的大小。此外,可变节流孔型可控阻尼器难以实现低速和中速下的高转速比,而磁流变阻尼器在这一方面的性能较为优越。事实上,在中速和高速下,当磁流变阻尼器与其他控制硬件具有同等阻尼力峰值时,其比任何半主动阻尼器都具有更好的耗散特性。

然而,这种阻尼器仍存在一些问题,例如,阻尼力的非线性及其对相对速度和控制输入的依赖性,这些问题都会影响阻尼器的商业化。由于最佳控制策略中非线性问题的存在,该系统的性能似乎令人怀疑(Batterbee et al.,2007)。此外,磁流变阻尼器存在的重量过大、故障安全防护能力缺乏等问题使其受到很多人的指责和质疑。2001 年,Klingeberg 着重强调了磁流变阻尼器技术仍需应对的几个挑战,即流体成本、颗粒沉降以及颗粒氧化等。

故障安全运行模式是设计阻尼器时必须考虑的。在发生电路故障时,阻尼器应具有产生足够输出力的能力。近年来,研究者们设计了几种能够使阻尼器满足上述要求的磁流变阀(Nehl et al.,2010)。

研究者们通过使用含铁量较低的磁流变液来解决磁流变阻尼器的超重问题。虽然,含铁量较低会导致磁流变液的屈服应力较低(产生的力较小),但是可以通过改变控制阀的几何形状和磁路特性对其进行补偿。

对于磁流变液的沉降现象,只要磁流变液在沉降后能重新组合,沉降就不是主要问题。试验结果表明,具有优质流体的磁流变阻尼器在一个循环周期后,甚至经过一年的静置仍能恢复到额定阻尼力(Burson,2006)。但是,对于长期静置的阻尼器设备,磁流变液的沉降现象仍然是实际应用中的一个主要问题。例如,在土木工程等领域需要磁流变阻尼器在瞬间起作用。

1.4 本章小结

虽然研究者们对磁流变设备仍存在质疑,但由于其结构简单且可控性强,在工业上,尤其在乘用车领域内依然越来越受人们关注。虽然技术障碍和高成本在一定程度上阻碍了磁流变液器件的发展,但现在很多乘用车的半主动控制底盘平台依然采用智能阻尼器。其中,MagneRide 系统是第一款实现大规模生产的基于智能材料的半主动悬架系统。现在看来,汽车工业已经成为 Rabinow 在 20 世纪 40 年代重要发现的主要受益者。之后陆续出现的稳定的磁流变液配方满足了各个领域对磁流变液性能的要求。

自发现磁流变效应以来,磁流变器件在流体配方、专用控制算法和硬件本身等方面的研究取得了重大进展。磁流变设备具有很大的潜力,但是其在各个领域中的应用还需要进一步的研究和探索。

第2章 磁流变液

2.1 引 言

磁流变液属于可控流体,是一种由具有低矫顽力的微米级软磁性颗粒均匀分散于载液中形成的悬浮体(Carlson et al. ,1995)。在外加磁场作用下,磁流变液能从液体形态转变为具有屈服应力的半固体形态,这种流变行为是瞬间且可逆的。磁流变液应满足一些重要的性能指标,例如,初始黏度低、在外加磁场作用下剪切屈服强度高、滞回现象小、能耗低、温度稳定性优良和响应速度快等(Ashour et al. ,1996)。磁流变液独有的特性使其特别适用于半主动减振领域(Carlson et al. ,1994)。

本章介绍磁流变液的一般原理,讨论其流变学特征和关键参数,并对磁流变效应的机理进行表征。若读者想在本章的基础上更深入地了解磁流变液的组成、数学模型以及关键参数的影响,可参考 de Vincente 等人(2011)或 Bosaie 等人(2008)的研究。

2.2 磁流变效应的机理

迄今为止,最受认可的磁流变液的磁化模型是粒子磁化模型(de Vincente et al. ,2011)。根据该模型的描述,磁流变效应是由于固相和液相渗透能力的不匹配而产生的。假定颗粒为磁畴(Agraval et al. ,2001),分散在流体中的固体颗粒一般具有若干子畴。无外磁场作用时,每个磁畴具有随机分布的偶极矩(图 2. 1(a));在外磁场作用下,颗粒受到磁力的作用会进行有序排列,且颗粒中的所有子畴都朝一个方向排列。如图 2. 1(b)所示,两个颗粒之间存在磁力相互作用,磁力与磁场方向平行时相互吸引,与磁场方向垂直时相互排斥,这使得颗粒沿磁场方向形成链状结构。

磁流变效应是由于悬浮颗粒在外磁场作用下被磁化引起的(Jolly et al. ,2013;Jolly et al. ,1999)。随着各个偶极子相互作用的增加,颗粒沿磁场方向有序排列形成链(Felt et al. ,1996),这些链随外磁场强度的增加不断增强聚集成

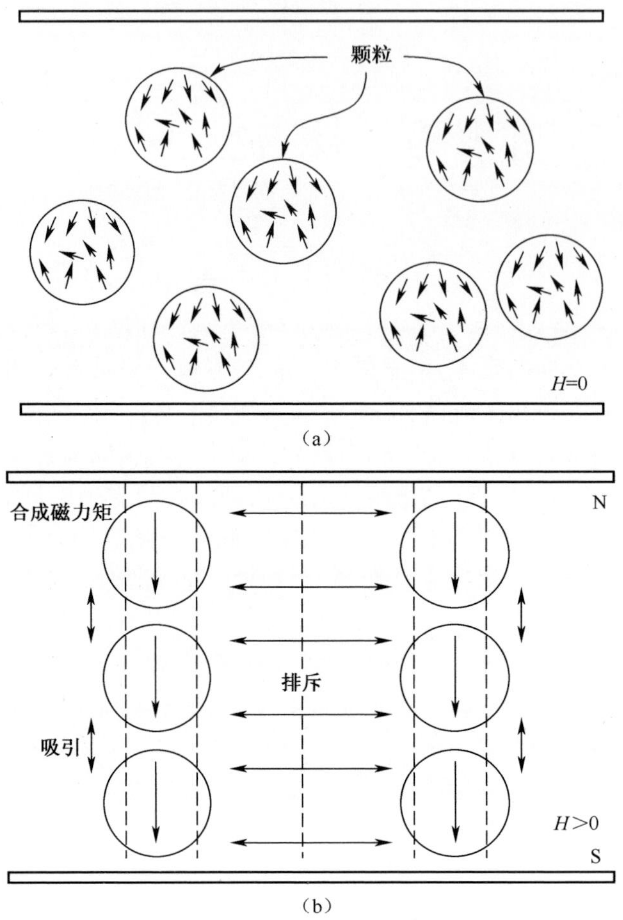

图 2.1　磁流变液颗粒(Agraval et al.,2001)

(a)零场状态;(b)非零场状态。

与外磁场同向的柱状结构。在这种情况下,流体对外表现出一定强度的屈服应力,而且在外加磁场强度变化时,屈服应力能随之发生相应的改变。该屈服应力是外力引起流动所需克服的最小应力。颗粒形成链状结构的方式和速度主要取决于磁场强度的增加速率以及颗粒的排列速率(Mohebi et al.,1999)。

目前,已有几种模型可用于预测链的形成过程以及评估磁流变液单分散体系和双分散体系的屈服应力(Bossis et al.,1991;Ginder et al.,1996a;Ginder,1998b;Kittipoomwong et al.,2005;Li et al.,2012;Shulman et al.,1986;Si et al.,2008)。研究者们试图模拟粒子链内相邻颗粒之间磁偶极子的相互作用,其中Shulman 等人(1986)最早尝试通过使用数学模型定义磁流变效应,基于稀释悬

浮液统计学理论建立的磁流变悬浮液的微机械模型为

$$\tau = \mu \frac{\mathrm{d}u}{\mathrm{d}z} + \mu_0 H^2 \phi_v \alpha_0 \frac{\kappa_v^2}{2 + \kappa_v} \tag{2.1}$$

式中：τ 为剪应力；μ 为流体黏度；H 为磁场强度；ϕ_v 为颗粒体积分数；μ_0 为真空磁导率；κ_v 为磁化系数；α_0 为常数。该模型在当时既新颖又很实用，但存在很强的限制性。因此，其他研究者随后对其做了进一步研究。例如，Ginder 等人(1996a)和 Davis(1994)借助有限元法对磁流变效应进行了数值分析，确定了如下三个阶段：在较低外加磁场作用下，屈服应力将以二次方形式增加，即与磁场强度的平方成正比；在一般外加磁场作用下，屈服应力的变化率将会降低；在较高外加磁场作用下屈服应力达到完全饱和。Ly 等人(1999)利用快速多极法模拟了成链过程，并对不同含铁量的磁流变液进行了分析，得出聚集体的形成时间与铁磁颗粒体积分数成反比；Si 等人(2008)尝试借助磁场强度、颗粒尺寸、铁磁颗粒体积分数来表征屈服应力，该模型如图 2.2 所示。其中，h 为两极板之间的间隙高度，F_a 为施加在上极板的剪力(下极板保持静止)，τ_0 为屈服应力，且 $\tau_0 = F_a \sin\theta_a$，$\theta_a$ 为颗粒链中心线与磁场方向之间的夹角。分析表明，磁流变液在这种条件下的屈服应力可表示为

$$\tau_0(H) = \sum_{n=1}^{k_p} \frac{\mu_0}{12n^2} \frac{r\phi_v (\mu_{MR} - 1)^2 H^2}{(2r + \delta_p)} \sin\theta_a \cos\theta_a \tag{2.2}$$

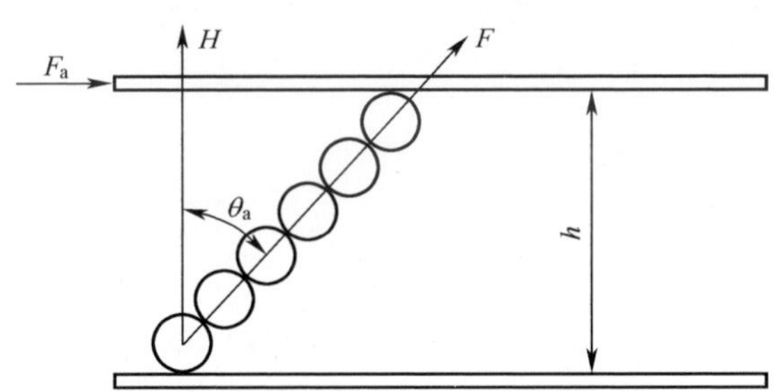

图 2.2 剪切屈服应力(Si et al.,2008)

式中：$\mu_{MR} = 1 + \kappa_v$ 为磁流变液相对磁导率，κ_v 为磁化系数；k_p 为单位面积平均粒子数，且 $k_p = A_f h / V_s N_s$；N_s 为单位面积的链数；A_f 为平板面积；V_s 为固体颗粒平均体积。他们认为只要涉及低磁场强度以及低固相体积分数，就假设所有模型的关系式是一致的。但是，Ginder 和 Davis(1994)以及 Phule 和 Ginder(1999)的研究表明，随着外磁场强度的增加，上述关系式的结果并不理想。因此，他们提出，磁流变液在一般磁场强度下的屈服应力为

$$\tau_0 = \sqrt{6}\phi_v M_s^{-1/2} H^{3/2} \tag{2.3}$$

式中：M_s 为磁化饱和度。屈服应力为

$$\tau_0 = 0.086\phi_v\mu_0 M_s^2 \tag{2.4}$$

上述表达式表明屈服应力是铁磁颗粒体积分数 ϕ_v 的线性函数。但是，de Vincente 等人(2011)认为，该结论只适用于稀释后的磁流变悬浮液。

2.3 磁流变液的组成

磁流变液是可磁化颗粒与载液混合而成的悬浮体，在混合物中加入各种添加剂以达到增强屈服应力、改善沉降速度、减少氧化等目的(Phule，2001)。

在汽车工业中，研究者们通过优化磁流变材料的组成以扩大屈服应力的变化范围和温度的使用范围、增强耐久性、提高最小沉降率和抗氧化性、增强黏稠性(使用增稠剂(IUT))。在没有外加磁场的情况下，磁流变液应具有一定的黏度。当受到磁感应强度为 0.6 ~ 1.0T(特斯拉)的外磁场时，磁流变液应表现出较大的屈服应力(τ_0 >> 20kPa)(Carlson et al.，1994)。商用磁流变液的持续工作温度范围为-40~120℃，温度极限要求达到 150℃(Alexandridis，2007)。

汽车阻尼器对磁流变材料的要求十分严格。当磁流变阻尼器的活塞速度为 1m/s 时，阻尼器中磁流变液的剪切速率应远远超过 $10^5 s^{-1}$，且温度使用范围的极限应达到 140℃。旋转磁流变阻尼器中的流体一般能承受的剪切速率为 10000 s^{-1}。与触变凝胶相比，优先考虑易于凝聚的磁流变悬浮液，前者更适合于抗振阻尼器的应用，而后者在汽车工业中的表现更好。

2.3.1 磁流变液的液相

典型的载液(构成磁流变液的连续相)有硅油、矿物油、石蜡油、硅氧烷共聚物、白油、液压油、合成烃油、水、酯化脂肪酸、铁磁流体(Carlson et al.，1995；Foister，1997；Iyengar et al.，2003a；Iyengar et al.，2004b；Lopez-Lopez et al.，2006；Weiss et al.，1997a、b，2000)。其中，性能最佳的载液材料是聚 α-烯烃(PAO)，该材料具有较宽的温度使用范围。在汽车悬架应用中，进行室温测量时，载液的黏度应为 0.001~0.1Pa·s。根据 Weiss 等人(1997a)的研究，载液应具有同时与构成颗粒的材料以及器件材料的化学相容性。此外，载液还应能在较宽温度范围内工作(就汽车阻尼器而言为-40~120℃)，保持较低的热膨胀率。除了确保对周围环境无危害，载液还应具有良好的润滑性。

2.3.2 磁流变液的固相

磁流变液是一种由具有低矫顽力的微米级软磁性颗粒分散于载液中形成的

悬浮体,且在外加磁场作用下其流变特性会发生变化。通过分析现有专利和文献可知,合适的软磁、低矫顽力的固相材料包括但不限于纯铁、铁合金(含钴、钒锰、钼、硅和镍)、羰基铁、雾化铁、水雾化铁、铁氧化物(含 Fe_2O_3 和Fe_3O_4)、低碳钢牌号、硅钢、镍、钴、铁素体不锈钢、雾化不锈钢等(Bombard et al. ,2011;Foister et al. ,2003,2004;Forehand et al. ,2010;Iyengar et al. ,2003a,b;Iyengar et al. ,2004b;Margida et al. ,1996;Munoz et al. ,1998)。固相材料应具备高饱和磁化强度(1.6 ~2.1 T)和低剩磁(矫顽力)。其中,饱和磁化强度限制了磁致屈服应力的变化范围,低剩磁延迟了长期颗粒团聚并提高了再分散性(de Vincente et al. ,2011;Phule et al. ,1999)。此外,在选择固相材料时还应考虑成本和耐久性。

羰基铁粉(CIP)(五羰基铁的热分解产物)具有良好的磁化特性和较低的剩磁性,使用包覆羰基铁粉的聚合物还能改善磁流变液的分散稳定性(Choi et al. ,2006)。事实上,市售的磁流变液绝大多数采用羰基铁粉作为固相,但与其他铁粉的生产方法相比,该材料的制造过程相对昂贵。研究者们对降低磁流变液制备成本做了很多努力,例如,在需要耐久性强的磁流变液中使用水雾化铁粉(Forehand et al. ,2010)。

现有的商用磁流变液,如 Basonetic 2040、Basonetic 4035、Basonetic 5030、MRF-122EG、MRF-132DG、MRF-140CG,其单位体积内固体形态的铁(Fe)含量通常在 20%~22%到 40%~48%的范围内,这些磁流变液的密度在 2300~4120kg/m^3 范围内变化。含铁量较低的磁流变液容易沉降,而含铁量较高则会加速设备的磨损。其中,前者最适用于旋转制动器和离合器,而后者则适用于线性阻尼器。

铁磁颗粒直径通常为 1~100μm,理想范围为 1~10μm。直径大于 100μm 的颗粒会增加摩擦并加速磨损,对磁流变器件造成不可逆的影响。小颗粒不易沉降,但布朗运动会阻止它们产生屈服应力,因此,直径小于 1μm 的颗粒只能产生很小的屈服应力变化,导致其无法用于控制阻尼的装置。但是,Carlson 等人(2008)已经通过将磁流变阀在干扰模式中运行的方式消除了这种缺陷。事实上,已有研究表明,由于表面活性剂的存在,使用小尺寸颗粒的磁流变液在长期的使用过程中也会出现聚合和分离。Lopez-Lopez 等人(2010)对平均直径在 60~800nm 范围内的单分散球形钴颗粒进行了研究,发现当颗粒平均直径小于 100nm 时,磁流变液的屈服应力会急剧减小。

与单分散体系配方不同,双分散体系包含两种尺寸明显不同的颗粒混合物。例如,Rosenfeld 和 Wereley(2002)、Wereley 等人(2006)以及 Trendler 和 Bose(2005)、Lopez-Lopez 等人(2013)研究了同时含有微米级颗粒和纳米级颗粒的配方。Wereley 等人(2006)研究的混合物中用纳米级颗粒代替质量分数为 20%

的微米级颗粒，使得沉降速率显著降低（按数量级），动态屈服应力在较高磁场区域中的增量超过 15%。Foister（1997）制备了一种微米级的双分散悬浮液，其中含有大尺寸颗粒（小于 10μm）和较小尺寸颗粒的混合物，大小颗粒的粒径比是 5：1。该混合物可使屈服应力显著提高且不增加零场黏度，改进后的屈服应力是单分散悬浮液的 2.7 倍。Bombard 等人（2005）的研究证实将两种 CIP 材料与不同颗粒混合，可通过降低零场黏度和增加屈服应力的方式来改善磁流变液的流变特性。

颗粒的形状一般是球形，这种几何形状对于低磁场强度中的各向异性、润滑性以及耐久性等性能的影响是最优良的。最近的研究探讨了在磁流变液中加入纳米纤维丝和微米纤维丝以改善沉降速率并增强屈服应力的可能性（Bell et al.，2008；de Vicente et al.，2010；Gomez-Ramirez et al.，2011；Jiang et al.，2011；Ngatu et al.，2008；Starkovich et al.，2002）。通过上述研究可知，相比相同浓度球形颗粒的悬浮液，基于纤维丝的磁流变液能够提供更大的屈服应力。

Ulicny 等人（2010）对含有一部分不可磁化球体的磁流变液组合物进行了研究，他们试图增加屈服应力并降低流体的重量以及成本。Ohori 等人（2013）提出由羰基铁粉和非磁性氢氧化铝颗粒组成双向凝胶，使磁流变液的储能模量有所提升。Ginder 等人（1996b）将微米级的羰基铁粉与纳米级颗粒混合，这使得磁流变液的屈服应力增加了 4 倍。

颗粒聚合物涂层改善了固相颗粒的表面性能（减少氧化和磨损），同时提高了磁流变液的分散稳定性（Choi et al.，2006；Sedlacik et al.，2011）。

2.3.3 添加剂

磁流变液是固体颗粒均匀分散在液相中的悬浮液。因此，使用表面活性剂可以延缓颗粒沉降以及加速再分散（Bombard et al.，2009；Bossis et al.，2008）。在研发特定应用的磁流变液时，沉降速率是最重要的设计标准之一。研究人员通常使用增稠剂或触变剂防止固体颗粒与液相分离（Weiss et al.，1997b）。合适的添加剂材料范围包括聚合物增稠剂（烃）或煅制氧化硅（Iyengar et al.，2002）、胶体黏土（有机黏土）（Foister et al.，2003；Hato et al.，2011；Munoz et al.，2001）、氟碳润滑脂（Iyengar et al.，2010）。添加较低体积分数（2%~3%）的二氧化硅粒子能够使磁流变液的沉降率降低，且拥有更低的零场屈服应力。但添加煅制氧化硅的磁流变液会对阻尼器的密封件和涂层有磨蚀作用（Foister et al.，2003）。此外，向磁流变液中添加经过表面处理的胶体黏土可以减少颗粒沉降，同时可使降低磁流变液的屈服应力。Rich 等人（2012）提出了一种粒子体积分数高达 30%的磁流变悬浮液，该悬浮液由有机黏土组成，其沉降速率几乎为零。

磁流变液的测试结果表明，大多磁流变阻尼器在一个循环周期后，甚至经过1年的静置仍能恢复到额定阻尼力(Burson，2006；Carlson，2002)。

阻尼器中的磁流变液可能会在使用中出现增稠现象或形成膏体，这个问题也可以通过向磁流变液中加入添加剂来解决。Carlson(2002，2003)发现阻尼器在外加磁场作用下使用600000次之后，流体的零场黏度增加了3倍。Foister等人(2003)的研究表明，产生该现象的关键因素是使用了煅制氧化硅，为了减少或消除此现象可以将表面防护剂和抗氧化剂加入磁流变液中。原始设备制造商(OEM)对磁流变阻尼器的寿命要求是使用次数在100万次到200万次之间，因此，各种车用磁流变减振器的应用可以证明上述故障模式已有了对应的解决方案。

此外，还有其他种类的添加剂用于减少摩擦、磨损和提高耐久性以及确保与设备材料的相容性。例如，Foisteret等人(2003)介绍了一种耐用的磁流变液配方，其中包含重量为50%~95%的可磁化颗粒、5%~50%的载液、0.025%~10%的一种或多种增稠剂(如有机黏土、煅制氧化硅、沉淀二氧化硅、聚脲、碱性皂和添加剂组合物，添加剂组合物(有机钼二氨基甲酸胺、无灰二硫代氨基甲酸胺和甲苯三唑化合物)至少占配方总重量的0.05%~5%)。由于汽车行业要求磁流变液在进行耐久性(寿命)测试时呈现出可接受的零场阻尼力变化，故需对此配方进行优化。

在其他的应用中，Iyengar等人(2006)介绍了一种用于动力总成磁流变悬架等含有天然橡胶设备的添加剂配方。该配方包括含有金属氧化物增稠剂、硅油和若干氢键化学物质(如丙二醇和双功能乙氧基化胺)。其他以抗磨剂和抗摩擦剂为主的添加剂还包括二烷基二硫代磷酸锌(ZDDP)、有机钼化合物等(Iyengar et al.，2003a)。

2.4 磁流变液的流变特性

磁流变液的流变特性取决于颗粒密度、颗粒形状及其分布、载液性能、附加添加剂、外加磁场、温度(Jolly et al.，1999)。具体地，磁流变液的零场特性取决于载液性质、添加剂、颗粒体积分数等，而非零场(通电)特性则取决于固相性质及其体积分数。

磁流变液的流变特性可根据屈服前后的条件表示为

$$\tau = \begin{cases} G^* \gamma_e, \dot{\gamma}_e = 0 & \tau < \tau_0 \\ \mu \dot{\gamma}_e + \tau_0 & \tau \geqslant \tau_0 \end{cases} \tag{2.5}$$

式中：γ_e表示材料的变形量。磁流变液屈服后的特性已经在许多研究中进行了实验观察和数学描述，如de Vincente等人(2011)的文献。其中，Bingham塑性模型现已成为表征磁流变液特性以及磁流变器件性能的首选工具。Phillips (1969) 在解释可变屈服应力流体特性时首次使用了流变学模型。在屈服前区域(低于屈服应力)中,材料特性是黏弹性的,研究者们认为复数模量 G^* 也与磁场相关(Weiss et al. ,1994)。但是,Bingham 模型不足以表征在高剪切速率下的磁流变液特性,且不能说明其屈服前的特性。

Herschel-Bulkley 黏塑性模型在高剪切速率下主要呈现剪切稀化和剪切稠化效应,即

$$\tau = \tau_0 + \mu \dot{\gamma}_e^{\frac{1}{m}} \tag{2.6}$$

在 $m = 1$ 时,上述模型简化为 Bingham 塑性体,Bingham 模型和 Herschel-Bulkley 模型的分析详见 4.2 节。当表观流体黏度随着剪切速率的增加而降低时,大多数磁流变液都会表现出剪切稀化效应(Ginder,1998a)。

一般情况下,磁流变液的黏度随着颗粒浓度的增加而增大。例如,Felt 等人(1996)研究的水基悬浮液的颗粒浓度在 0.014~0.12 范围内变化,且流体黏度 μ 的变化遵循

$$\mu = \mu_b(1 + 2.5\phi_v) \tag{2.7}$$

式中:μ_b 为基液(载液)黏度;ϕ_v 为颗粒体积分数。颗粒尺寸对高颗粒浓度磁流变液的黏度具有显著影响。

屈服应力 $\tau_0(H)$ 随外加磁场的变化而变化,因此,对于特定的应用场合,磁化特性($B-H$ 曲线)是磁流变液最重要的材料特性之一。在多数的磁流变设备中,磁路中的磁阻绝大部分都是由磁流变液造成的。Jolly 等(1996)的文献表明,商用磁流变液的磁化特性近似为线性关系,约为 $0.02/\mu$ A/m ($\mu = \mu_0\mu_r$)。因此,在研究使用此类磁流变液设备中的磁场强度时,可以假设磁流变液的磁导率在一定范围内为常数(即 $B-H$ 曲线的斜率)。随着磁场强度的逐渐增大,磁流变液开始出现磁饱和。磁流变液的饱和磁通密度是粒子体积分数和粒子饱和磁化强度的乘积。影响磁流变液饱和磁通密度的因素与固相的性质相关,包括固相材料、颗粒尺寸、铁磁颗粒体积分数以及添加剂的性质(如铁磁流体)。与电流变液相反,磁流变材料的屈服应力对温度并不敏感。此外,由于磁流变液的固相(软磁材料)具有非常良好的磁化特性,因此磁流变液几乎不出现滞后现象。

2.5 磁流变液的性能表征

研究者们已经确定了几项磁流变液的性能指标,以便在特定应用中预测磁流变液的预期寿命、计算转速比以及确定所需磁流变液的体积和功耗(Carlson,

2003, 2002)。例如,Jolly 等人(1999)定义机械功率密度 W_{m}^{*} 和电功率密度 W_{e}^{*} 分别为

$$\begin{cases} W_{\mathrm{m}}^{*} = \tau\dot{\gamma}_{\mathrm{e}} \\ W_{\mathrm{e}}^{*} = \dfrac{BH}{2t_{\mathrm{c}}} \end{cases} \tag{2.8}$$

式中:t_{c} 为磁场形成时间;τ 为剪应力;B 和 H 分别为磁通密度和磁场强度。结合 W_{m}^{*} 和 W_{e}^{*} 得出磁流变液效率的计算公式为

$$\alpha_{\mathrm{m}} = 2\tau\dot{\gamma}_{\mathrm{e}}\frac{t_{\mathrm{c}}}{BH} \tag{2.9}$$

基于磁流变液的有效体积,可计算其品质因数(有效体积) F_1 为

$$F_1 = \frac{\tau}{\mu} \tag{2.10}$$

式中:F_1 与磁流变液的最小体积 $V_{\min}$ 成反比,这个参数反映了装置的转速比以及所需磁流变液的体积和功耗,将 F_1 最大化可使磁流变器件更小且更节能。

考虑磁流变液的重量需引入流体密度 ρ ,此时,修改式(2.10)为

$$F_2 = \frac{\tau}{\mu\rho} \tag{2.11}$$

品质因数(功率效率) F_3 可反映磁流变液的能量效率,其表达式为

$$F_3 = \frac{\tau}{BH} \tag{2.12}$$

在给定的应用器件中将 F_3 最大化可降低对能量消耗的要求。

设备的寿命估计(LDE)为

$$\mathrm{LDE} = \frac{1}{V}\int_0^{\mathrm{TR}} P_{\mathrm{m}} \cdot \mathrm{d}t \tag{2.13}$$

式中:V 为磁流变液的体积;P_{m} 为磁流变液器件在工作期间转换成热量的机械功率。LDE 决定了耗散能(TR)或每单位体积磁流变液将总机械能转化为热量的多少。对于许多商用流体,F_1 通常为$10^{10} \sim 10^{11}$(Agraval et al.,2001;Jolly et al.,1999),而优质磁流变液的 LDE 值约为 $10^7\mathrm{J/cm}^3$ 或更高(Carlson,2002)。

2.6 本章小结

磁流变液具有极佳的复合性能,这些性能可以通过调节外磁场而产生相应变化。在过去 20 年里,该材料克服了许多困难,从一种科学猜想发展成为了一

种行之有效的技术。磁流变液是一种很少见的智能材料,为汽车市场实现批量生产指明了方向。目前,磁流变液已经克服了诸多困难和挑战,如改善磁流变液的沉降稳定性、提高其流变性能、增强耐久性、扩大温度使用范围、优化磁流变液体系中使用的增稠剂等。但仍面临着如高剪切速率、多变的道路状况、温度变化、加热等汽车环境带来的问题,同时还需要兼顾多性能要求。此外,关于磁流变液的耐久性的研究依然相对较少(Carlson,2003,2002;Forehand et al.,2010;Iyengar et al.,2004a)。因此,磁流变液接下来的研究方向应集中于降低成本、增强耐久性和沉降稳定性等。

第3章　磁流变阻尼器的结构

3.1 引　　言

为了满足特定的需求，目前已开发出符合各种尺寸、结构及负载要求的磁流变阻尼器。这些阻尼器主要按照三个方面进行分类——工作模式、缸筒结构、活塞(或磁流变控制阀)结构(Zhu et al. ,2013)。磁流变阻尼器主要由充满磁流变液的缸筒及在运动时产生阻尼力的活塞组成。控制阀通常位于活塞中，且包含一个带有线圈的磁路。

按照工作模式划分，磁流变阻尼器主要有四种基本类型——流动模式阻尼器、剪切模式阻尼器、挤压模式阻尼器及混合模式阻尼器，每种工作模式都有其独特的优点和用途。其中，混合模式阻尼器是磁流变液几种工作模式的组合。

按照缸筒的结构划分，磁流变阻尼器可分为单筒阻尼器、双筒阻尼器和三筒阻尼器。其中，单筒阻尼器由于其结构简单且内部元件少，已成为磁流变阻尼器中应用最为广泛的结构。

控制阀的设计包括阀芯的磁路设计及环形间隙的设计。控制阀可根据环形间隙的数量和结构以及线圈与磁芯的排列等进行分类，其中，确定环形间隙的结构与磁路特性是阻尼器设计过程的关键步骤。

大部分汽车悬架使用的阻尼器都是具有环形间隙的流动模式磁流变阻尼器，商用磁流变阻尼器的控制阀几乎不存在径向流道。因此，本章重点介绍流动模式的磁流变阻尼器及环形间隙在控制阀中的应用，主要分为以下几个部分：3.2节介绍磁流变阻尼器的基本结构，主要对单筒阻尼器及双筒阻尼器的结构进行详细说明；3.3节重点介绍磁流变活塞(控制阀)的结构；3.4节对本章的主要内容进行总结。

3.2 阻尼器的结构

磁流变阻尼器在很多行业中能够反映出阻尼器设备的整体发展情况，这一特征在汽车工业中表现得尤为明显。阻尼器结构通常根据腔室数量、缸筒排列顺序及控制阀位置进行分类。本节重点介绍单筒阻尼器、双筒阻尼器以及内置传感器阻尼器的结构。

3.2.1 单筒阻尼器

单筒阻尼器是目前最常见的磁流变装置,由于其结构简单且内部元件少,已成为磁流变中应用最为广泛的结构,例如,客运车辆悬架普遍采用此类阻尼器。从结构设计角度看,汽车磁流变阻尼器是一种没有机电阀门和小运动部件的简单单筒结构。其中,带有气体补偿装置的单出杆磁流变阻尼器结构与带液压阀的被动阻尼器结构大体一致,如图3.1(a)所示。缸筒内的浮动活塞(气杯)将磁

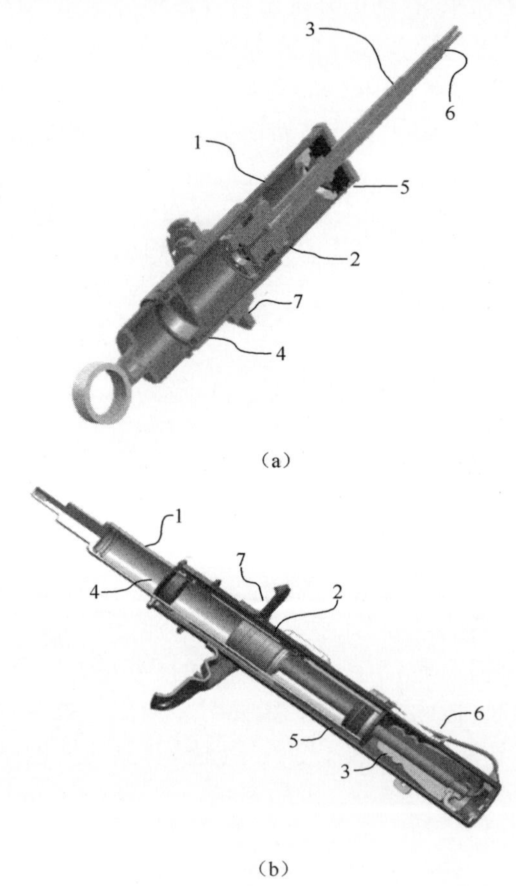

图3.1 车用磁流变单筒减振器

(a)线圈弹簧减振器;(b)麦弗逊车辆悬架系统。

1—缸筒;2—活塞;3—活塞杆;4—浮动活塞;5—活塞杆导承;6—连接器;7—弹簧座。

流变液与高压气室分离，主活塞将工作缸筒内部分为压缩腔（浮动活塞与主活塞之间）和复原腔（活塞杆与主活塞之间）。主活塞中设有环形间隙，使得在活塞运动过程中流体可在各腔室之间流动，在车用阻尼器中表现为车轮与车身之间的相对运动使流体通过活塞中的环形间隙在各腔室之间流动。阻尼器运行过程中应保证没有气穴出现，这就要求浮动活塞下腔内的气体处于高压状态，但高压气体对缸筒内表面光洁度、密封性及摩擦又产生不利影响。图 3.1（a）所示为典型的磁流变阻尼器结构，在实际应用中，阻尼器的活塞杆与车身相连，缸筒与车轮相连。图 3.1（b）所示为倒置式单筒麦弗逊（McPherson）悬架结构中的汽车磁流变悬架阻尼器，该磁流变悬架阻尼器采用倒置式单筒结构，通过外部固定装置使缸筒与车身相连，活塞杆与车轮相连。

双杆单筒结构是单筒结构的一个变形，如图 3.2 所示（Carlson et al.，1994；Poynor，2001；Sapinski，2014；Yang，2001）。双杆单筒阻尼器的特点是活塞两侧的活塞杆引导活塞运动，该结构仅需少量气体来补偿温度膨胀所引起的流体体积变化。这种特殊结构方便实用，经常用于汽车门锁等小行程场合。

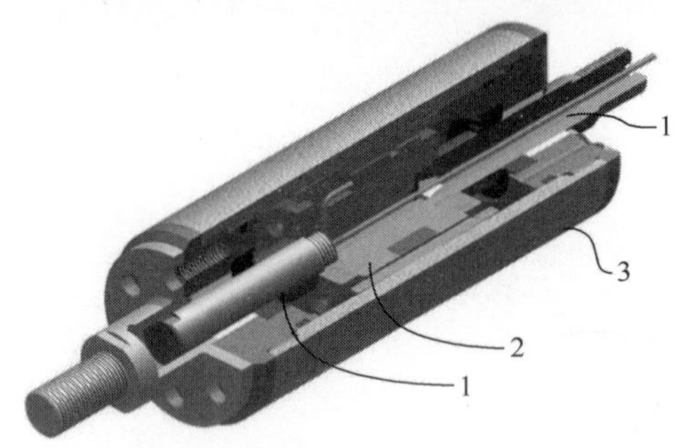

图 3.2 磁流变双杆单筒阻尼器

1—活塞杆；2—控制阀（活塞）；3—缸筒。

3.2.2 双筒阻尼器

迄今为止，单筒阻尼器仍是半主动可控磁流变液阻尼器中最常见的结构，但它在工作时一直都处于高压状态，限制了单筒阻尼器的应用。此外，单筒阻尼器在密封方面也存在问题。因此，对其他磁流变阻尼器结构的研究一直在进行，尤其是双筒阻尼器（Jensen et al.，2002；Marjoram et al.，2004；Oakley，2008；Poynor，2001）。与单筒阻尼器相比，标准的双筒阻尼器采用同心缸筒，内筒中装有活塞阀，用来控制相邻腔室与底阀之间流体的流动，底阀控制内筒下腔与储油筒（内外筒之间）之间流体的流动。其中，储油筒内装有用于补偿活塞杆运动引起体积变化的油液。双筒阻尼器在较低气压下工作且有较多的阀门部件,汽车悬架中只有竖直位置(或倾斜角较小的位置)满足这种阻尼器的安装条件。

查阅相关文献可知,对磁流变双筒结构的研究及应用工作尚未完成。例如,有研究得到了一种双筒磁流变阻尼器结构,其磁流变控制阀位于内筒活塞上(Jensen et al. ,2002;Poynor,2001),如图 3. 3 所示。Jensen 等人(2002)采用传统的底阀控制磁流变液流入外储油筒。但该阻尼器结构会受到液体压力失衡的影响(双筒阻尼器的常见问题),并且其可实现的阻尼力调节范围十分有限。当阻尼器处于压缩状态时,活塞上的压降大于底阀上的压降,进而产生压力失衡现象,大部分流体被迫流入底阀,导致缸筒上腔的压力滞后。因此,需要对阻尼力进行调节以避免这种现象。

图 3. 3 磁流变双筒阻尼器

1—活塞杆;2—控制阀(活塞);3—底阀;4—缸筒;5—储油腔。

图 3. 4(a)所示为 Oakley(2008)提出的双筒阻尼器结构,磁流变阀控制流体在上腔(活塞上方)和储油筒之间的流动。因内筒位于缸筒与储油筒之间,该装置实质上是一个三筒阻尼器。由图可知,除了磁流变控制阀外,也可采用两个单向止回阀控制腔室之间的流体流动。缸筒内的活塞将工作缸分为复原腔(活塞上方)和压缩腔(活塞下方)。阻尼器由施加到活塞杆上的位移(速度)进行驱动,两个单向止回阀分别控制复原腔和储油腔之间的流体流动。因此,采用止回阀控制通过活塞中的流体流动时,该阀仅允许流体从储油腔流入工作缸的下腔,阻止任何反向流动(即从压缩腔流入储油腔)。储油腔内包含磁流变液和高压气体,通过浮动活塞将气体与磁流变液分离。在压缩行程中,活塞杆进入油缸,

底阀中的止回阀会阻止流体流动,流体只能通过活塞中的止回阀和磁流变阀进行流动。相反,复原行程中,活塞杆移出工作缸,此时流体可通过磁流变阀,但不流经单向止回阀。由于止回阀的布置,无论活塞的运动方向如何,通过磁流变阀的流体都不会逆流。

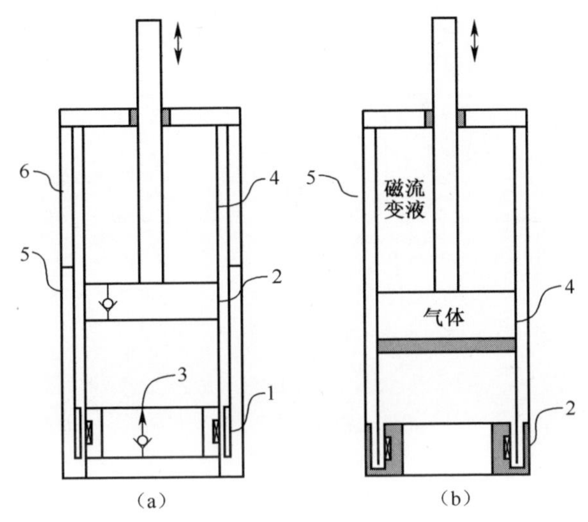

图 3.4 双筒阻尼器

(a)Oakley(2008);(b)Carlson et al.(1994)。

1—活塞杆;2—控制阀(活塞);3—底阀;4—缸筒;5—储油腔;6—气体。

与传统磁流变阻尼器结构不同,双筒阻尼器由于其活塞在两个方向上运动所产生力的大小不同,结构并不对称,而不对称程度直接关系到活塞杆的尺寸(或者复原腔与压缩腔横截面积的比值)。Goldasz(2014)对阻尼器的输出力进行了仿真,结果表明增加活塞杆的面积能够使阻尼器的不对称性最小化,但会降低复原过程的阻尼力。与其他双筒结构类似,该阻尼器的工作气压也明显低于带有气体补偿装置的单筒磁流变阻尼器。

值得注意的是,上述双筒阻尼器可以很容易地转换为旁通式单筒阻尼器,如图 3.5 所示。类似地,在这种阻尼器结构中,磁流变控制阀控制复原腔和储油腔之间的流体流动。单向止回阀使通过活塞的流体只能进行单向流动,即从下腔流入上腔,阻止流体反向流动。通过下止回阀控制储油腔和下腔之间的流体流动,该阀允许流体从外储油腔流入下腔,阻止任何反向流动。其中,外储油腔包含磁流变液以及通过浮动活塞与流体分离的高压气体。

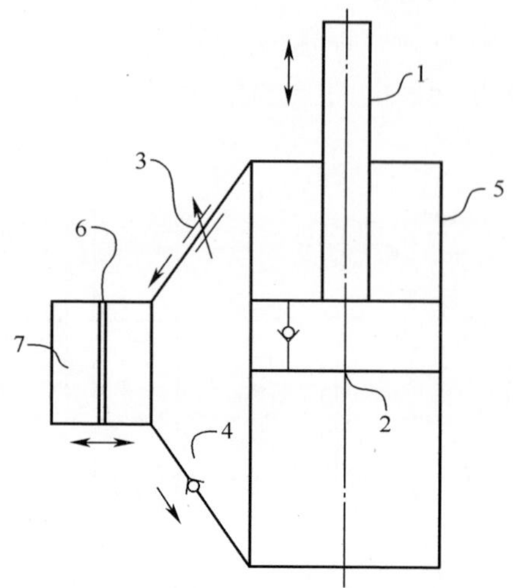

图 3.5　旁通式单筒磁流变阻尼器

1—活塞杆;2—单向止回阀(活塞);3—磁流变控制阀;4—下止回阀;
5—缸筒;6—浮动活塞;7—气体。

Marjoram 和 Chrzan(2004)设计的双筒阻尼器是对上述阻尼器结构的另一种改进,其活塞安装有蓄能器,底阀装有一个用于压差调节的磁流变控制阀。Carlson 和 Chrzan(1994)研究了几个类似的双筒结构,图 3.4(b)所示为其中的一种。由图可知,这种阻尼器的体积补偿腔位于活塞中,而用于控制各腔室之间流体流动的磁流变阀位于阻尼器底部。

3.2.3　内置传感器阻尼器

对磁流变阻尼器的阻尼力进行控制时,要对活塞的相对速度(或位置)进行估算,目前普遍采用附加的位移传感器向 ECU 提供信息。由此,研究者对内置传感器的阻尼器结构给予了极大关注。例如,Nehl 和 Deng(2007)开发了一种可集成到阻尼器防尘管中的相对速度传感器,其结构如图 3.6 所示。该传感器包括软磁性铁极、永磁体及线圈。阻尼器与防尘管的相对运动在线圈中产生电压,并且电压的大小与活塞的相对速度成正比。

Wang 和 Bai (2013)提出了内置位移传感器的磁流变阻尼器结构,并将传感器集成到阻尼器的防尘管中;Or 等人(2008)提出了带有力传感器的阻尼器结构,该传感器实质上是一个压电晶片,紧贴在阻尼器的缸筒与外部安装件之间。

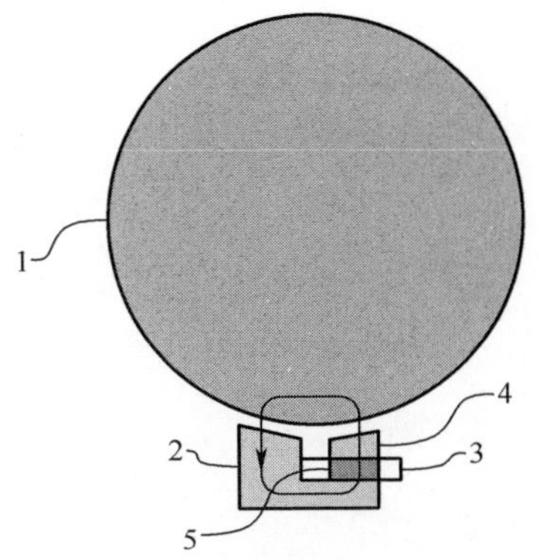

图 3.6 相对速度传感器(Nehl, Deng,2007)

1—阻尼器防尘管;2—软磁性铁磁极;3—线圈;4—磁极;5—永磁体。

3.3 磁流变控制阀的结构

控制阀在阻尼器中负责调节阻尼力。为满足特定应用需求,流道的几何形状及磁路特性在设计过程中均有所不同。

活塞通常根据主次流道的几何形状、线圈布置形式、阀芯结构及性能增强功能(如失效安全性能、非对称力、有效工作面积、磁通增强性能)等进行分类。本节中介绍的控制阀结构可作为多数单线圈及单间隙控制阀在液压特性与磁路特性方面的性能改进方案。

3.3.1 单线圈控制阀

图 3.7 所示为典型的单线圈活塞结构。线圈的引线从空心活塞杆中引出,从而将阻尼器电路与驱动模块相连。向该线圈引线通电即可在阻尼器中产生磁场,控制流体的流变性。线圈产生的磁通量通过阀芯并穿过环形间隙到达缸壁,然后再次穿过环形间隙返回到阀芯形成闭合磁回路。与此同时,阻尼器中会发生磁通泄漏,泄漏的磁通量到达缸筒后,通过复原腔(活塞杆侧)内的磁流变液返回活塞杆。漏磁导致两个磁极上的磁场强度不对称,故活塞杆和缸筒应采用非磁性材料以减小漏磁现象。环形间隙和流道中的磁场使流体产生屈服应力,阻尼力的大小随该屈服应力发生变化。因此,磁流变阻尼器的设计需要进行详细的磁场分析,最大限度地提高环形间隙中的磁场强度,避免磁饱和现象的出现(Carlson et al. ,1994;Hopkins et al. ,2001)。

为实现不同的性能,阻尼器使用的线圈及间隙的拓扑结构一般不同。例如,

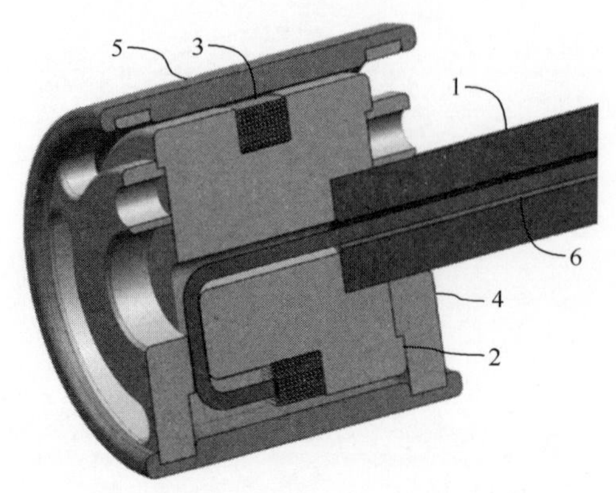

图 3.7　流动模式磁流变阻尼器控制阀活塞

1—活塞杆；2—磁芯；3—线圈；4—端盖；5—套筒；6—引线。

活塞总成中可包含多个线圈，以串联或并联方式缠绕在阀芯上（Gavin et al.，2001）。尽管活塞通常只有一个环形间隙（主流道），但研究者们早已提出了多通道并行结构与双间隙结构（Carlson et al.，2009；Gavin，2001；Goldasz，2013a；Namuduri et al.，2001）。其中，双间隙结构可使设备具有较高的转速比。Oliver et al.（2002）介绍了一种线圈缠绕于径向伸出臂上的活塞结构，与普通横向线圈布置相比，这种结构使线圈与活塞中的主流道相互平行，且线圈之间相互串联。就流道结构而言，研究者们在磁流变阀中增加了流动旁路，因而出现了旁路流速较低的情况（Foister et al.，2011；Kruckemeyer et al.，2001；Lisenker et al.，2005）。此外，为确保发生电路故障时输出阻尼力大于最小阻尼力，磁流变阀还需具备优良的失效安全性能（Bose et al.，2010；Bose et al.，2009；Ding et al.，2013；Nehl et al.，2010）。

研究者们在研究机电执行器和固定间隙执行器时设置了一系列固定的原则和标准，在选择磁流变阀的参数和材料时也应该遵循相同的原则和标准。与电磁螺线管一样，材料的选择是磁流变装置设计和开发过程中的关键因素。在磁流变装置的磁路中，磁通量需求较高的部件通常都采用软磁材料。图 3.8 所示为几种典型软磁合金的磁化曲线。其中，SAE 1010 是一种低碳合金钢，而 Hiperco-50 和 M-90 分别是钴合金钢和电（高硅）合金钢。电磁螺线管所采用软磁材料的重要特性主要有高磁导率、低剩磁、高饱和磁场强度（Pawlak，2006）。高磁导率是指某一特定材料具备将磁场放大至很高倍数的能力，使用高磁导率材料可以使装置具有更好的磁路性能。在阻尼器使用较高磁导率材料时，即使线圈通入的电流较小，也能在环形间隙中获得较高的磁场强度，从而降低阻尼器的能耗。在电源关断后，阻尼器的环形间隙中仍存在较少（有限）的磁通量，这一现象称为剩磁。剩磁会导致流体在零场条件下产生屈服应力，影响阻尼器的性能，在设计时应尽量避免。为确保剩磁最小，阻尼器材料应具有较小的磁滞回线。例如，阀芯中包括高磁场强度区域和低磁场强度区域。其中，高磁场强度区域通常位于线圈绕组下方，该区域提前达到磁饱和，限制了通过阀芯的磁通量。不论线圈匝数为多少，磁饱和都会限制间隙中的磁场强度，这会限制磁流变阻尼器的动态调整范围（Yoo et al.，2002）。因此，在设计阻尼器时，磁饱和也是一个需要解决的问题。此外，对于以快速响应为主要性能指标的应用场合，如汽车或飞机悬架中，应当尽量减少涡流。除采用适当的控制策略外，也可采用高电阻率材料达到这一目的，如电工钢片或软磁复合材料（SMC）（Battlogg et al.，2013；Oliver et al.，2002；Shokrollahi et al.，2007）。

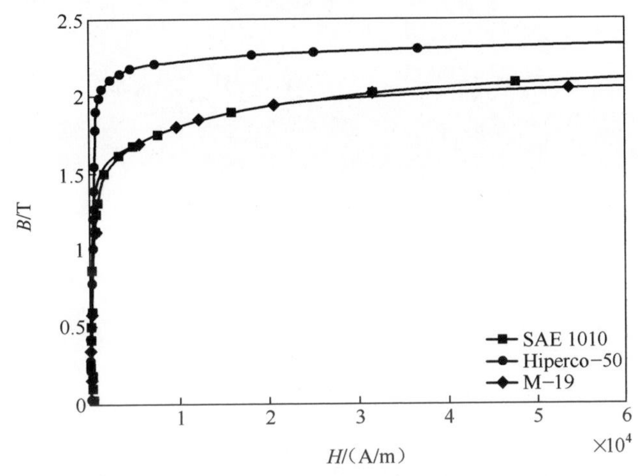

图 3.8　几种软磁合金的磁化曲线（Lyman，1961）

硬磁材料只能用于需要失效安全性能的应用中（Bose et al.，2010；Bose et al.，2009；Nehl et al.，2010）。在无电流（或电流失效）的情况下，磁流变活塞内的永磁体会提供偏置磁通，可将它们作为磁场源。实际上，永磁体只能磁化环形间隙内的流体，使零场条件下的阻尼力大于最小阻尼力。因此，将线圈通电产生的可控磁通与永磁体提供的偏置磁通叠加可以增加阻尼力；将二者相互抵消可以消除环形间隙中的磁通量，使阻尼力降到最小值。

3.3.2　多线圈与多级磁芯控制阀

为增加阻尼器的有效工作面积（以及由此产生的场致阻尼力），研究者们开发了多线圈磁流变阀，并成功地将其应用在磁流变阻尼器中。这类阻尼器可通过改变缸筒与活塞的间隙厚度或活塞的有效工作面积以增大阻尼力，具体方法根据活塞的几何形状进行选择。阻尼器的阻尼力大小与环形间隙长度成正比，与环形间隙厚度成反比。因此，改变间隙厚度可以提高有磁场时的阻尼力峰值，但对零场条件下阻尼力的最小值也有很大影响，这会降低阻尼器的性能。基于上述原因，研究者们往往选择增加活塞的有效工作面积，例如，增加阀芯长度或布置多级线圈等。如图 3.9 所示，活塞上并排缠绕了两个线圈，这种做法可使阻尼器中的磁通量大幅增加（也可参见图 3.21(a)）。近年来，一些车辆悬架平台也开始采用多级结构，且有报道指出，相比以往设计的磁流变阀，此结构的阻尼力可控性及响应速度均有了很大提高（Pitcher，2010）。

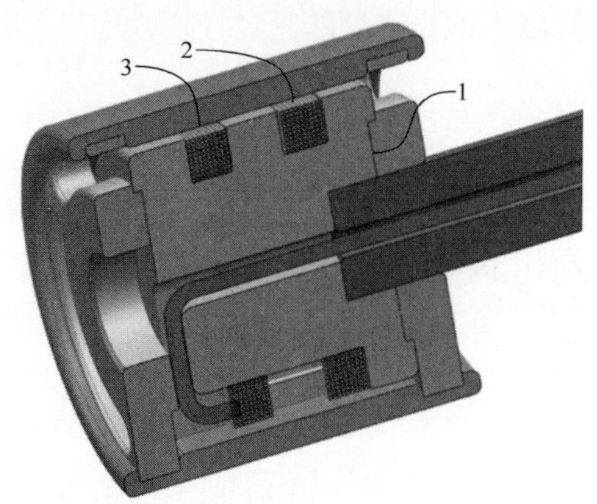

图 3.9　双线圈单间隙磁流变阻尼器活塞

1—磁芯；2，3—线圈。

3.3.3　活塞旁路

磁流变阻尼器的主流道（环形间隙）中如果存在泄漏或旁路，将会导致流道中某些部分的磁通量不同，且该部分中流体的屈服强度远低于流道的其余部分。通过在环形间隙的表面上开半圆形凹槽或矩形槽（Foister et al.，2011；Kruckemeyer et al.，2001）或在外筒表面开槽（Lee et al.，2010；Lopez et al.，2013）可在活塞中制造旁路。虽然在组成环形间隙的两个表面上开槽可增加环形间隙的局部高度，但槽内的磁通密度会降低，即该区域中的流体所处的磁场强度会下降。此外，这种槽中的磁通量并不完全为零（Foister et al.，2011），槽形区域的流体仍是 Bingham 塑性体。

活塞中的旁路还有其他类型的结构，如图 3.10(b)（kruckemeyer et al.，2001）所示的通芯孔活塞。通过空间磁场仿真可知旁路中的磁通量实际为零，说明通孔旁路内的流体未被磁化。如图 3.11 所示，阻尼器在低速状态下运行时的阻尼力特性仅由旁路的几何结构决定,通过对旁路或槽的几何结构进行合理设计,可实现旁路结构的性能优化。

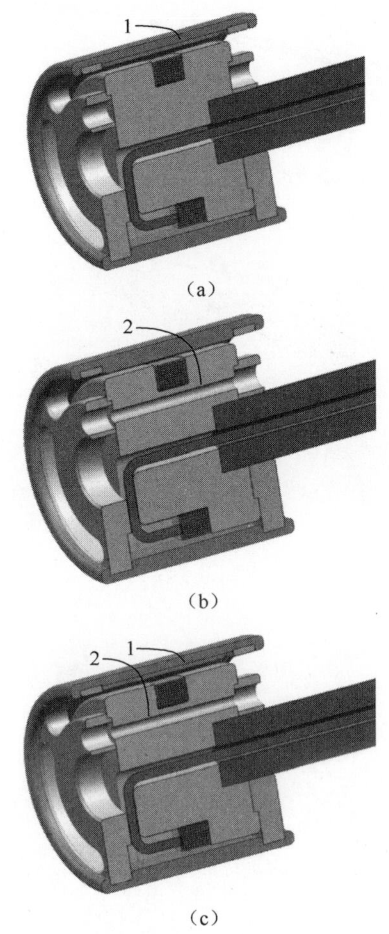

图 3.10　带旁路的磁流变阻尼器活塞

(a)磁通旁路(开槽旁路);(b)通孔旁路;(c)磁通旁路和开槽旁路。

1—槽;2—孔。

3.3.4　多并行通道路径控制阀

Namuduri 等人(2001)提出了一种多环形槽并行的活塞结构,如图 3.12 所示。活塞通过增加一个环形间隙实现磁流变液的分流,其中,较窄的内间隙可减小磁通泄漏。在构成内间隙的三个部件中,中间环为非磁性材料。Carlson 等人(2009)提出了类似的活塞结构,他们认为这种结构能获得特定的阻尼器性能。

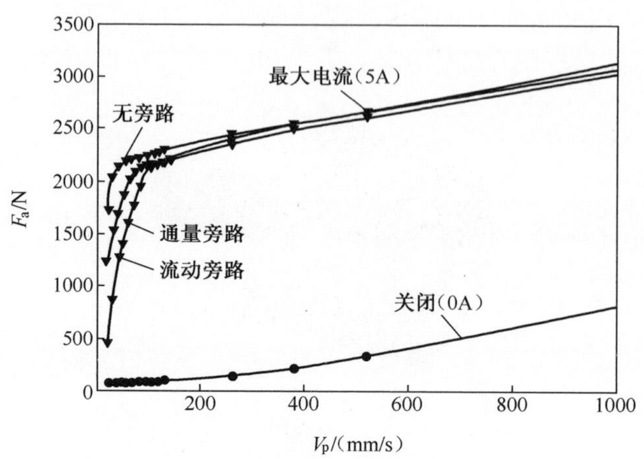

图 3.11　不同活塞结构的性能比较

Goldasz(2013a)的仿真结果表明,这种特定的活塞结构可实现较高的放大比,但并不能提高阻尼力峰值。虽然这种结构在需要放大倍率较高的应用中具有可行性,但其制造成本比较高昂。由于较大的旁路可降低非零场阻尼力,较小的旁路则会干扰零场阻尼力(同时降低放大比),故旁路几何结构的选择必须结合实际需求进行。

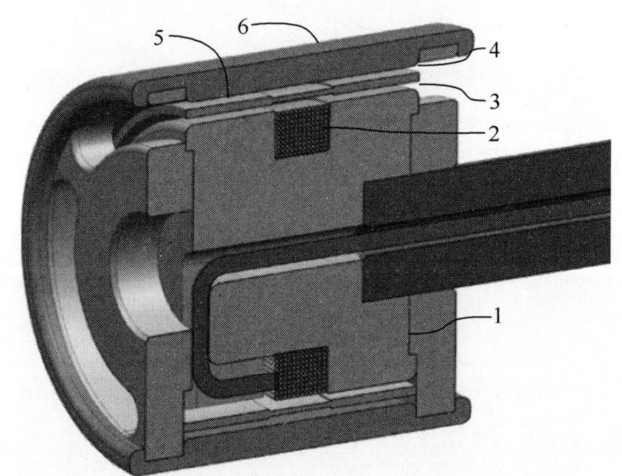

图 3.12　双间隙活塞结构(Namuduri et al.,2001)

1—磁芯;2—线圈;3—内间隙;4—外间隙;5—调整垫圈;6—套筒。

3.3.5　分段磁芯控制阀

图 3.7 所示的磁流变阀芯采用软磁性固体材料,通过磁场分析可知,当线圈

电流最大时,线圈绕组下方区域的磁场强度往往超过1.5~1.6T。以普通软磁合金钢阀芯为例,该区域磁场强度易达到磁饱和,而同等条件下,活塞两翼的磁场强度却远低于1T。因此,活塞材料的选取应以高磁导率及高饱和磁感应强度的合金材料为主,且在磁流变阀的磁路易饱和区域也应采用这类材料。同时,还可以使用这类材料增加环形间隙内的磁通量。对于输入电流和线圈匝数均相同的阻尼器,使用这类合金材料可以增加环形间隙内的磁通量,改善阻尼器线圈的输入电流范围。

为改善环形间隙内的磁通量分布,研究者们提出了很多方案。例如,Goldasz 等人(2005)在线圈下方区域采用高磁导率及高饱和磁感应强度的材料,其中一种活塞的阀芯结构如图 3.13(或图 3.21(d))所示。活塞内芯采用高磁导率的固体材料,外芯采用普通材料。其中,高磁导率的内芯材料可有效解决线圈下方区域场强较小的问题。该研究还重点介绍了铁钴合金、硅钢牌号、电工钢片、SMC 等材料的应用。

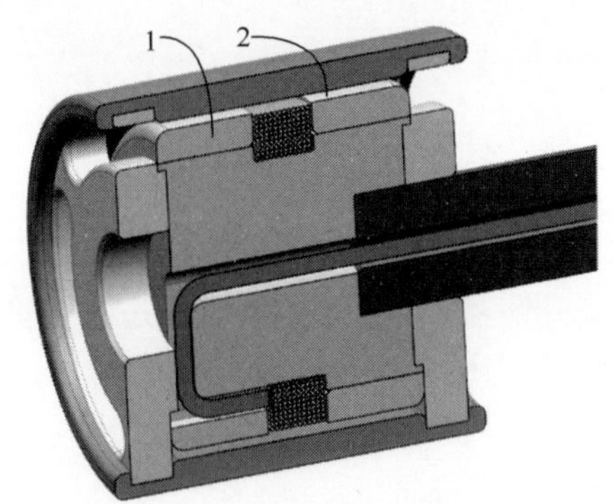

图 3.13　带有高磁导率磁芯的磁流变阻尼器活塞结构
(Goldasz et al. ,2005)
1—内芯;2—外芯。

3.3.6　埋入式线圈控制阀

图 3.7 所示的活塞结构中,包括矩形线圈槽在内的中间部分都属于非工作区域。虽然该区域对活塞两翼的总压差(阻尼力)的作用并不明显,但线圈槽在这种活塞结构是非常必要的。因此,Nehl 等人(2009)在阻尼器中使用梯形线圈,从而使线圈基本埋在磁极表面的下方,进而增加了阀芯的有效工作面积,活塞结构如图 3.14(或图 3.21(c))所示。这种结构可使活塞中的非磁性(中间)部分的长度最小化,同时使活塞上的磁化有效工作面积最大化。与图 3.7 所示

的常规活塞结构相比,在阀芯外表面的磁通量相同且环形间隙长度相同的条件下,该结构的场致压差较大。但是,随着磁化有效工作面积的增大,所产生的磁场强度就会减小,这会降低活塞中间部分非工作区域的作用效果。

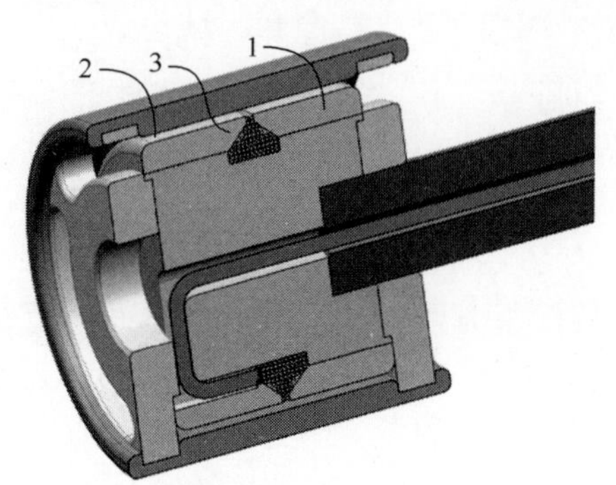

图 3.14　带有梯形线圈的磁流变阻尼器的活塞结构
(Nehl et al. ,2009)
1—内芯;2—磁极;3—线圈。

3.3.7　控制阀的失效安全设计

磁流变阻尼器在零场条件下产生的阻尼力相对较低。当线圈电路出现故障时,阻尼器的阻尼力恢复到零场状态。此时,可通过磁流变阀中的励磁线圈增大阻尼力,这种做法称为磁流变阻尼器的故障弱化。但是,在某些应用场合中,采用故障率低或具有失效安全性能的阻尼器系统更加有利。其中,失效安全系统是指电路出现故障时,可确保阻尼器产生的阻尼力高于最小值的系统。为确保这种特性,活塞需选用硬磁材料(如钕铁硼永磁体),从而产生恒定的磁通量。同时,利用双极性电流驱动器改变线圈电流的极性,从而使线圈电流产生的磁通与永磁体磁通相互叠加或相互抵消。实际上,若线圈磁通量与永磁体磁通量叠加,仅需较低的线圈电流就能实现最大阻尼力;若线圈的磁通量和偏置磁通量的方向相反,可使环形间隙内的有效磁通量被迫减为零,进而实现最小阻尼力。研究者们对这个问题做了许多研究,在过去几年中,已经提出了几种有效的失效安全阀结构。例如,Bose 等人(2009)以及 Bose 和 Ehrlich(2010)在单线圈及多线圈结构中提出了失效安全磁流变阀的概念,并获得了相关专利,阀结构如图 3.15所示。由图可知,线圈电流为零时的磁通分别由线圈下方和上方的永磁体提供;线圈电流非零时的磁通由永磁体和主线圈产生的磁通组成。因此,环形间隙中的总磁通为线圈和两个永磁体分别产生的磁通的叠加。综上所述,通过改变电流极性能使环形间隙中的总磁通增大或几乎完全抵消,如图 3.15(b), (c)(及图 3.15(e),(f))所示。

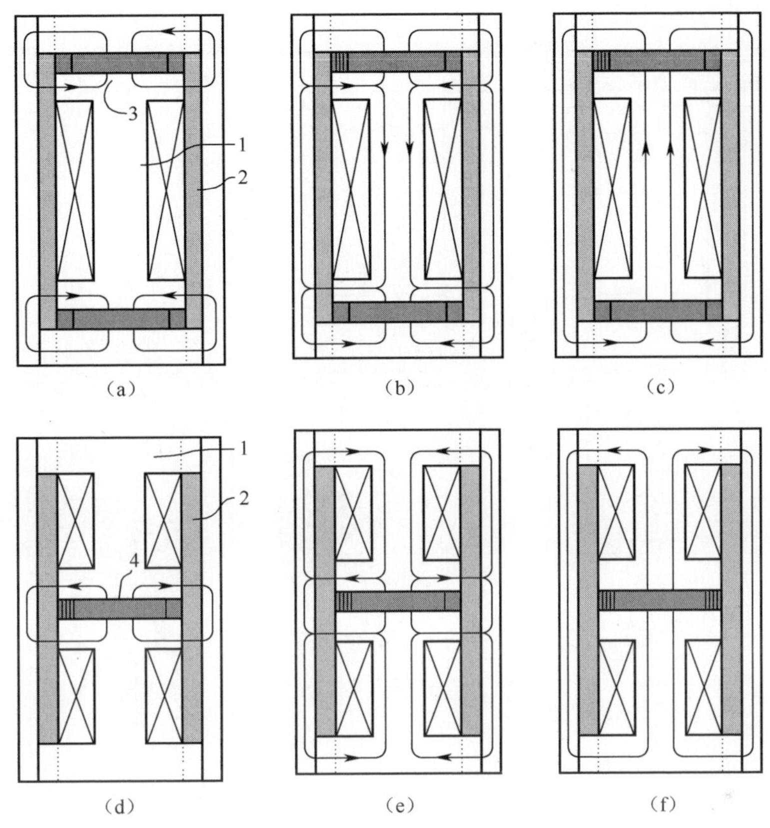

图 3.15　单线圈及多线圈结构的失效安全阀的运行模式(Bose 等人,2009)

(a) I_{CO} = 0; (b) I_{CO} +; (c) I_{CO} −; (d) I_{CO} = 0; (e) I_{CO} +; (f) I_{CO} −。

1—磁芯;2—线圈;3,4—永磁体。

Nehl 和 Alexandridis(2010)提出了一种永磁体位于线圈下方的活塞结构,如图 3.16 所示。活塞总成中存在气隙,气隙从 PM 部件向下延伸到阀芯的另一端,该气隙减少了永磁体侧面的漏磁现象。此活塞的工作方式与上述失效安全阀类似。同样,对于这种特定结构的活塞,在永磁体与线圈产生的磁通量相互抵消时的阻尼器磁通量分布,与二者相互叠加时不同。这种特性可通过磁流变阀的静态磁场仿真分析进行验证,结构如图 3.16(e),(f)所示。应注意的是,图 3.16(f)中存在一个通向活塞杆的小泄漏路径。

除上述研究之外,对于这一领域的研究仍有很多。例如,Jackel 等人(2014)提出了一种在线圈槽下方安装可动永磁体的新型磁流变阀。这种结构通过外部执行器与连杆机构实现了 PM 部件的运动,且该阀有三种不同的工作方式,这取决于永磁体相对内芯的位置及线圈的通电状态。

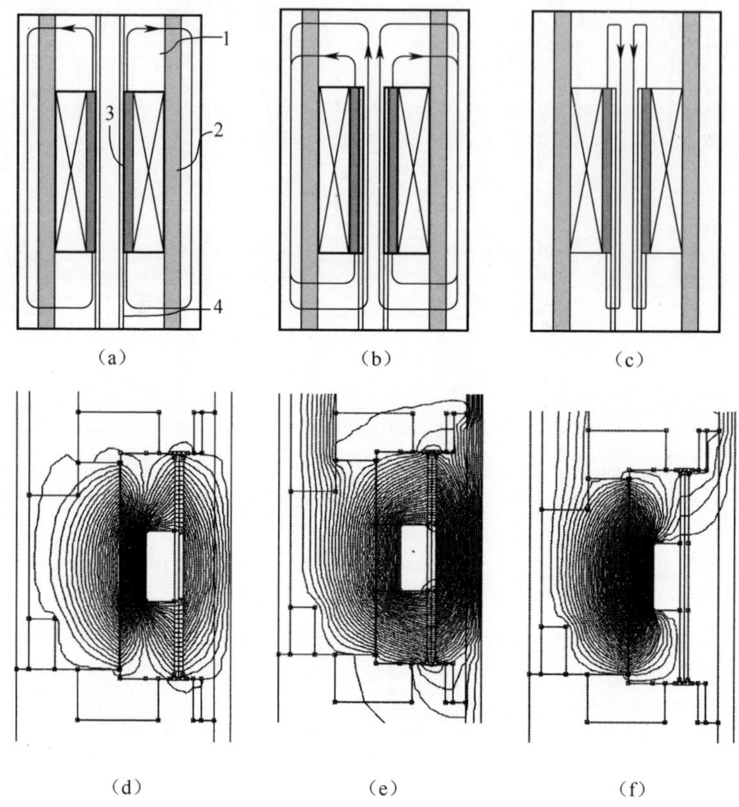

图 3.16 失效安全阀的运行模式(Nehl, Alexandridis,2010)

(a)$I_{CO}=0$;(b) I_{CO} +;(c) I_{CO} -;(d)$I_{CO}=0$;(e)I_{CO}+;(f)I_{CO}-。

1—磁芯;2—线圈;3—永磁体;4—间隙。

3.3.8 控制阀的有效工作面积的优化设计

磁流变阀芯的典型结构为线圈缠绕在阀芯外表面的线圈槽中,此结构的线圈下方区域基本不起作用且对磁流变阻尼器的输出阻尼力影响很小。因此,在设计活塞时,应将阀芯的有效工作面积最大化。

Oliver 和 Kruckemeyer(2002)提出了一种由 SiFe(硅钢)层叠组成的阀芯,结构如图 3.17 所示。远离阀芯中心处存在径向悬臂,线圈缠绕在悬臂上,相邻线圈的缠绕方向相反。如图 3.18(a)所示,活塞总成产生的磁通穿过径向悬臂,通过环形间隙进入缸筒,然后再次通过环形间隙返回到相邻悬臂中。如图 3.18

(b)所示,间隙中的磁场强度在单磁极区域几乎是均匀分布的,而相邻两极之间非工作区域的磁场强度明显小于传统结构。通过磁场计算,Goldasz(2013b)提出,相邻两极之间的非工作区域是一种自然形成的磁通旁路,两极的中间部分形成了磁通瓶颈区域,避免此区域内的磁场出现饱和对于阻尼器的性能优化至关重要。相比现有的磁流变活塞,这种结构的磁芯面积相对于活塞表面积的比例更大(Kruckemeyer et al. ,2001)。

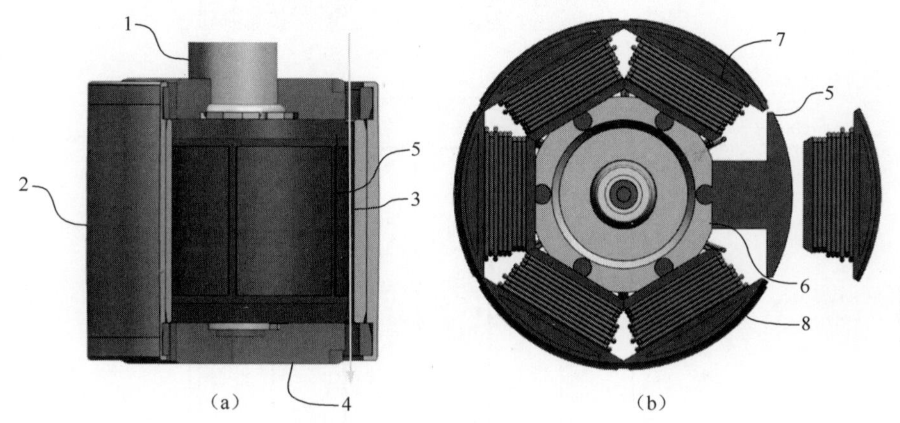

图 3.17　带有层叠硅钢阀芯的磁流变阻尼器活塞
(Oliver, Kruckemeyer,2002)
(a)侧视图;(b)俯视图。
1—活塞杆;2—套筒;3—环形间隙;4—端盖;5—磁极;6—磁芯;7—导线;8—壳体。

3.3.9　非对称磁流变阀

无论活塞的运动方向如何,常规控制阀结构所产生的阻尼力都是对称或近似相等的,且只能通过软件实现实时非对称力。Oliver 等人(2003)设计了一种可通过硬件实现非对称阻尼力的活塞总成,活塞结构如图 3.19 所示。活塞上装有一个与磁流变阀平行运行的排气式机械阀,且该排气阀上的活塞与磁流变活塞总成、阀盘及预紧螺旋弹簧相连。在复原(向上)行程中,没有流体通过旁通阀;在压缩(向下)行程中,一旦活塞两侧的压差超过预紧弹簧所控制的阀门开启压力,则阀门打开。此外,当活塞运动速度较低时,排气装置中阀盘上的孔可帮助阻尼器形成指定的阻尼力-速度特性,如图 3.19(b)所示。

此外,Potnuru 等人(2013)分析了具有锥状环形间隙的磁流变阀,其结构如图 3.20 所示。锥形环表面逐渐收缩对磁场及压缩和复原行程中的压降会造成影响。活塞在复原(压缩)行程中向上(向下)移动时,流体在环形间隙中的流动

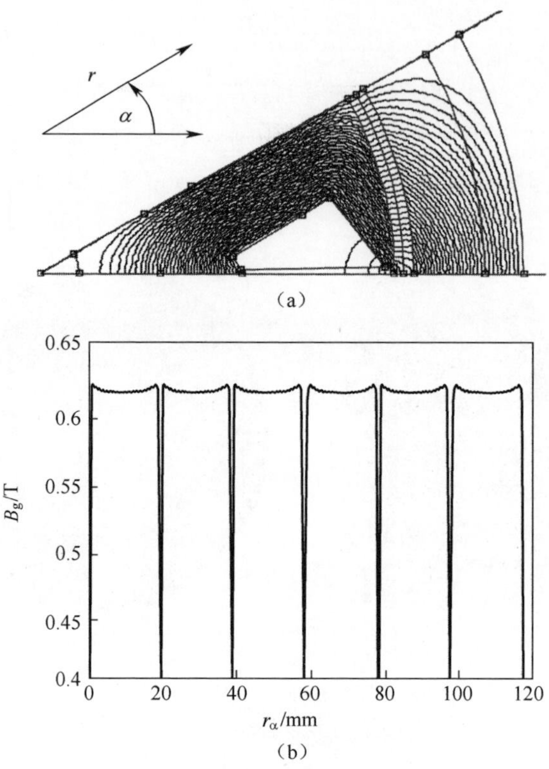

图 3.18 典型活塞结构中的磁场分布情况
(a)磁感线分布;(b)间隙中的场强分布。

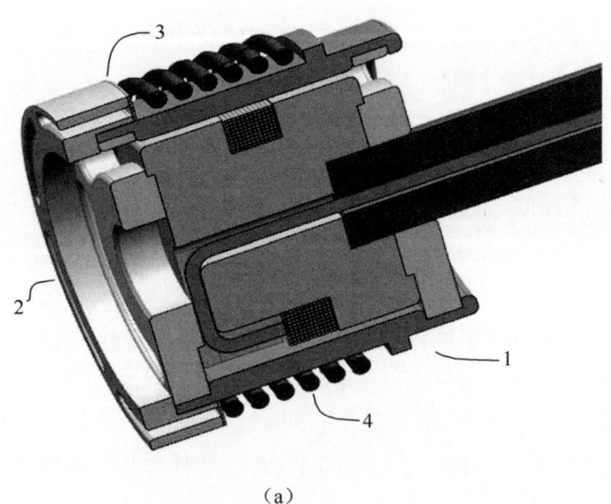

(a)

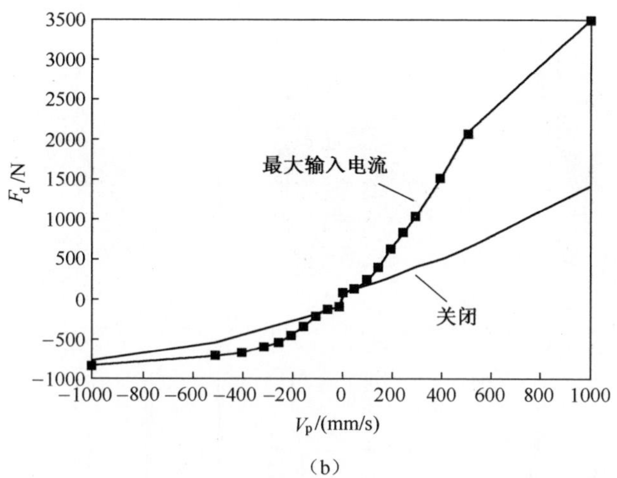

(b)

图 3.19 带旁路的磁流变阻尼器活塞(Oliver et al. ,2003)

(a)活塞剖视图;(b) $F_d - V_p$ 关系。

1—控制阀;2—排气阀活塞;3—阀盘;4—预紧螺旋弹簧。

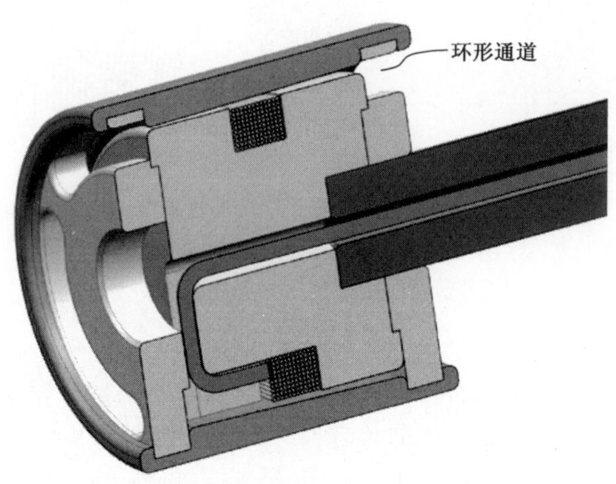

图 3.20 带锥状环形通道路径的磁流变阻尼器控制阀(Potnuru et al. ,2013)

会加速(减速),从而转变成不同的流动状态,会在两个运动方向上产生不同大小的压降,如图 3.21 所示。

3.3.10 速度传感阀与磁场传感阀

若要对磁流变阻尼器的阻尼力进行控制,需准确地了解活塞的相对速度

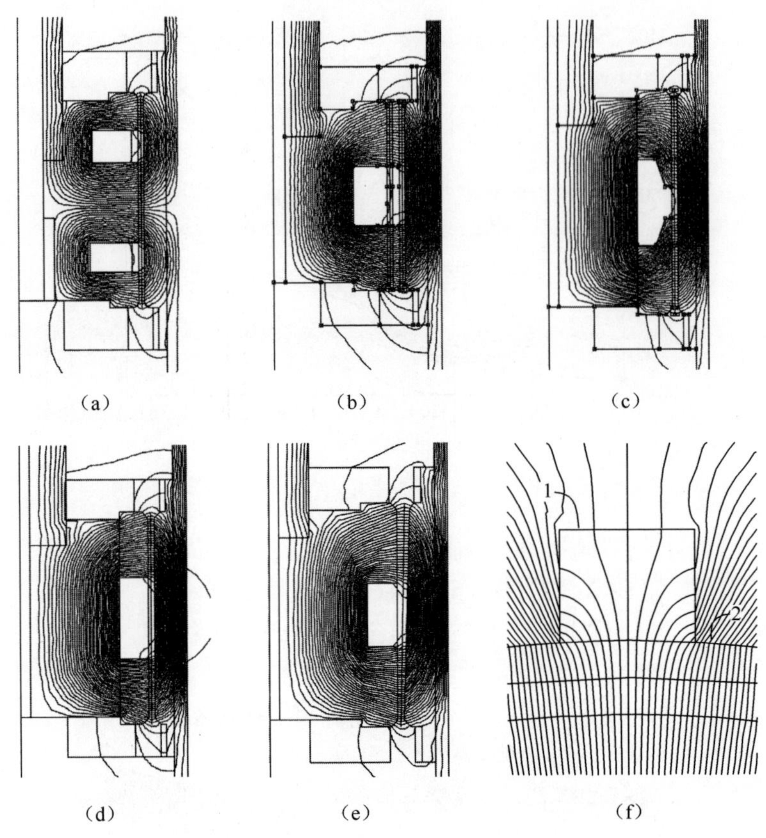

图 3.21　几种典型活塞结构中的磁场分布

(a)双线圈活塞;(b)双间隙活塞;(c)梯形线圈;(d)层叠磁芯;
(e)锥状环形通道;(f)磁量旁路。
1—槽;2—环形间隙。

(或位置)及环形间隙内的磁通量大小。虽然阻尼器结构中已安装有速度传感器,但还应在磁流变阀中安装磁通传感器。在车辆行驶过程中,这些传感器对于实时计算阻尼器线圈所需的电流大小是必不可少的。Nehl 等人(2007)、Gopalakrishnan 和 Namuduri(2011)提出了一种方法,即通过测量主线圈电压或阀芯上缠绕的搜索线圈来估算穿过环形间隙的磁通量,如图 3.22 所示。图中的搜索线圈与线圈槽底部的主线圈平行,但不与驱动电路相连。主线圈缠绕在搜索线圈的顶部,次级线圈(及主线圈)用于检测通过阀芯的平均磁通量。

主线圈和次级线圈端子上的相应电压分别为 u_1 和 u_2,搜索线圈的电压表达式为(Nehl et al. ,2007)

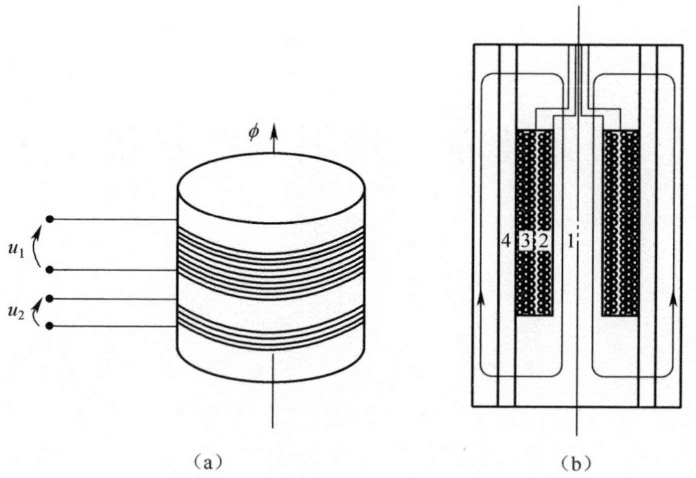

图 3.22 搜索线圈 (Nehl et al. ,2007)
(a)示意图;(b)活塞结构示意图。
1—磁芯;2—搜索线圈;3—主线圈。

$$u_2 = \frac{\mathrm{d}\lambda_{co}}{\mathrm{d}t} = N_2 \frac{\mathrm{d}\varphi}{\mathrm{d}t} \tag{3.1}$$

式中: N_2 为搜索线圈匝数; λ_{co} 为(线圈)磁链。根据式(3.1)可解出穿过阀芯的平均磁通量为

$$\varphi = \int (u_2)\,\mathrm{d}t / N_2 + \lambda_0 \tag{3.2}$$

式中: λ_0 为初始磁链。对于主线圈而言,磁通量也可通过电压进行估算,但也需要对主线圈的电流和电阻进行测量。

3.4 本章小结

本章介绍了磁流变阻尼器及磁流变阀的结构。首先,从缸筒布置及磁流变阻尼器控制阀中某些特征的拓扑方面对不同的结构进行了描述,所研究的控制阀结构包括传统的标准单线圈和单间隙活塞及多线圈和多间隙活塞。其次,为提高阻尼器性能,对各种控制阀的结构进行了具体地描述与分析,包括高磁导率材料、多通道路径活塞、埋入式线圈设计、通道路径环形间隙表面为锥形的活塞等。重点介绍了不同类型的旁路对控制阀的低速性能的影响。最后,介绍了失效安全阀及其他具备传感功能的控制阀结构,如速度传感阀和磁场传感阀。

第4章　控制阀的建模

4.1 引　言

在分析动态设备及组件时,建立分析对象的数学模型是其中最关键的步骤之一。磁流变/电流变设备中影响建模的因素很多,且涉及液压、机械和电磁等多个学科。因此,这种设备的建模工作难度非常高。在磁流变阻尼器的建模过程中,应考虑材料的非线性、磁场波动、涡流、可压缩性以及流体的惯性和可塑性等因素。例如,在一个典型的磁流变阻尼器中,由给定的位移或力驱动活塞杆(或缸筒),由控制系统中的PWM电流驱动器给活塞的线圈施加电流。线圈中的电流激发出感应磁场使磁流变液磁化(即改变其屈服应力),阻尼器的输出阻尼力随之发生变化。穿过磁路组件的磁场变化时会形成感应电动势,在磁路中产生涡流。磁路中的涡流会产生一个与磁通变化方向相反的磁场,使得磁流变阻尼器的响应速度变慢。因此,在建立磁流变阻尼器的动态模型时,需要考虑给线圈供电的PWM电流驱动器和线圈电阻的变化。在有外加磁场时,磁流变液会产生屈服应力。因此,建模时也应考虑外加磁场对阻尼器的影响。可将计算流体动力学(CFD)的多物理数值方法和电磁有限元(FE)工具相互结合用于对阻尼系统的建模和分析(Bullough et al.,2008;Zheng et al.,2014),使用1D集中参数模型或数值求解器进行求解。但CFD-FE方法的耗时较长,且很难完整地描述阻尼器系统。

近年来,值得注意的建模方式有两种:一是利用智能材料的本构模型和黑箱法进行数学建模,目前,对磁流变/电流变设备进行参数建模的研究大多都集中在这个方法上;二是对智能流体设备的非线性建模,如Chang和Roschke(1998)所使用的神经网络模型,此模型使用了一套表征智能流体设备内部现象的元素网络,该网络由黏滞阻尼、磁流变效应引起的屈服应力、滞后算子和惯性元素组成。非线性模型适用于研究智能流体设备的控制策略,模型中的参数都是在实验中确定的。Wang和Liao(2001)给出了这个领域的研究综述,读者可以参考此论文来进行更深入的了解。总的来说,非线性模型是基于磁流变设备的输入和输出利用适当的参数识别技术而得到的。然而,这种方式并没有对设备的机理进行深入的研究,该模型的运用只停留在原型研究阶段(阻尼器层面),因此,本章不做具体分析。同样,使用混合函数表征材料行为的模型,如 Eyring 模型(Choi et al. ,2005)和 papanastasiou 模型(papanastasiou,1987),本书也不做详细介绍。非牛顿流体的本构模型已经成功应用于智能流体设备的建模与设计,特别是流动模式磁流变(电流变)阻尼器的设计(Hong et al. ,2002;Wereley,2003)。本章将介绍并分析利用智能流体本构模型描述磁共振现象的阻尼器行为。

已有研究使用本构模型对电流变器件进行描述,本章将对这些研究进行回顾,同时,与磁流变阻尼器的相关研究结果进行对比。

根据阻尼器的时域行为,一般可将阻尼器模型分为两种:一种是稳态(或时不变)模型,这种模型涉及的计算量很小,且能在满足特定需求的同时快速确定阻尼器几何尺寸;另一种是动态模型,这种模型可以很好地描述设备运行过程中的行为。上述两种模型不仅可以用于研究流经控制阀的流体的物理特性,还可以用于研究控制阀的其他动态响应(Jiang et al. ,2012;Mao et al. ,2013)。

本章着重对每种磁流变控制阀进行建模,并对控制阀中由磁流变液的屈服应力变化引起的压力损失进行描述。为了估计阻尼器控制阀的液压特性,推导了通过阀门的流量与压降之间的关系。本章结合几种非牛顿流体的本构模型,得到了磁流变液在平面流动状态下的控制方程。由于多数控制阀结构都关于活塞组件的中心轴对称,控制阀中的通量密度方向沿着主轴径向,而磁流变阻尼器中的流体流动方向沿着主轴周向。因此,流体模型和电磁模型都可以简化为对设备在单位角度上的研究。忽略流道或磁路中的非对称特征,模型可以从三维几何图形简化为二维轴对称图形。经研究证明,将模型等效为等屈服应力的平行板模型是可行的,例如, Gavin (1998)提出的轴对称流动模型可以近似为环形通道高度及活塞直径较小的平行板模型。这种包含了所有关键几何形状和材料属性的无量纲建模方法获得了广泛的关注。随后,本章介绍了几种磁流变阻尼器控制阀(活塞)的性能。可以使用控制阀组件的轴对称静磁模型描述控制阀的稳态性能,使用集中参数模型描述其瞬态性能。

4.2 使用无量纲参数组的数学模型

查阅相关文献可知,Bingham 塑性模型已成功应用于许多磁流变(或电流变)装置的研究。例如,Gavin 等人(1996)使用 Bingham 塑性模型对电流变液穿过矩形管道的流动进行了研究,并将其应用到多管道电流变阻尼器的分析中(Gavin,2001)。在 Bingham 塑性模型中,流体黏度μ近似保持恒定,屈服应力τ_0

必须超过阈值后才可以使流体流动。因此,Phillips(1969)对材料性能的描述为

$$\tau = \tau_0 + \mu \frac{\mathrm{d}u}{\mathrm{d}z} \tag{4.1}$$

式中:du/dz 为速度梯度;μ 为流体黏度;τ_0 为屈服应力。流体黏度和场致屈服应力是描述磁流变/电流变材料流动特性和设计磁流变/电流变设备时两个最重要的参数。Bingham 模型的准确性目前已经被许多学者认可,并且已成为很多磁流变/电流变设备研究工作的基础(Gavin et al.,1996; Hong et al.,2003,2008; Peel et al.,1996; Stanway et al.,1996)。但是,Bingham 模型中不考虑磁流变液在屈服后阶段高剪切率下的剪切稀化/稠化效应,而忽略这些影响会导致智能设备阻尼力(或扭矩)的预测值过低/过高(Jolly,1999;Yang,2001)。此外,磁流变阻尼器的建模过程十分复杂,涉及大量材料和几何变量的相互作用。因此,需要提出一种能够对模型进行化简并有效地处理这些变量的方法。研究表明,使用智能设备关键变量(几何参数和材料参数)的无量纲参数组,可以提高建模和求解效率,达到事半功倍的效果。

到目前为止,已有几种无量纲模型可以很好地描述磁流变阻尼器的输出阻尼力。Phillips (1969) 提供了一种求解 Bingham 流体流过矩形管道时(固定/滑块结构)稳态解的无量纲形式,并且提供了以闭合形式表示压力梯度(和阻尼力)的方法。其中,被定义的量包括无量纲压力 P(给定速度下最大阻尼力与最小阻尼力之比),无量纲屈服应力 T,以及无量纲壁面运动速度 v_w,这些变量与流道的几何形状和材料特性有关。Gavin 等人(1996) 使用上述无量纲参数,基于多通道磁流变阻尼器的设计原理提出了一种智能阻尼器中压力梯度的解析表达式,并研究了无量纲参数对阻尼器动态调控范围的影响。随后,Hong 等人(2003)发现 Gavin 的解决方案可作为半主动电流变阻尼器的设计基础。在大行程流动模式电流变阻尼器的研究中,Peel 等人(1996)和 Stanway 等人(1996) 根据量纲分析原理代入 Phillips 三次关系中得到了一个新的无量纲参数组,其中包括摩擦因数 C_f,雷诺数 Re 以及赫斯特罗姆数 He。Peel(1996)发现磁流变阻尼器的摩擦因数(压降)是雷诺数和赫斯特罗姆数的函数;使用这个无量纲参数组对电流变阻尼器的实验数据进行处理,会使这些数据的表现形式简化为曲面 $C_f = f(Re, He)$ 或曲线 $C_f = f(Re, He = \mathrm{const})$。Wiliams 等人(1993)使用了另一种三参数无量纲模型描述挤压模式电流变装置,该无量纲参数组包括压力值 G、塑性值 S 和黏度比 γ(针对双黏性模型)。压力值 G 与环形间隙的内径成反比,塑性值 S 与赫斯特罗姆数和雷诺数相关。本书基于 Gartling 和 Phan-tien (1984)的研究进一步探讨 Wiliams 的方案,介绍该方案在磁流变液本构模型中的应用及拓展。

在磁流变阻尼器平行板模型的研究中，Werley 和 Pang(1998)使用理想化 Bingham 塑性模型引入了一个三参数无量纲组，包括 Bingham 数 Bi、无量纲栓塞厚度 δ 和面积系数。其中，面积系数为活塞面积与环间隙面积之比。Wereley et al. (2004)将该方法应用于电流变阀辅助流道(旁路)的研究，并根据双黏性材料模型中屈服前与屈服后的黏度比对其进行扩展。随后，研究者们根据此无量纲参数组建立的模型，分别验证了该模型对流动模式和混合模式的磁流变/电流变阻尼器的描述效果(Browne et al. ,2011; Hong et al. ,2003, 2005; Mao et al. , 2007)。Wereley(2003)使用 Herschel-Bulkley 模型，应用相同的无量纲组研究了磁流变液的剪切稠化/稀化效应。Hong et al. (2008)将该模型进行扩展，得到了具有预屈服黏度和非零屈服应力的通用 Herschel-Bulkley 模型。在实际使用中，可根据实验方案中的特定约束将此模型简化为磁流变/电流变阻尼器模型。

简而言之，这几种方案虽然在实用性上有区别，但都可以减少描述磁流变/电流变设备行为所需的变量数目，并为表征磁流变/电流变设备的实验现象提供了手段。

应注意的是，这些方案使用的是同一组有量纲变量(即材料和几何变量)，故方案与方案之间是等效的。例如，雷诺数 Re 、赫斯特罗姆数 He 和摩擦因数 C_f 的表达式为(Stanway et al. ,1996)

$$\begin{cases} He = \dfrac{\tau_0 \rho h^2}{\mu^2} \\ Re = \dfrac{\rho \bar{v} h}{\mu} \\ C_f = \dfrac{\tau_w}{\rho \bar{v}^2} \end{cases} \tag{4.2}$$

P-T 数对的表达式为(Phillips,1969)

$$\begin{cases} P = -\dfrac{\Delta p}{L} \dfrac{wh^3}{12\mu Q} \\ T = \dfrac{wh^2 \tau_0}{12\mu Q} \end{cases} \tag{4.3}$$

压力值 G 和塑性值 S 为(Wiliams et al. ,1993)

$$\begin{cases} G = -\dfrac{h\Delta p}{2L\tau_0} \\ S = \dfrac{12\mu Q}{wh^2 \tau_0} \end{cases} \tag{4.4}$$

式中：h 为环形间隙高度；Δp 为激励表面上的压强差；Q 为体积流量；μ 为流体黏度；ρ 为流体密度；L 为环形间隙的长度；w 为环形间隙的平均宽度（圆周长度）；$\tau_w = h\Delta p/2L$ 为壁面剪应力；$\bar{v}$ 为流体的平均速度，且 $Q = wh\bar{v}$。Bingham 数与塑性值成反比，$Bi = \tau_0 h/(\mu\bar{v})$，$S = 12Bi^{-1}$，无量纲柱塞厚度为 $\bar{\delta} = G^{-1}$。进一步计算后，式(4.4)可变为

$$\begin{cases} G = C_f Re^2 \dfrac{1}{He} \\ S = 12 \dfrac{Re}{He} \end{cases} \tag{4.5}$$

$$\begin{cases} P = 2G/S \\ T = S^{-1} \end{cases} \tag{4.6}$$

经过对研究成果的分析以及对流动模式磁流变/电流变阻尼器的阻尼力-速度特性的实验测量，所提出的方案可以准确地描述磁流变设备的动态性能，且特定范围的阻尼力输出能够对应特定范围的活塞速度输入。

如图 4.1 所示，车用流动模式磁流变阻尼器的典型阻尼力-速度特性可分为三个区间：屈服前区间、屈服后区间和高速运行区间。

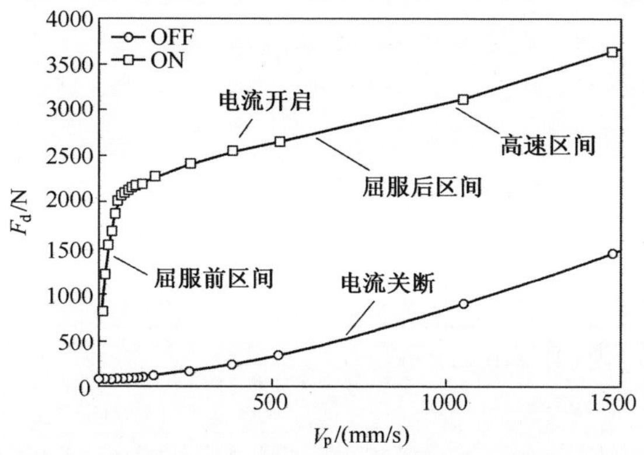

图 4.1　磁流变阻尼器的阻尼力-速度特性

根据数学分析的方法，使用一个五参数无量纲组对前两个区间进行建模和表征。所用的参数包括 Wiliams 等人(1993)定义的参数 G 和 S、黏度比 γ 和屈服应力比 δ。其中，黏度比为阻尼器运行在屈服前区间时旁路的阻尼力-速度曲线的斜率，屈服应力为屈服前区间内旁路流体的非零屈服应力。仅在流道中出现屈服前特征（或泄漏）时，才使用 γ，δ 两参数描述该区域的阻尼器特性。此方案可进一步推导出压力梯度和体积流量之间的解析关系式。

为了使用上述无量纲参数组，本节对 Bingham 塑性材料在两个平面之间的流动状态进行分析，推导出外部磁场存在时流道上的压力梯度和流体流量之间的三次方关系。用无量纲参数组（$P-T$）替换三次方程中的相关尺寸参数，得到一个精确的闭式压力梯度表达式，使用数学分析软件计算得到这个表达式的精确解，此解可以作为磁流变阻尼器总体设计的基础。

若主流道（即环形间隙）中存在一个旁路或出现泄漏，则该部分不受电场/磁场的影响，且该部分中流体的屈服应力也比流道中其他部分的流体更低。在磁流变阻尼器中，这种特征是通过位于环形间隙表面上的矩形槽来实现的（Foister et al.，2011；Krockemeyer et al.，2001）。对于有旁路流道中的流体流动，没有简单的解析法可用，但双塑性模型可以用于描述旁路中流体的流动特性（Goldasz et al.，2012）。因此，使用双塑性模型、表观黏度和屈服应力的相关参数以及闭式压力梯度表达式的解析解来扩展无量纲组，可以推导出相应压力梯度表达式的精确解。表观黏度的相关参数可描述流体在屈服前区间的行为，屈服应力的相关参数解释了由于微小的磁通密度的存在而产生的非零屈服应力（Foister et al.，2011；Kruckemeyer et al.，2001）。通过上述方法，最终可得到压力梯度的通用三次方公式以及压力梯度的四参数表达式的解析解。

此外，高剪切速率效应可通过 Herschel-Bulkley 模型的 $G-S$ 幂律形式和流量指数 m 来描述。在 Herschel-Bulkley 模型中，流量指数产生的附加参数有助于描述阻尼器在高速区间中运行时的流量效应（Wereley，2003）。然而，一般情况下，使用 Herschel-Bulkley 模型无法获得压力梯度的解析式和精确解，需要继续对其进行数值求解。

4.2.1 Bingham 塑性模型

本节对 Bingham 塑性模型进行回顾，推导压力梯度与流体流速之间的闭式表达式，并根据无量纲参数组——压力值 G 和塑性值 S，获得压力梯度的解析（精确）解。

如图 4.2 所示，Bingham 流体在两块平板之间的流动是以压力驱动实现的，其流变学表达式如式（4.1）所示。式中，用无量纲参数 G、S 表示压力梯度 p_x 与体积流量 Q 之间的关系。在接下来的章节会对其解析解进行详细分析。

4.2.1.1 剪切应力的数学模型

磁流变液的行为可以用经典 Navier-Stokes 方程来描述（Tannehill et al.，1997）。不可压缩非牛顿流体的动量守恒方程为

$$\rho \frac{\partial u_i}{\partial t} + \rho u_j \frac{\partial u_i}{\partial x_j} = -\frac{\partial p}{\partial x_i} + \frac{\partial \tau_{ij}}{\partial x_j} \tag{4.7}$$

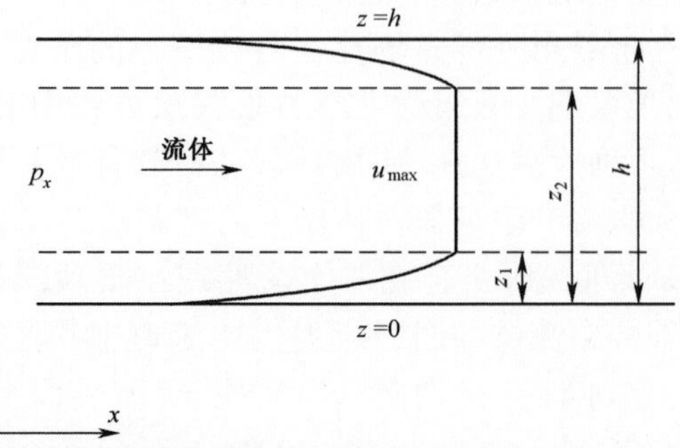

图 4.2　Bingham 流体在两平板之间的流动(Goncalves,2005)

其中,剪应力和剪切速率之间的关系为

$$\tau = \tau_0 + \mu \frac{\partial u_i}{\partial x_j} \tag{4.8}$$

式中:ρ、τ、u_j、p 分别为流体密度、剪应力、速度、压强;x_i 为独立变量($i = 1,2,3$)。在一般情况下,式(4.7)用于描述不可压缩 Bingham 流体的流变行为。

本研究中,假设两个平行板之间的间隙存在稳定且流变程度较高的一维流动。则式(4.7)可简化为

$$\frac{\mathrm{d}\tau}{\mathrm{d}z} = \frac{\mathrm{d}p}{\mathrm{d}x} \tag{4.9}$$

对式(4.9)进行积分,可得

$$\tau = p_x z + c \tag{4.10}$$

常数 c 为

$$\tau = h/2 \rightarrow \tau = 0$$

$$c = - p_x \frac{h}{2}$$

通过计算,式(4.10)变为

$$\tau = p_x \left(z - \frac{h}{2} \right) \tag{4.11}$$

由于两平板的中间平面是对称平面,材料的屈服面分别位于坐标 z_1 和 z_2 处(其中 $\tau < \tau_0$,$z_1 \leqslant z \leqslant z_2$),坐标值分别为

$$\begin{cases} z_1 = \dfrac{1}{2}(h - \alpha) \\ z_2 = \dfrac{1}{2}(h + \alpha) \\ \alpha = - \dfrac{2\tau_0}{p_x} \end{cases} \tag{4.12}$$

其中，$\alpha = z_2 - z_1$ 代表 Bingham 流体柱塞区的宽度。

4.2.1.2 体积流率的数学模型

流体在两平板间流动时的速度梯度为

$$\frac{\mathrm{d}u}{\mathrm{d}z} = \frac{1}{2\mu}px[(2z - h) + \alpha], 0 \leqslant z \leqslant z_1 \tag{4.13}$$

对速度梯度进行双重积分，可求得体积流量。Phillips(1969)提出了计算速度分布的公式，故在本次分析中省略。通过简化，压力梯度 p_x 和体积流量 Q 之间的关系为

$$-2\left(h\frac{p_x}{2\tau_0}\right)^3 - \left(h\frac{p_x}{2\tau_0}\right)^2\left[3 + 12\left(\frac{\mu Q}{bh^2\tau_0}\right)\right] + 1 = 0 \tag{4.14}$$

根据式(4.12)和式(4.4)分别得到的无量纲参数 G 和 S，并引入参数 α（式(4.12)），则式(4.14)变为

$$2G^3 - G^2(3 + S) + 1 = 0 \tag{4.15}$$

4.2.1.3 压力梯度的数学模型

Gavin 等人(1996)首次用 Bingham 模型推导出了压力梯度的闭式表达式；Goncalves(2005)用无量纲参数($P-T$)对 Phillips 三次公式进行复现。本书使用式(4.15)中的无量纲参数 G 和 S，可使压力梯度更易计算，使用数学分析软件对其进行求解。

求解时使用如下两个数学软件：MATLAB 2013 中的 Math Toolbox 模块(用于求解式(4.15))和 Maxima 5.23.0 (用于处理获得的根和因子)。同时，还可以使用 Cardano 公式求解这个三次方程的根。解出式(4.15)中的压力值 G 的根为

$$\begin{cases} G_1 = \dfrac{1}{6}\left[\sqrt[3]{x+y} + \dfrac{(3+S)^2}{\sqrt[3]{x+y}} + (S+3)\right] \\ G_{2,3} = -\dfrac{1}{12}\left[\sqrt[3]{x+y} + \dfrac{(3+S)^2}{\sqrt[3]{x+y}} - 2(3+S)\right] \\ \qquad \pm \dfrac{1}{12}\mathrm{i}\sqrt{3}\left(\sqrt[3]{x+y} - \dfrac{(3+S)^2}{\sqrt[3]{x+y}}\right) \end{cases} \tag{4.16}$$

其中，

$$\begin{cases} x = -27 + 27S + 9S^2 + S^3 \\ y = 6\sqrt{3}\sqrt{-27 - 9S^2 - S^3} \end{cases} \tag{4.17}$$

三个根中最大的是 G_1，其具有物理学意义且在实际上可实现。

剩下的两个根看起来很复杂，但是当 S 为正时，它们的虚部可以都为零。另外，对于任何 $S > 0$，例如 $-27 - 9S^2 - S^3 < 0$ 时，第一个根 G_1 都非常复杂，但 G_1

的虚部同样可为零,将在接下来的章节中给出证明。此外,第一个根也显示了正确的渐近行为($G_1 \geqslant 1 \wedge S \geqslant 0$),说明了这个无量纲组的有效性。而 G_2 和 G_3 在实际上都是不可实现的。因此,当塑性值 S 为正时,压力值 G 的根是实数,但只有第一个根是可实现的。三个根的绝对值如图 4.3 所示。

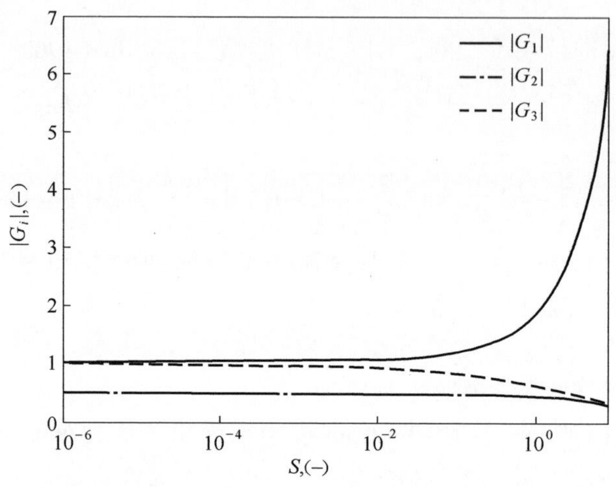

图 4.3 式(4.15)的解的绝对值

重新定义 y 会使根的表达形式更加复杂。消去 G_1 的根指数并计算其实部,得

$$G = \frac{1}{6}\left\{(x^2 + y^2)^{1/6}\cos\left(\frac{1}{3}\mathrm{atan2}(y,x)\right) + (S + 3)\left[1 + \frac{(S + 3)\cos\left(\frac{1}{3}\mathrm{atan2}(y,x)\right)}{(x^2 + y^2)^{1/6}}\right]\right\} \tag{4.18}$$

其中,y 被重新定义为

$$\begin{cases} x = -27 + 27S + 9S^2 + S^3 \\ y = 6\sqrt{3}\sqrt{-27 - 9S^2 - S^3} \end{cases} \tag{4.19}$$

使用 atan2(·)函数计算复合变量 $x + \mathrm{i}y$ 的主值可得到实数 x、y 的值, $-\pi \leqslant \mathrm{atan}(y,x) \leqslant \pi$。此外,对式(4.18)中得 $(x^2 + y^2)$ 项进行扩展和分解可得到简化表达式 $(S + 3)^6$,将它代回式(4.18)可得到式(4.15)的解析解为

$$G = \frac{1}{6}(S + 3)\left[2\cos\left(\frac{1}{3}\mathrm{atan2}(y,x)\right) + 1\right] \tag{4.20}$$

压力梯度 p_x 为

$$p_x = \frac{\tau_0}{3h}(S + 3)\left[2\cos\left(\frac{1}{3}\mathrm{atan2}(y,x)\right) + 1\right] \tag{4.21}$$

为了完善证明过程，令第一个根 G_1 的虚部为零。计算复数根 G_1 的虚部得

$$\wp(G_1)=\frac{1}{6}(x^2+y^2)^{1/6}\sin\left(\frac{1}{3}\mathrm{atan2}(y,x)\right)-\frac{(S+3)^2\sin\left(\frac{1}{3}\mathrm{atan2}(y,x)\right)}{6(x^2+y^2)^{1/6}} \tag{4.22}$$

对表达式中的 x^2+y^2 进行分解可变为 $(S+3)^6$，将其代回式(4.22)得

$$\wp(G_1)=\frac{1}{6}(S+3)\sin\left(\frac{1}{3}\mathrm{atan2}(y,x)\right)-\frac{(S+3)^2\sin\left(\frac{1}{3}\mathrm{atan2}(y,x)\right)}{6(S+3)}\equiv 0 \tag{4.23}$$

类似地，式(4.16)中第二个根 G_2 的虚部为

$$\wp(G_2)=\frac{\sqrt{3}}{12}(y^2+x^2)^{1/6}\cos\left(\frac{1}{3}\mathrm{atan2}(y,x)\right)\left[1-\frac{(S+3)^2}{(y^2+x^2)^{2/6}}\right]+\frac{1}{12}(y^2+x^2)^{1/6}\sin\left(\frac{1}{3}\mathrm{atan2}(y,x)\right)\left[\frac{(S+3)^2}{(y^2+x^2)^{2/6}}-1\right] \tag{4.24}$$

将 $x^2+y^2=(S+3)^6$ 代回式(4.24)，可得式(4.24)恒为0，证明完成。对于式(4.16)中第三个根 G_3 的虚部的推导与上述类似，在此不做赘述，读者可自行推导。

最后，式(4.20)的极限证明如下：若 $S\to 0$，则函数 atan2(·)趋近于 π，$\cos(\pi/3)$ 趋近于 1/2，式(4.20)的值在 $S\to 0$ 时趋近于 1；类似地，当 $S\to\infty$，函数 atan2(·)趋近于 0，cos 函数趋近于 1。因此，式(4.20)在 $S\to\infty$ 的极限值为 $S/2$。

如图 4.4 所示为式(4.15)的数值解以及式(4.20)的解析解，这两种解的曲线完全相同。

4.2.2 双塑性 Bingham 模型

本节中使用双塑性 Bingham 模型，增加一个额外的屈服前流动参数——屈服应力比 δ 对 4.2.1 节的分析结果进行补充。

如图 4.5 所示，双塑性 Bingham 模型为

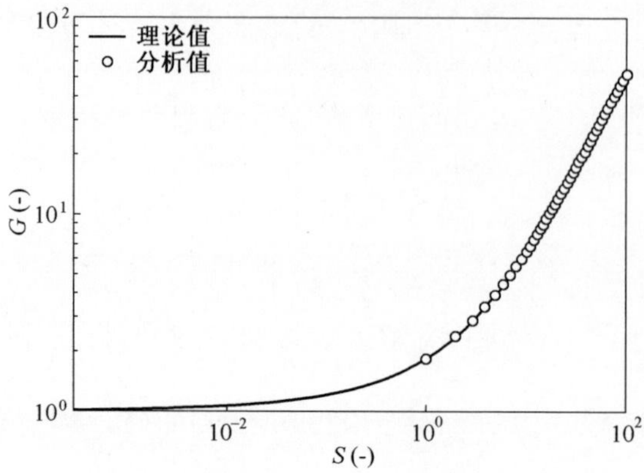

图 4.4　式(4.15)的数值解

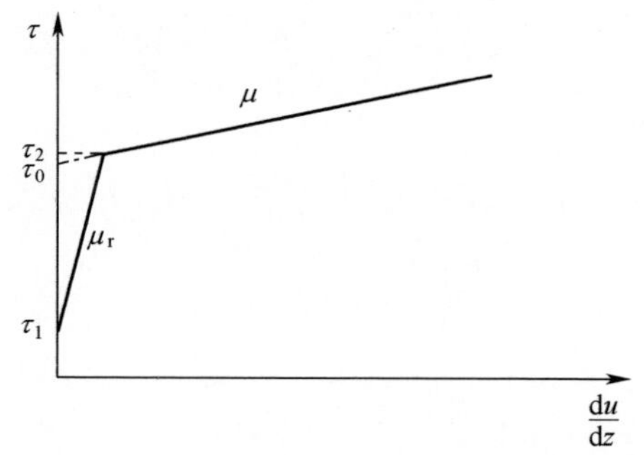

图 4.5　双塑形 Bingham 模型:剪应力和剪切速率的关系

$$\tau=\begin{cases}\tau_1+\mu\dfrac{\mathrm{d}u}{\mathrm{d}z},\tau\leqslant\tau_2\\\tau_0+\mu\dfrac{\mathrm{d}u}{\mathrm{d}z},\tau>\tau_2\end{cases}\tag{4.25}$$

与式(4.1)给出的 Bingham 塑性模型相比,式(4.25)在屈服前区间增加了两个额外的变量屈服前黏度 μ_r 和静态屈服应力 τ_1 对流体的流动进行表征。在屈服后区间中,流体的屈服模型由流体黏度 μ 和屈服应力 τ_0 或 $\tau_2(\tau_2\geqslant\tau_1)$ 来表征。其中,$\tau_0=\tau_2[1-\gamma(1-\delta)]$,$\delta=\tau_1/\tau_2$,$\gamma=\mu_r\mu_r^{-1}$。若 $\delta=0$,此模型变为双黏性形式(Goldasz 和 Sapinski,2012);若 $\delta=1$,$\gamma\to0(\mu_r\to\infty)$,本模型将会简化为式(4.1)中的常规 Bingham 塑性模型。

在屈服前区间中,流体可等效为具有屈服前黏度 μ_r 和静态屈服应力 τ_1 的塑性材料。在屈服后区间中,流体具有较高的剪切速率,流体的行为由屈服后流体静态黏度 μ 和屈服应力 τ_0(或 τ_2)表征。若局部剪应力低于静态屈服应力 τ_1,流体在环形间隙中不会发生流动。

该模型可用于推导流体在平行板间流动时的速度梯度和速度分布的表达式,进而求解体积流速以及压力梯度的解析解,这个解是根据无量纲变量压力值 G 和塑性值 S 求出的。随后,增加两个附加参数 (γ,δ) 对这个解进行扩展。Dimock 等人(2000)研究了双塑性模型中的参数对电流变阻尼器阻尼比的影响,这种阻尼器在电流变液的屈服后阶段表现出剪切层变薄/增厚的行为。此外,Dimock 还提出了一种压力梯度的三次公式,并对其进行数值求解。结果表明,该模型可以用无量纲参数 G 和 S 求出压力梯度的解析解(精确解)。

1. 剪切应力的数学模型

剪切应力的表达式如式(4.11)所示,代入边界条件后可求得四个屈服面的位置为(图 4.6)

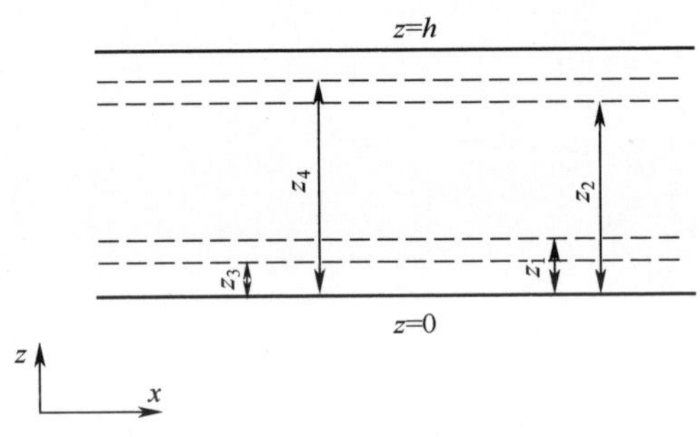

图 4.6 双塑形模型—屈服面位置

$$\begin{cases} z_1 = \dfrac{1}{2}(h - \alpha_1) \\ z_2 = \dfrac{1}{2}(h + \alpha_1) \\ z_3 = \dfrac{1}{2}(h - \alpha_2) \\ z_4 = \dfrac{1}{2}(h + \alpha_2) \end{cases} \tag{4.26}$$

其中, α_i 为流动截面厚度($i=1,2$ 且 $\alpha_1 \leqslant \alpha_2$), α_i 的表达式为

$$\alpha_i = -\frac{2\tau_i}{p_x}, i = 1,2 \tag{4.27}$$

2. 速度分布的数学模型

平板间的流体流动是对称的,因此,可以将该流动简化为流体仅在间隙的下半部分进行流动,进而简化方程。流体在平板间流动的速度梯度为

$$\frac{\mathrm{d}u}{\mathrm{d}z}=\begin{cases}\frac{p_x}{2\mu}[(2z-h)+\alpha_2(1-\gamma(1-\delta))],0\leqslant z\leqslant z_3\\ \frac{p_x}{2\mu}\gamma[(2z-h)+\delta\alpha_2],z_3\leqslant z\leqslant z_1\\ 0,z_1\leqslant z\leqslant h/2\end{cases}\tag{4.28}$$

在第一个区间内对式(4.28)进行积分，即 $0\leqslant z\leqslant z_3$（在下层板和第一个屈服面之间），求得流速为

$$u=z\frac{p_x}{2\mu}[(z-h)+\alpha_2(1-\gamma(1-\delta))]\tag{4.29}$$

由式(4.28)可以计算出流体在较低的屈服面（z_3）处的流速为

$$u(z_3)=-\frac{p_x}{8\mu}(h-\alpha_2)[(h-\alpha_2)+2\alpha_2\gamma(1-\delta)]\tag{4.30}$$

流体在第二区域内（在两个屈服面 z_3 和 z_1 之间）的流速为

$$u=\frac{p_x}{2\mu}z\gamma(z-h+\delta\alpha_2)-\frac{1}{8\mu}p_x(1-\gamma)(h-\alpha_2)^2\tag{4.31}$$

由式(4.31)，可计算处流体在柱塞区/中心区域的流动速度为

$$u=-\frac{p_x}{8\mu}[\gamma(h-\delta\alpha_2)^2+(h-\alpha_2)^2(1-\gamma)]\tag{4.32}$$

将式(4.29)、式(4.31)和式(4.32)联立，可得

$$u=\begin{cases}\frac{p_x}{2\mu}z[(z-h)+\alpha_2(1-\gamma(1-\delta))],0\leqslant z\leqslant z_3\\ \frac{p_x}{2\mu}\left[z\gamma(z-h+\delta\alpha_2)-\frac{1}{4}(1-\gamma)(h-\alpha_2)^2\right],z_3\leqslant z\leqslant z_1\\ -\frac{p_x}{8\mu}[\gamma(h-\delta\alpha_2)^2+(h-\alpha_2)^2(1-\gamma)],z_1\leqslant z\leqslant h/2\end{cases}\tag{4.33}$$

方程组(4.33)描述了整个间隙内的双塑性 Bingham 速度分布，如图 4.7 和图 4.8 所示。该模型中包含了三种流动状态。若 $|p_x|<2\tau_1/h$，则流体不会流过平面间隙；若 $|p_x|\leqslant 2\tau_2/h$ 且 $|p_x|>2\tau_1/h$，流体的流动状态和屈服前黏度为 u_r 且静态屈服应力为 τ_1 的 Bingham 流体的流动状态相同；若 $|p_x|>2\tau_2/h$，流体的流动需用双塑性模型描述。

3. 体积流量的数学模型

本节使用式(4.33)推导压力梯度 p_x 和体积流量 Q 之间的关系。首先，对式(4.33)进行积分，得

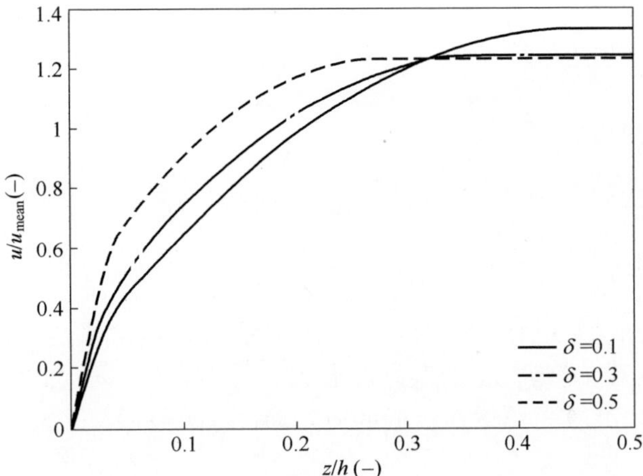

图 4.7 双塑形 Bingham 模型：δ 的影响（$\gamma=0.05, G=1.1$）

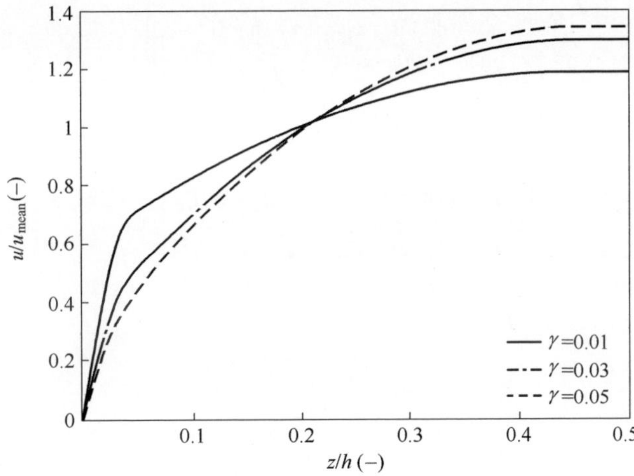

图 4.8 双塑形 Bingham 模型：γ 的影响（$\delta=0.1, G=1.1$）

$$\frac{Q}{2w}=\int_0^{h/2}u\mathrm{d}z=\int_0^{z_3}u\mathrm{d}z+\int_{z_3}^{z_1}u\mathrm{d}z+\int_{z_1}^{h/2}u\mathrm{d}z \tag{4.34}$$

引入两个无量纲数 G 和 S，其表达式为

$$\begin{cases}G=\dfrac{h}{\alpha_2}\\[2ex] S=12\,\dfrac{\mu Q}{wh^2\tau_2}\end{cases} \tag{4.35}$$

式（4.34）可转换为

$$h^2\left(\frac{\Delta p}{2\tau_2 L}\right)^2\left[h\frac{\Delta p}{2\tau_2 L}-\left(\frac{3}{2}\left(1-\frac{\mu}{\mu_r}\left(1-\frac{\tau_1}{\tau_2}\right)\right)+\frac{6Q\mu}{\tau_2 wh^2}\right)\right]$$
$$+\frac{1}{2}\left(1-\frac{\mu}{\mu_r}\left(1-\left(\frac{\tau_1}{\tau_2}\right)^3\right)\right)=0 \tag{4.36}$$

将无量纲数代入式(4.36)得到该式的无量纲形式为

$$G^3-G^2\left[\frac{3}{2}(1-\gamma(1-\delta))+\frac{1}{2}S\right]+\frac{1}{2}(1-\gamma(1-\delta^3))=0 \tag{4.37}$$

图4.9和图4.10所示为式(4.37)在一系列 δ 和 γ 值范围内的计算结果。若 $\delta=0$,式(4.37)变为常见的双黏性形式。若 $\delta=0$, $\gamma=1$,式(4.37)可简化为

$$2G^2\left(G-\frac{1}{2}S\right)=0 \tag{4.38}$$

式(4.38)在 $G_1=0$ 和 $G_2=S/2$ 处有两个根,其中, G_2 是两个平行板之间层流的牛顿解。此外,若 $\delta\to 1,\mu_r\to\infty(\gamma\to\infty)$,式(4.36)可简化为 Bingham 塑性模型。在屈服前区间内,只有两个屈服面(z_1 和 z_2)存在,这时屈服面 z_3 和 z_4 分别与上板和下板重合。此时,双塑性模型变为 Bingham 模型,其表达式为

$$\tau=\tau_1+\mu_r\frac{\partial u}{\partial z} \tag{4.39}$$

相应地,屈服前区间内的表达式为

$$G_{pre}^3-\frac{1}{2}G_{pre}^2(3+S_{pre})+\frac{1}{2}=0 \tag{4.40}$$

其中, G_{pre} 和 S_{pre} 分别为

$$G_{pre}=\frac{h}{\delta\alpha_2}=\frac{G}{\delta} \tag{4.41}$$

$$S_{pre}=12\frac{Q\mu}{\gamma\delta wh^2\tau_2}=\frac{S}{\gamma\delta} \tag{4.42}$$

因此,包含屈服前和屈服后两个区间(式(4.40)和式(4.36))的双塑性模型为

$$\begin{cases}\left(\dfrac{G}{\delta}\right)^3-\dfrac{1}{2}\left(\dfrac{G}{\delta}\right)^2\left[3+\left(\dfrac{S}{\gamma\delta}\right)\right]+\dfrac{1}{2}=0, S<S_0\\ G^3-G^2\left[\dfrac{3}{2}(1-\gamma(1-\delta))+\dfrac{1}{2}S\right]+\dfrac{1}{2}(1-\gamma(1-\delta^3))=0, S\geqslant S_0\end{cases} \tag{4.43}$$

其中, $S_0=\gamma(2-3\delta+\delta^3)$ 是塑性阈值($G=1$ 时)。

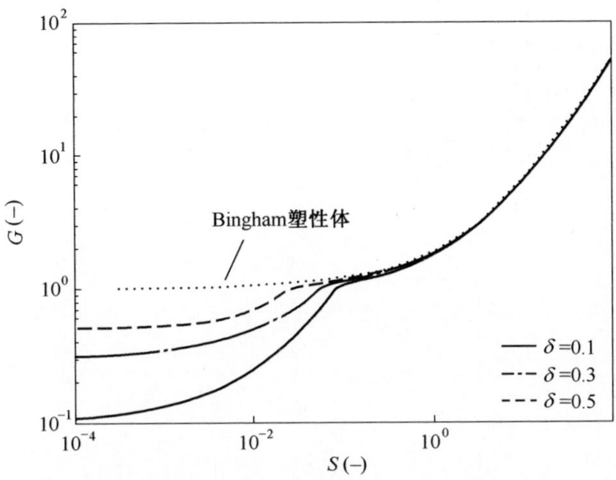

图 4.9 双塑形 Bingham 模型:δ 的影响($\gamma=0.05$)

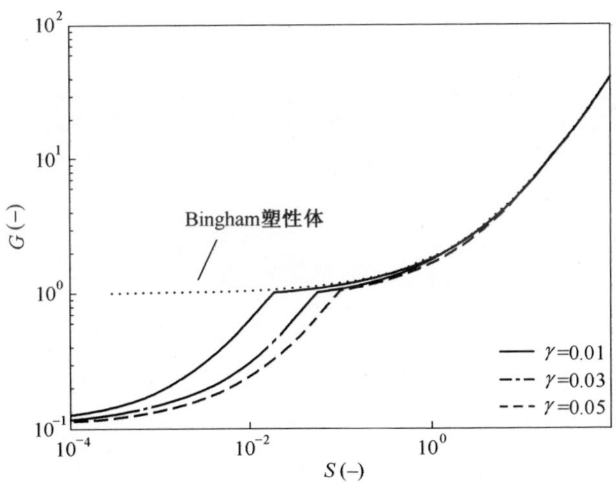

图 4.10 双塑形 Bingham 模型:γ 的影响($\delta=0.1$)

4. 压力梯度的数学模型

压力梯度的闭式表达式可用前面章节中介绍的方式获得。使用数学分析软件求解式(4.36),解出三个根为

$$\begin{cases} G_1 = \dfrac{1}{6}\sqrt[3]{x+y} + \dfrac{2}{3}\dfrac{a^2}{\sqrt[3]{x+y}} + \dfrac{1}{3}a \\ G_{2,3} = -\dfrac{1}{12}\left[\sqrt[3]{x+y} - \dfrac{4a^2}{\sqrt[3]{x+y}} - 4a\right] \\ \qquad \pm \dfrac{1}{12}\mathrm{i}\sqrt{3}\left(\sqrt[3]{x+y} - \dfrac{4a^2}{\sqrt[3]{x+y}}\right) \end{cases} \tag{4.44}$$

其中，

$$\begin{cases} x = -108b + 8a^3 \\ y = 12\sqrt{81b^2 - 12ba^3} \\ a = \dfrac{3}{2}(1 - \gamma(1-\delta) + \dfrac{1}{2}S \\ b = \dfrac{1}{2}(1 - \gamma(1-\delta^3)) \end{cases} \tag{4.45}$$

式(4.44)中的第一个根非常复杂。然而，在屈服后流域中(即 $S \geqslant S_0$ 时)，它的虚部为零，并且符合实际观测结果。此外，式(4.44)中的 G_2 和 G_3 在物理学上是没有意义的。计算根 G_1 的实部为

$$G = \frac{1}{6}(x^2+y^2)^{1/6}\cos\left(\frac{1}{3}\mathrm{atan2}(y,x)\right) + \frac{a}{3}\left[\frac{2a\cos\left(\dfrac{1}{3}\mathrm{atan2}(y,x)\right)}{(x^2+y^2)^{1/6}} + 1\right] \tag{4.46}$$

将 y 重新定义为

$$\begin{cases} x = -108b + 8a^3 \\ y = 12\sqrt{81b^2 - 12ba^3} \end{cases} \tag{4.47}$$

对式(4.46)中的 $(x^2+y^2)^{1/6}$ 项进行扩展，将其简化为 $2a$（或 $3(1-\gamma(1-\delta))+S$），进一步得出解析解为

$$G = \frac{1}{6}(x^2+y^2)^{1/6}\cos\left(\frac{1}{3}\mathrm{atan2}(y,x)\right) + \frac{a}{3}\left[\frac{2a\cos\left(\dfrac{1}{3}\mathrm{atan2}(y,x)\right)}{(x^2+y^2)^{1/6}} + 1\right] \tag{4.48}$$

其中，x 和 y 由式(4.47)定义。式(4.48)描述了流体在屈服后区间内的行为，$S \geqslant S_0$ 且 $G \geqslant 1$。在屈服前区间($S < S_0$)，材料的行为可用修正的 Bingham 塑性方程描述，具体形式为

$$G = \delta \frac{1}{6}\left(\frac{S}{\delta\gamma} + 3\right)\left[2\cos\left(\frac{1}{3}\text{atan2}(y',x')\right) + 1\right] \tag{4.49}$$

其中

$$\begin{cases} x' = -27 + 27\dfrac{S}{\gamma\delta} + 9\left(\dfrac{S}{\gamma\delta}\right)^2 + \left(\dfrac{S}{\gamma\delta}\right)^3 \\ y' = 6\sqrt{3}\sqrt{27\dfrac{S}{\gamma\delta} + 9\left(\dfrac{S}{\gamma\delta}\right)^2 + \left(\dfrac{S}{\gamma\delta}\right)^3} \end{cases} \tag{4.50}$$

为了完善证明过程，应该使式(4.44)中第一个根 G_1 的虚部为零，计算根的虚部，可得

$$\wp(G_1) = \frac{1}{6}(x^2 + y^2)^{1/6}\sin\left(\frac{1}{3}\text{atan2}(y,x)\right) - \frac{2}{3}\frac{a^2\sin\left(\frac{1}{3}\text{atan2}(y,x)\right)}{(x^2 + y^2)^{1/6}} \tag{4.51}$$

进一步简化，可得

$$\wp(G_1) = \frac{1}{6}2a\sin\left(\frac{1}{3}\text{atan2}(y,x)\right) - \frac{2}{3}\frac{a^2\sin\left(\frac{1}{3}\text{atan2}(y,x)\right)}{2a} \equiv 0 \tag{4.52}$$

至此，完成了本模型的证明。式(4.48)的极限的证明在此处不做叙述，详见 Goldasz 和 Sapinski(2012)的文献。

4.2.3 Herschel-Bulkley 模型

为使用 G-S 方案描述高剪切速率效应，本节对 Herschel-Barkley 模型进行分析，然后根据 G、S 和流量指数 m，推导出压力和流量之间的关系。

Herschel-Barkley 模型为(Wereley, 2003)

$$\tau = \tau_0 + \mu\left(\frac{\mathrm{d}u}{\mathrm{d}z}\right)^{1/m} \tag{4.53}$$

其中，m 为流动指数且 $m>0$。若 $m>1$，此模型可用于解释剪切稀化效应；若 $m<1$，可用于量化剪切稠化效应。若 $m=1$，模型简化为 Bingham 塑性材料模型，如图 4.11所示。磁流变液在平行板间隙中的流动情况如图 4.2 所示。

此外，对式(4.53)进行处理可推导出通道高度内的速度梯度和速度分布方程、体积流速以及用 G、S 和 m 表示的压力梯度公式。

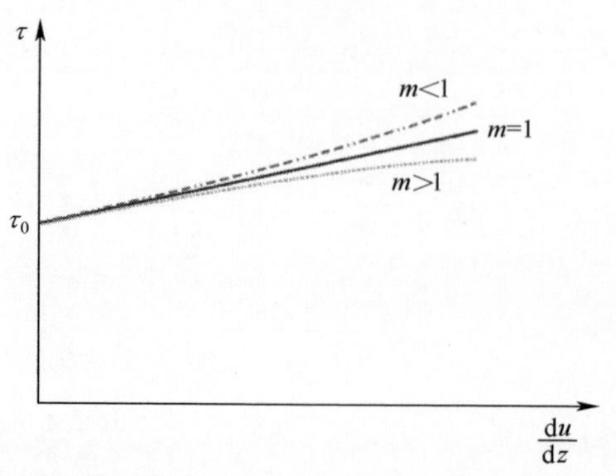

图 4.11　Herschel-Barkley 模型:剪应力和剪切速率的关系

1. 速度分布的数学模型

描述剪应力分布和屈服面位置的方程与 Bingham 模型相同,如式(4.11)和式(4.12)所示。因此,这部分的分析省略。流体的流动是对称的,可将方程限制于间隙的下半部分进行求解,即 $z \leqslant h/2$。流体在间隙中流动的速度梯度为

$$\frac{\mathrm{d}u}{\mathrm{d}z}=\left\{\frac{1}{\mu}\left[p_x(z-h/2)-\tau_0\right]\right\}^m \tag{4.54}$$

在第一个区间内($0 \leqslant z \leqslant z_1$)对速度梯度进行积分,得到流体的流速分布为

$$u=-\frac{1}{m+1}\left(\frac{p_x}{\mu}\right)^m(z_1-z)^{m+1}+c \tag{4.55}$$

通过分析壁面边界条件可求得常数 c 为

$$c=\frac{1}{m+1}\left(-\frac{p_x}{\mu}\right)^m z_1^{m+1} \tag{4.56}$$

然后,将式(4.55)和式(4.56)联立,得

$$u=\frac{1}{m+1}\left(-\frac{p_x}{\mu}\right)^m\left[z_1^{m+1}-(z_1-z)^{m+1}\right] \tag{4.57}$$

流体在柱塞区域内($z_1 \leqslant z \leqslant \frac{h}{2}$)的流动速度为

$$u=\frac{1}{m+1}\left(-\frac{p_x}{\mu}\right)^m z_1^{m+1} \tag{4.58}$$

将式(4.57)和式(4.58)联立,得到流速分布为

$$u=\begin{cases}\dfrac{1}{m+1}\left(-\dfrac{p_x}{\mu}\right)^m\left[z_1^{m+1}-(z_1-z)^{m+1}\right],0\leqslant z\leqslant z_1\\ \dfrac{1}{m+1}\left(-\dfrac{p_x}{\mu}\right)^m z_1^{m+1},z_1\leqslant z\leqslant h/2\end{cases}\tag{4.59}$$

图 4.12 所示为不同流量指数条件下的流体速度分布。

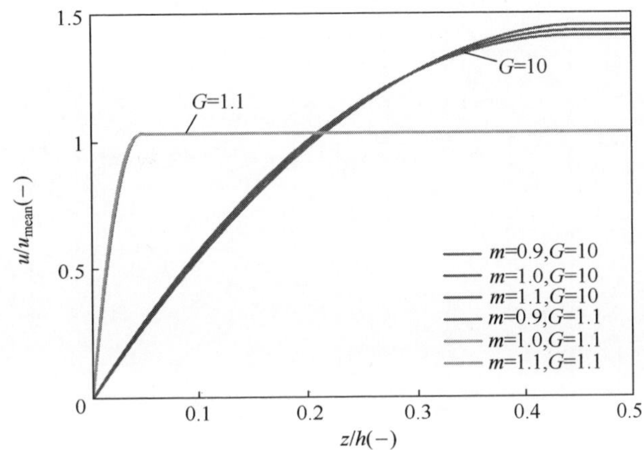

图 4.12 Herschel-Barkley 模型:流体速度分布

2. 体积流量的数学模型

对式(4.59)进行积分得到体积流量的计算公式为

$$\frac{Q}{2w}=\int_0^{h/2}u\mathrm{d}z=\int_0^{z_1}u\mathrm{d}z+\int_{z_1}^{h/2}u\mathrm{d}z\tag{4.60}$$

对其进行进一步的转换,可得

$$\frac{Q}{2w}=\frac{1}{m+1}\left(-\frac{p_x}{\mu}\right)^m z_1^{m+1}\left[\frac{h(+1)+\alpha}{2(m+2)}\right]\tag{4.61}$$

引入压力值 G 和塑性值 S,将式(4.61) 转化成无量纲形式为

$$G^2S-(G-1)^{m+1}[G(m+1)+1]=0\tag{4.62}$$

其中,

$$\begin{cases}G=h/\alpha\\ S=\dfrac{2Q(m+1)(m+2)}{wh^2}\left(\dfrac{\mu}{\tau_0}\right)^m\end{cases}\tag{4.63}$$

在无量纲条件下,式(4.62)描述了压力值 G 和塑性值 S 之间的关系。此时,塑性值 S 已用流动指数 m 修正。在 Bingham 约束下,即 $m=1$ 时,式(4.62)简化为式(4.14)的形式。在牛顿约束($\tau_0\to 0,S\to\infty$)下,式(4.62)简化为描述

牛顿流体在两个平行板之间的流动方程，且方程中包含了剪切速率修正因子。方程的具体形式为

$$Q = \frac{2w}{(m+2)(m+1)}\left(-\frac{p_x}{\mu}\right)^{m+2}(m+1) \tag{4.64}$$

一般来说，式(4.62)没有压力梯度的解析解，该解需要用数值方法获得，如图 4.13 所示。

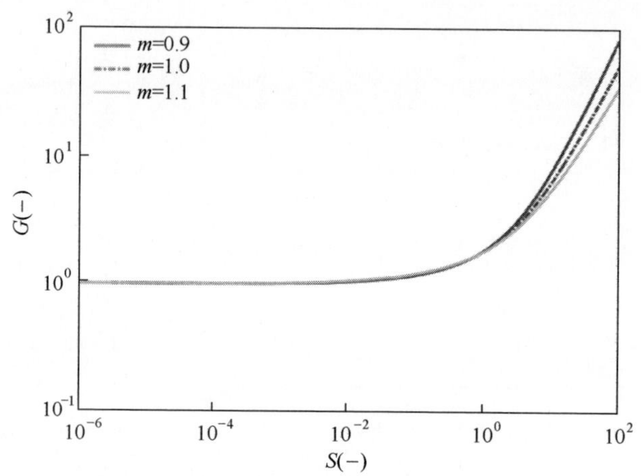

图 4.13 Herschel-Barkley 模型：式(4.62)的解

4.3 控制阀的计算方案

前几节中获得的解可用于计算控制阀两端的压差。本节中，我们将这些解应用于几种不同的活塞结构。此外，本节还提出了一种可用于处理具有旁路和平行流道的活塞结构的计算方案。

4.3.1 单间隙控制阀

如图 4.14 所示，在活塞中只有一个环形间隙。可采用典型的 Bigham 模型计算活塞两端的压差。活塞两端的压差 $\Delta p_a = P_r - P_c$ 可表示为

$$\Delta p_a = \frac{\tau_0}{3h}L_a(3+S)\left[2\cos\left(\frac{1}{3}\text{atan2}(y,x)\right)+1\right] + 12\mu\frac{L-L_a}{wh^3}Q_p \tag{4.65}$$

式(4.65)表示了磁芯和线圈激活部分的压差。在高屈服应力水平下，式(4.65)可以简化为

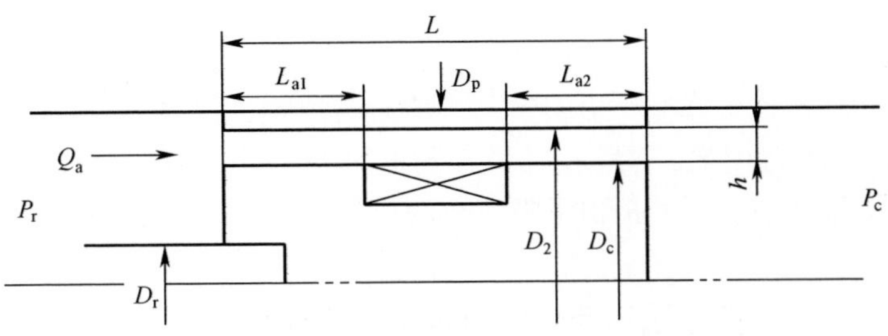

图 4.14　单间隙磁流变活塞示意图

$$\Delta p_a \approx \frac{\tau_0}{3h}L_a(3+S)\left[2\cos\left(\frac{1}{3}\mathrm{atan2}(y,x)\right)+1\right] \tag{4.66}$$

其中 $L_a = L_{a1} + L_{a2}$，$h = (D_2 - D_c)/2$，$w = \pi(D_2 + D_c)/2$。磁芯长度为 L，活塞有效横截面积 $A_{eff} = A_p - A_r$。忽略流体经过活塞时的流量泄漏，活塞的总体积流量为 $Q_p = Q_a + A_{eff}v_p$。实验证明，当阀门不对环形间隙中磁通量造成干扰时，式(4.65)给出的压差 Δp_a 符合实际情况。在前面的章节中曾论述过，在活塞速度输入较低时，活塞中的旁路（图 4.15）会使 Bigham 解法的计算效果不佳。例如，Goldasz 和 Sapinski(2012)分析了一种在磁芯上有非磁性凹槽的双线圈活塞组件，其环形间隙中的磁通量密度明显低于其余部分的磁通量密度。研究表明，Bigham 模型不能描述活塞组件的低速行为，他们选择使用双塑性模型估计活塞两端的压差。使用第 4.2.2 节中给出的双塑性方法，压差 Δp_a 可表示为

$$\Delta p_a \approx \begin{cases} \dfrac{\tau_2}{3h}L_a\left[3(1-\gamma(1-\delta))+S\right]\left[2\cos\left(\dfrac{1}{3}\mathrm{atan2}(y,x)\right)+1\right], S > S_0 \\ \delta\dfrac{\tau_2}{3h}L_a\left(\dfrac{S}{\delta\gamma}+3\right)\left[2\cos\left(\dfrac{1}{3}\mathrm{atan2}(y',x')\right)+1\right], S \leqslant S_0 \end{cases} \tag{4.67}$$

其中，参数 γ 和 δ 由阻尼器实验、流动实验或数值模拟来估算。参数 δ 和 γ 控制活塞速度为零时的阻尼力曲线的截距，阻尼力曲线的斜率随着环形间隙中磁流变液初始流动速度的增加而增大，这些参数都与环形间隙的几何参数有关。例如，使用又深又窄的狭槽将导致活塞速度为零时的阻尼力降低；流体处于屈服前区间时，阻尼力随流体流速的增加急剧增大。当 $\delta = 1$ 时，式(4.67)简化为式(4.65)。当活塞结构干扰环形间隙中的磁通密度分布时，可使用双塑性方法对这种扰动进行分析。在流体处于高剪切速率的情况下，可用附加项修正式(4.65)或式(4.67)，附加项的具体形式为

$$\Delta p = \frac{2\tau_0 L_a}{h}G(S) + C\frac{\rho Q_p^2}{A_g^2} \tag{4.68}$$

其中，$G(S)$ 为前面几节中介绍的模型。C 为高速损失系数，表示流体进/出、再循环等造成的压力损失，其是入口半径与间隙比 r/h 、间隙长度与间隙尺寸比 L/h 、雷诺数 Re、流动指数 m 和屈服应力的函数。

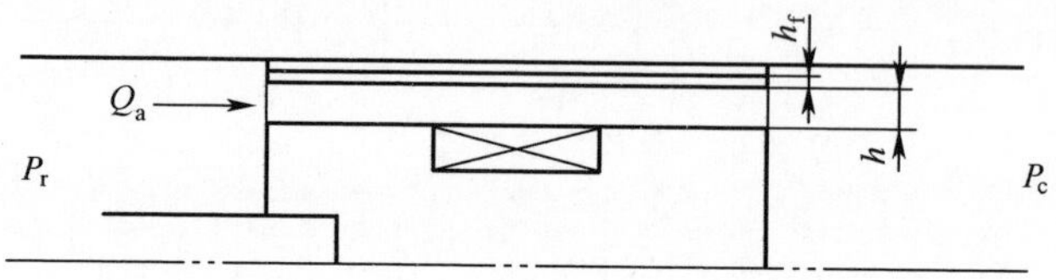

图 4.15 带磁通旁路的磁流变活塞

尽管式(4.65)只能对阻尼力进行近似估计，但它是计算阻尼力增益 K_f 或放大比的基础。根据定义，阻尼力增益 K_f 是给定活塞速度 V_p 时的最大阻尼力与零场阻尼力的比值，其可以在一定程度上表征控制阀的性能。简言之，本书假设在屈服应力最大的情况下，阻尼器的总压降可用式(4.65)描述。此外，

$$\begin{cases} \Delta p_{max} = \dfrac{F_{max}}{A_p - A_r} \\ \Delta p_{max} = \dfrac{F_{max}}{A_p - A_r} = 12\dfrac{\mu L}{wh^3}Q_a = 12\dfrac{\mu L}{wh^3}V_p(A_p - A_r) \end{cases} \tag{4.69}$$

$$\frac{F_{max}}{F_{min}} = \frac{2\dfrac{\tau_0 L_0}{h}G + 12\dfrac{L - L_0}{wh^3}Q_a}{12\dfrac{\mu L}{wh^3}Q_a} \tag{4.70}$$

阻尼力增益为

$$K_f = \frac{F_{max}}{F_{min}} = 1 + 2\frac{L_a}{L}\left(\frac{G}{S} - 1\right) \tag{4.71}$$

其中，G、S 由式(4.4)给出。

为研究参数 δ 和 γ 对阻尼力-速度特性的影响，采用式(4.67)中的双塑性 Bingham 模型进行对阻尼器中流体的流动进行描述。针对控制阀特性进行的后续计算，都使用以下参数：$A_{eff} = A_p - A_r = 1502\ \text{mm}^2$，$A_p = 1662\ \text{mm}^2$，$h = 1\text{mm}$，$w = 119.8\text{mm}$，$L = 30\text{mm}$，$L_a = 19.5\text{mm}$，$\mu = 62.5\text{cP}$。计算结果如图 4.16 和图 4.17 所示，其中，屈服应力 τ_0 为 25kPa。由于旁路的存在引入了三维几何特征，不能以常规方式进行分析。因此，本书采用双塑性 Bingham 模型分析该问题。

图 4.16 所示为黏度比 γ 对阻尼力-速度特性的影响（屈服应力比为 0.1）；图 4.17 所示为屈服应力比 δ 对阻尼力-速度特性的影响。由图可知，屈服应力比 δ 会影响活塞速度为零时的输出阻尼力；黏度比 γ 会影响阻尼力-速度特性曲线拐点以下的曲线斜率，但对超过拐点部分的阻尼力水平影响很小。图 4.17 中拐点以下的阻尼曲线斜率不受这些变化的影响。

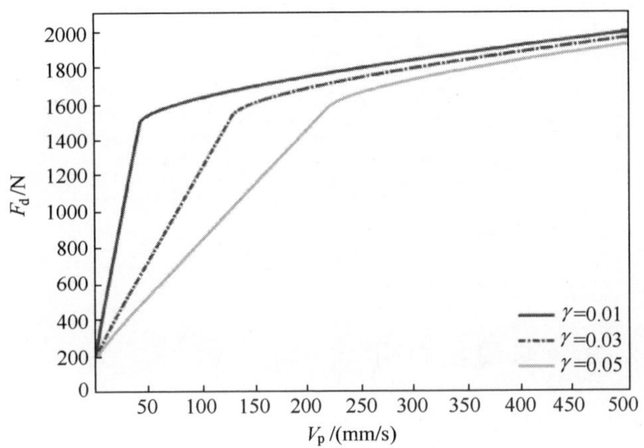

图 4.16 $F_d - V_p$：黏度比 γ 的影响（$\delta=0.1$，$\tau_0=25$kPa）

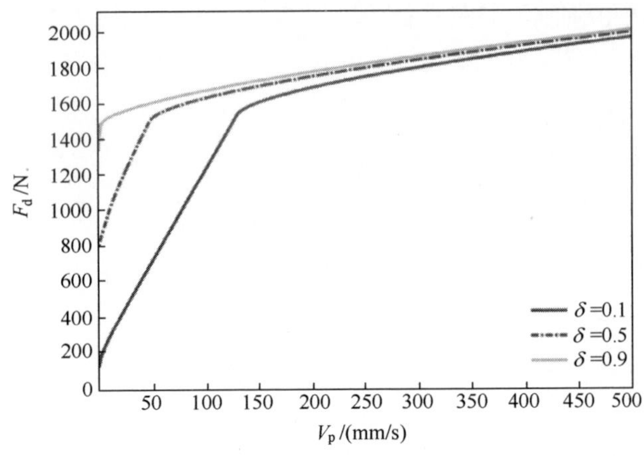

图 4.17 $F_d - V_p$：屈服应力比 δ 的影响（$\gamma=0.03$，$\tau_0=25$kPa）

最后，图 4.18 所示为选定屈服应力水平范围内的阻尼力-速度特性曲线。由图可知，流体的屈服应力 τ_0 对输出阻尼力的影响最大。该参数控制整个输入速度范围内的偏置力和阻尼力的大小。

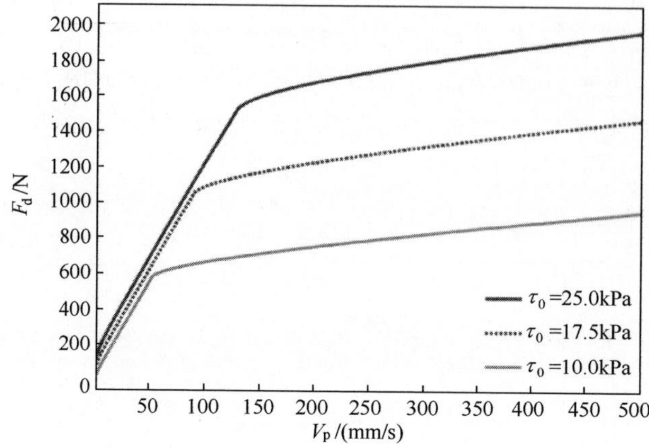

图 4.18 $F_d - V_p$:屈服应力 τ_0 的影响($\delta=0.1,\gamma=0.03$)

4.3.2 带有泄露流路的控制阀

在磁流变活塞具有两个或更多流动路径的情况下,描述控制阀的特性需要计算每个流道磁流变液的流速。

此时,需考虑磁流变液通过磁芯中的非磁化通孔和活塞中的磁化环时的流动状态。如图 4.19 所示,旁路直径为 D_b ,穿过磁芯的长度为 L。总体积流量 Q_p 包括环形间隙体积流量 Q_a 和旁路体积流量 Q_b 。假设流体不可压缩,且忽略惯性造成的流量损失。流体连续性方程为

$$Q_p = v_p A_{eff} = Q_b + Q_a \tag{4.72}$$

如果活塞上的压降($\Delta p_0 = 2\tau_0 L_a / h$)超过屈服压力,或通过活塞的流量大于临界体积流量 Q_0,磁流变液的流动会通过环形间隙:

$$\begin{cases} Q_b = Q_p ; Q_b \leqslant Q_0 \\ Q_b = Q_p - Q_a ; Q_b \geqslant Q_0 \end{cases} \tag{4.73}$$

活塞中的旁路和环形间隙形成了两条平行的流道。因此,在有外加磁场时,通过控制旁路上的压降与压力差相等,即 $\Delta p_a = P_r - P_c$,使得描述阻尼力输出简化为求解超过临界体积流量 Q_0 时的非线性压力平衡方程的根 Q_a ,方程形式为

$$\Delta p_b (Q_p - Q_a) - \Delta p_a (Q_a) = 0 ; Q_p > Q_0 \tag{4.74}$$

$$\Delta p_b = C_f \frac{L}{D_b} \frac{\rho (Q_p - Q_a)^2}{2A_b^2} \tag{4.75}$$

式中：Δp_a 由式(4.20)和式(4.66)给出；当活塞的环形间隙存在旁路时，可用式(4.48)进行计算。由达西-韦斯巴赫方程可得管道中两点之间的压力损失，也即旁路压差 Δp_b（Lienhard，2002）。本模型中，可对流体流动进行的稳态二维轴对称（计算流体动力学 CFD），进而估算摩擦因数 C_f。计算中使用 $k-\varepsilon$ 湍流模型以及表 8.1 中列出的旁路几何结构参数。为了更好地使用旁路的雷诺数 Re_b 估计摩擦因数的变化，参照表 8.1 中的几何参数，得出以下的表达式：

$$\begin{cases} C_f = 3.80484 Re_b^{-0.36007} \\ Re_b = \dfrac{\rho(Q_p - Q_a) D_b}{\mu A_b} \end{cases} \tag{4.76}$$

将压降与流速的 CFD 结果表示为无量纲形式，然后进行曲线拟合即可得出上述表达式。对式(4.74)进行迭代求解，可得到对应于特定的活塞速度 v_p 的环形间隙体积流量 Q_a 值。随后，活塞上的压降就可以用式(4.75)和式(4.20)计算。临界体积流量 Q_0 可以用下式解出：

$$\begin{cases} \dfrac{2\tau_0}{h} L_a = C_f(Re_b) \dfrac{L}{D_b} \dfrac{\rho Q_0^2}{2A_b^2} \\ Re_b = \dfrac{\rho Q_0 D_b}{\mu A_b} \end{cases} \tag{4.77}$$

另外，使用式(4.74)可以很容易地解决锐边孔板与尺寸为 D_b 的长直旁路的串联问题。如图 4.20 所示，节流孔口直径为 D_0，节流孔口面积为 A_0，且 $A_0 < A_b$。因为旁路串联装置上的压差是孔板压降和长直旁路压降之和，式(4.74)可改写为

$$\Delta p_a(Q_a) = [\Delta p_0(Q_p - Q_a) + \Delta p_b(Q_p - Q_a)] \tag{4.78}$$

其中，Δp_0 为节流孔口压差具体表达式为

$$\Delta p_0 = \frac{\rho(Q_p - Q_a)^2}{(2C_0 A_0)^2} \tag{4.79}$$

其中，C_0 为节流孔口流量系数。当活塞速度 v_p 或总体积流量 Q_p 给定时，可以使用式(4.78)求解旁路体积流量 Q_b。

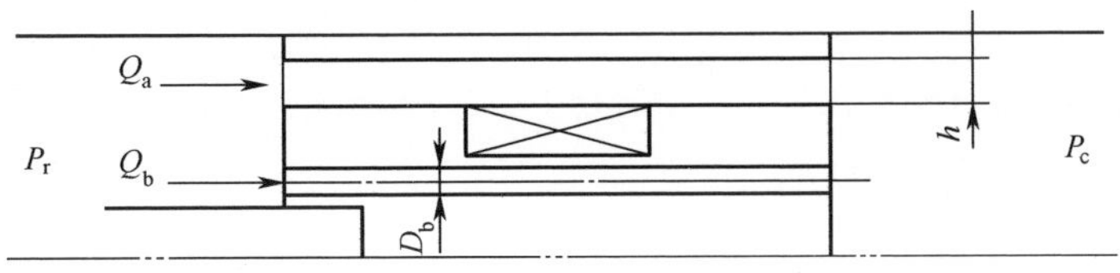

图 4.19 活塞旁路

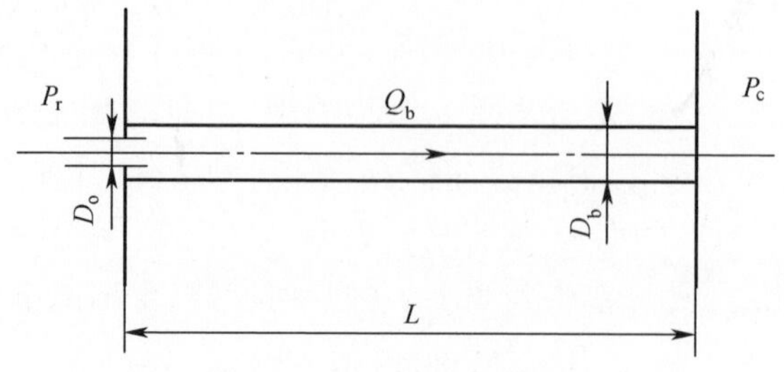

图 4.20　与锐边孔板串联的旁路

结合第 4.3.1 节中给出的参数,使用式(4.74)和式(4.78)可建立用于描述带旁路活塞的性能的模型。活塞结构如图 4.14、图 4.19 和图 4.20 所示,所得结果如图 4.21~图 4.23 所示。在本次数值模拟中,旁路尺寸以 0.5mm 的间隔从 3mm 变化到 2mm,孔口尺寸从 3mm(等于贯穿芯旁路的直径)变化到 1.9mm,屈服应力的变化范围为 10~25kPa。

所有计算过程都是从计算旁路流量引起的活塞压降开始的。如果活塞两端的压差低于屈服压力,环形间隙中的流体就会发生类固化,不发生流动。在磁芯没有连续通孔时(图 4.19),活塞上的压降使用式(4.75)进行计算;在磁芯存在通孔时,使用式(4.79)和式(4.75)进行计算。一旦压差超过阈值压力(屈服压力),活塞上的压降和每个流道中的流速就可以通过求解平衡方程式(4.74)和式(4.78)得到。

图 4.21 为改变环形间隙中磁流变液的屈服应力对输出阻尼力的影响;图 4.22为旁路直径 D_b 对输出阻尼力的影响;图 4.23 为改变孔径(给定的旁路尺寸为 3mm 时)对流量的影响。

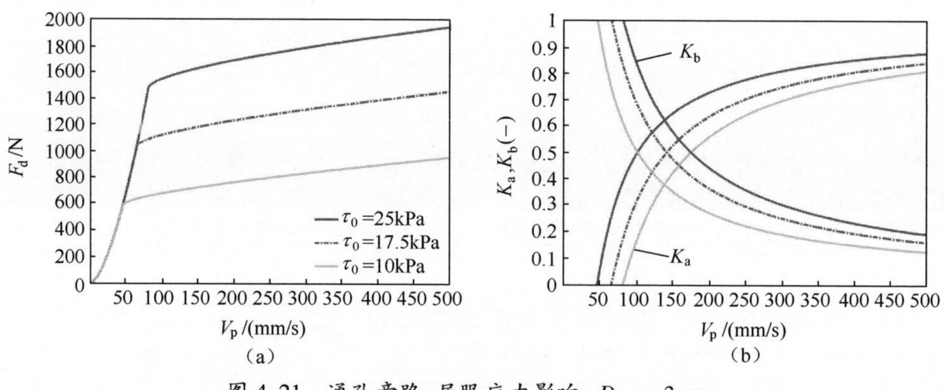

图 4.21　通孔旁路:屈服应力影响:D_b = 3mm

(a)F_d-V_p;(b)K_a(K_b)-V_p。

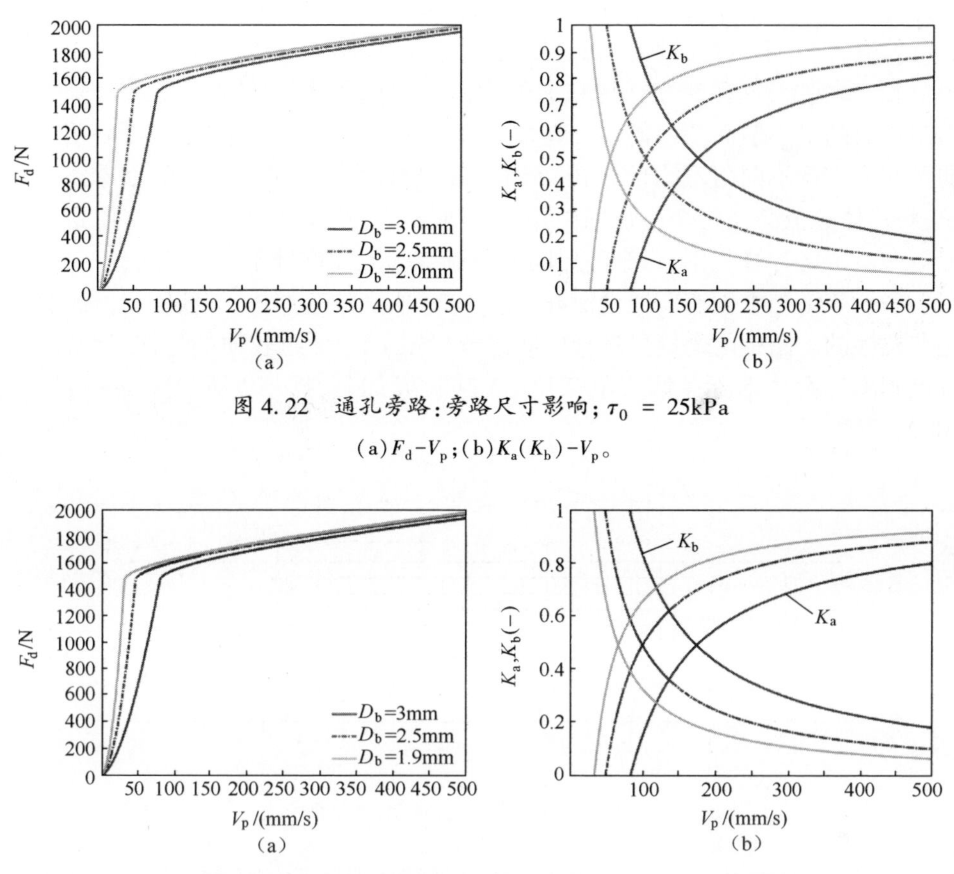

图 4.22　通孔旁路：旁路尺寸影响；τ_0 = 25kPa

(a)F_d-V_p；(b)K_a(K_b)-V_p。

图 4.23　通孔旁路：孔径大小影响；D_b = 3mm，τ_0 = 25kPa

(a)F_d-V_p；(b)K_a(K_b)-V_p。

可以预见的是，如果由于场致屈服应力 τ_0 而导致活塞上的压降超过屈服压力，则磁流变液会流过环形间隙，且屈服应力的增加会使图 4.21(a)中的阻尼特性在拐点处的速度向右移动(即速度会增加)。增加旁路尺寸也会使图 4.22(a)中的阻尼力特性在拐点处向右移动，同时，还会影响整个输入速度范围内的输出阻尼力水平。最后，如图 4.23 所示，改变节流孔口直径 D_0 对阻尼力的影响与改变旁路直径 D_b 对阻尼力的影响相似。由图可知，改变节流孔口直径 D_0 也可作为调整磁流变阻尼器的阻尼力输出的一种手段。

4.3.3　具有多条平行流道的磁流变控制阀

通过对 4.3.2 节所述方法的适当延伸，可对具有多个环形流道的磁流变活塞进行建模。如第 3 章所述,这种活塞结构具有动态范围(阻尼力的增长幅度)宽的特点,但并不具备较高的稳定阻尼力峰值(Goldasz,2013a;namuduri et al.,2001)。事实上,这种活塞结构在无外加磁场时的最大动态范围是通过降低输出阻尼力的最小值而获得的。具有多条流道的活塞可以通过改变每个环形流道的尺寸来实现不同阻尼力的输出,从而获得最佳性能。此外,与单流道活塞相比,将流体分流会使每个环形间隙中的流速更低(或雷诺数更低),这使得在阻尼器的整个运行过程中,每个环形间隙中流体的流动都处于层流状态。

假设该结构中没有磁通量泄漏到图 4.24 所示的套筒中,即线圈上方的套筒是非磁性的。图中的套筒可选择中间部分(线圈正上方)较薄的一体式套筒,或者饱和磁通密度较低(低于 0.7 T)材料制成的一体式套筒(Carlson et al.,2009)。

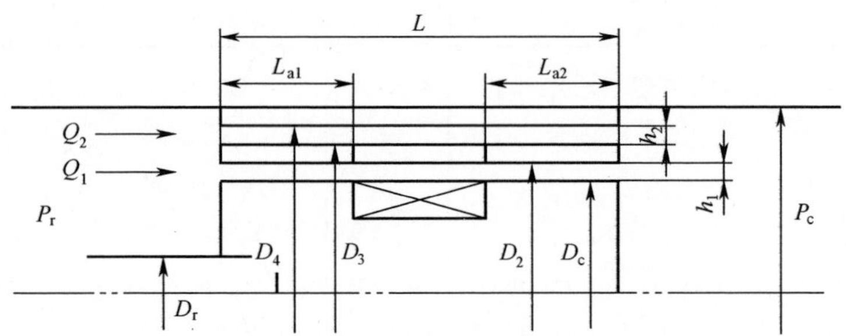

图 4.24 双间隙活塞结构示意图

首先,考虑如图 4.24 所示的具有两条平行环形间隙的活塞。假设活塞中没有旁路,则活塞中流体的连续性方程为

$$Q_{\mathrm{p}} = A_{\mathrm{eff}}\nu_{\mathrm{p}} = \begin{cases} 0, \Delta p \leqslant \Delta p_2 \\ Q_2, \Delta p_2 \leqslant \Delta p_{\mathrm{a}} < \Delta p_1 \\ Q_1 + Q_2, \Delta p_{\mathrm{a}} > \Delta p_1 \end{cases} \tag{4.80}$$

使用无量纲变量进行简化,式(4.80)可表示为

$$Q_{\mathrm{p}} = A_{\mathrm{eff}}\nu_{\mathrm{p}} = \begin{cases} 0, G_1 \leqslant 1; G_2 \leqslant 1 \\ Q_2, G_1 \leqslant 1; G_2 > 1 \\ Q_1 + Q_2, G_1 > 1; G_2 > 1 \end{cases} \tag{4.81}$$

在分析计算中,假设磁流变液首先出现在外侧的环形间隙中($Q_2 > 0$ 或 $\Delta p_2 \leqslant \Delta p_1$)。由于流道是平行布置的,活塞两端的压降可根据控制阀模型(式(4.65))进行计算,具体形式为

$$\Delta p_{\mathrm{a}} \approx \frac{\tau_0}{3h_i}L_{\mathrm{a},i}(3 + S_i)\left[2\cos\left(\frac{1}{3}\mathrm{atan2}(y_i, x_i)\right) + 1\right], i = 1,2 \quad (4.82)$$

其中,i 为间隙指数,且

$$\begin{cases} G_i = \dfrac{h\Delta p_{\mathrm{a}}}{2\tau_{0,i}L_{\mathrm{a}}}, i = 1,2 \\ S_i = 12\dfrac{\mu Q_i}{wh_i^2\tau_{0,i}} \end{cases} \quad (4.83)$$

此外,x_i 和 y_i 由式(4.20)定义。则平衡方程可以改写为

$$\Delta p_1(Q_{\mathrm{p}} - Q_2) - \Delta p_2(Q_2) = 0 \quad (4.84)$$

活塞速度 v_{p} 为设定值。对上述非线性表达式进行迭代求解,可以得到内间隙体积流量 Q_1 和环形间隙压差 Δp_{a} 。

基于第4.3.1节中给出的参数,$w_1 = 111\mathrm{mm}$,$w_2 = 121\mathrm{mm}$,$h_1 = h_2 = 1\mathrm{mm}$,可用式(4.84)计算具有两条平行流路的磁流变阻尼器的输出力,结果如图4.25~图4.27所示。具体来说,是研究屈服应力比 $\tau_{0,2}/\tau_{0,1}$ 对输出阻尼力的影响。图4.25所示为间隙尺寸分别为1.0mm和1.0mm时的模型性能;图4.26所示为间隙尺寸分别为0.9mm和1.0mm时的模型性能;图4.27所示为间隙尺寸分别为1.0mm和1.1mm时的模型性能。由图可知,外部环形间隙(具有较低屈服应力)是磁流变液的一个主要泄漏路径,且磁流变液在外部环形间隙中流动的情况经常出现。因此,相对于内部间隙,较大的外部间隙对具有双间隙活塞的磁流变阻尼器的阻尼力将产生不利影响。

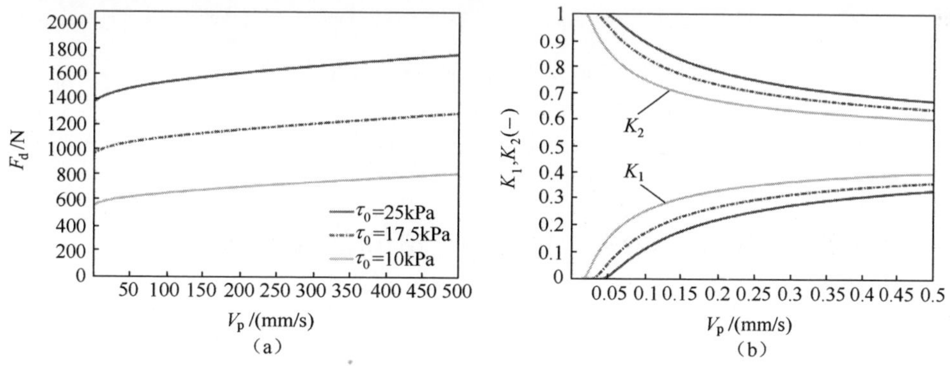

图4.25 双间隙活塞:阻尼力-速度特性曲线;

$h_1 = h_2 = 1.0\mathrm{mm}, \tau_0 = 25\mathrm{kPa}$

(a)F_{d}-V_{p};(b)$K_{\mathrm{a}}(K_{\mathrm{b}})$-$V_{\mathrm{p}}$。

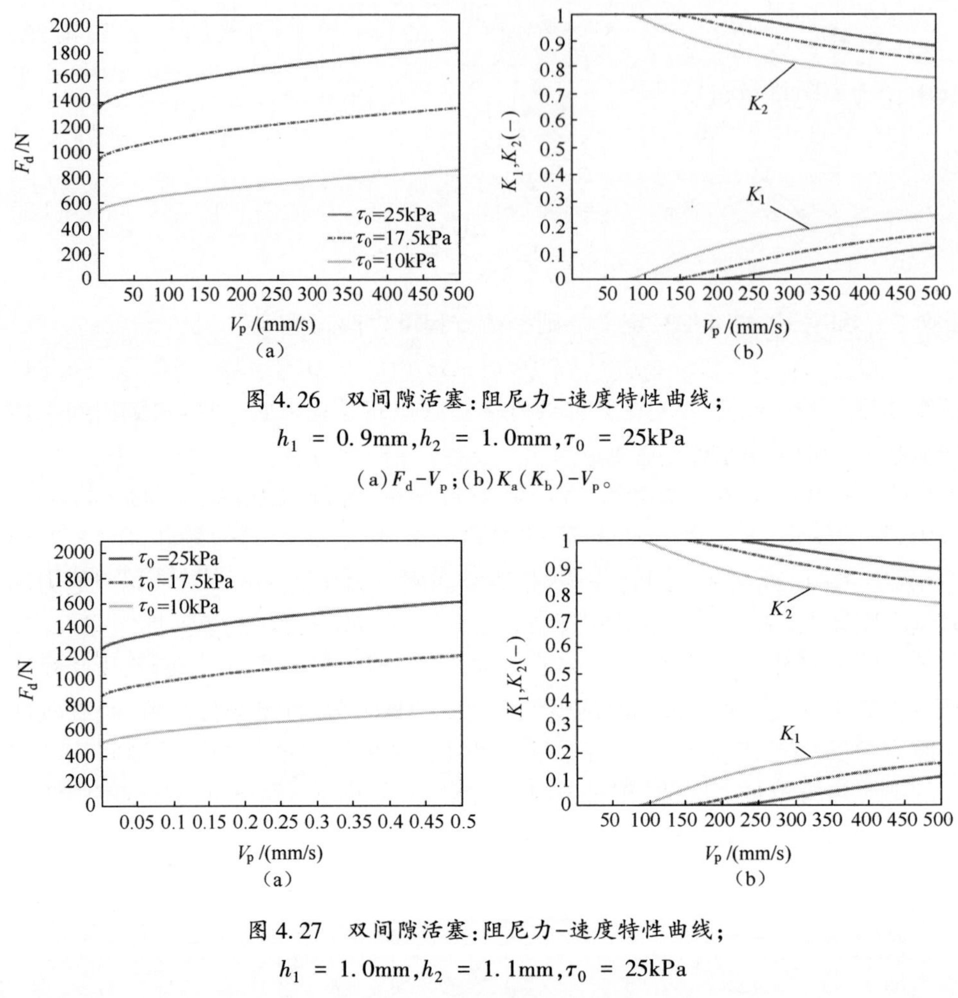

图 4.26 双间隙活塞:阻尼力–速度特性曲线;

$h_1 = 0.9\text{mm}, h_2 = 1.0\text{mm}, \tau_0 = 25\text{kPa}$

(a) F_d–V_p;(b) $K_a(K_b)$–V_p。

图 4.27 双间隙活塞:阻尼力–速度特性曲线;

$h_1 = 1.0\text{mm}, h_2 = 1.1\text{mm}, \tau_0 = 25\text{kPa}$

(a) F_d–V_p;(b) $K_a(K_b)$–V_p。

4.4 控制阀电磁回路的数学模型

磁流变阻尼器具有很强的非线性。因此,设计出高质量的磁流变阻尼器电磁电路模型被认为是建模过程中最困难的步骤之一。一般来说,阻尼器的电磁场分布由麦克斯韦方程和适当的边界条件控制(Elahinia et al.,2013;gordaninejad et al.,2003;Raja et al.,2014)。这些有限元方法的精度很好(Li et al.,2003;Nguyen et al.,2008;Walid,2002),通常使用在工程初始阶段用以快速确定活塞和控制阀的几何尺寸,但计算耗时很长。基于基尔霍夫磁路定律的稳态解析模型主要用于确定安培匝数(Carlson et al.,1994;Gavin et al.,2001;Nguyen et al.,2009b;Nguyen et al. 2007)以确保阻尼器能够提供所需的输出阻尼力。但上述解析过程都是稳态模型,通常不考虑磁流变阻尼器中存在的非线性效应,即磁流变材料和钢的非线性特性,磁通泄漏路径,电压、电流和电感的限制及涡流等(Sapinski,2004)。此外,控制阀(活塞)的几何形状非常复杂,这也会在建模过程中带来一定的困难。

磁流变阻尼器用于可变负载条件。因此,应在建立阻尼器的性能模型时考虑瞬态(或波动)磁场的影响(Jiang et al.,2012;Koo et al.,2006;Nam et al.,2009;Yang,2001)。例如,Guan 等人(2009)认为电磁响应速度是影响磁流变阻尼器响应时间的主要因素,且控制磁路结构中的感应涡流对于提高阻尼器的响应速度至关重要。在时变磁场的影响下,导体中会感应出涡流,涡流会产生一个磁场来对抗主磁通量变化。这会降低阻尼器的性能,应该在磁流变阻尼器的动态研究中加以考虑。

本节讨论磁流变阻尼器的磁模型和电模型。首先,讨论了基于麦克斯韦方程的一般场模型,其包括了阻尼器的几何参数和材料的非线性特性;然后提出了一个简单的非线性静态磁场模型,可用于磁流变阻尼器的初步研究;最后,提出了阻尼器电路的集中参数模型,此模型包括了瞬态电流对阻尼器的影响。

4.4.1 场模型

假设阻尼器的材料是各向同性的,材料的磁化特性为 $B=f(H)=\mu_m\mu_0(H)H$,其中,μ_m 表示材料的磁导率。此外,假设磁流变阻尼器的结构是轴对称的。因此,阻尼器的数学模型可在圆柱坐标系 (r,z,ϕ) 中建立。

为了获得阻尼器的电磁场分布,需要先求解麦克斯韦方程组,具体形式为

$$\mathrm{rot}\boldsymbol{E}=-\frac{\partial \boldsymbol{B}}{\partial t} \tag{4.85}$$

$$\mathrm{rot}\boldsymbol{H}=\boldsymbol{j}+\frac{\partial \boldsymbol{D}}{\partial t} \tag{4.86}$$

$$\mathrm{div}\boldsymbol{D}=0 \tag{4.87}$$

$$\mathrm{div}\boldsymbol{B}=0 \tag{4.88}$$

式中:$\boldsymbol{E}$ 为电场强度;$\boldsymbol{B}$ 为磁通密度;$\boldsymbol{H}$ 为磁场强度;$\boldsymbol{D}$ 为电流密度;$\boldsymbol{j}$ 为电流表面密度。

由于阻尼器是轴对称的,磁场强度矢量只涉及两个分量,可表示为

$$\boldsymbol{H}=H_r\mathbf{1}_r+H_z\mathbf{1}_z \tag{4.89}$$

为了确定磁场分布,引入了磁位 $\boldsymbol{A}$,它与磁通密度有关,且 $\boldsymbol{B}=\mathrm{rot}\,\boldsymbol{A}$。因此,磁场

强度 $\boldsymbol{H}$ 表示为

$$\boldsymbol{H}=\frac{1}{\mu_{\mathrm{m}}}\mathrm{rot}\,\boldsymbol{A} \tag{4.90}$$

式(4.86)可改写为

$$\mathrm{rot}\left(\frac{1}{\mu_{\mathrm{m}}}\mathrm{rot}\,\boldsymbol{A}\right)=j \tag{4.91}$$

因此,

$$\mathrm{rot}\left(\frac{1}{\mu_{\mathrm{m}}}\mathrm{rot}\,\boldsymbol{A}\right)=\frac{1}{\mu_{\mathrm{m}}}\mathrm{rot}\ \mathrm{rot}\,\boldsymbol{A}-\mathrm{rot}\,\boldsymbol{A}\times\mathrm{grad}\,\frac{1}{\mu_{\mathrm{m}}} \tag{4.92}$$

对于均匀和各向同性介质,磁导率是磁场强度的函数,即 $\mu_{\mathrm{m}}=\mu_{\mathrm{m}}(\boldsymbol{H})$ 。将 $1/\mathrm{grad}\mu_{\mathrm{m}}$ 代入式(4.92),得

$$\frac{1}{\mu_{\mathrm{m}}}\mathrm{rot}\ \mathrm{rot}\,\boldsymbol{A}=-\boldsymbol{j} \tag{4.93}$$

式中: $\mathrm{rot}\ \mathrm{rot}\boldsymbol{A}=\mathrm{graddiv}-\nabla^2\boldsymbol{A}$,其中 $\nabla^2\boldsymbol{A}$ 为矢量场 $\boldsymbol{A}$ 的拉普拉斯变换,且

$$\mathrm{div}\,\boldsymbol{A}=0 \tag{4.94}$$

$$\frac{1}{\mu_{\mathrm{m}}}\nabla^2\boldsymbol{A}=-\boldsymbol{j} \tag{4.95}$$

阻尼器线圈是具有矩形横截面的环形线圈,因此,在圆柱坐标系中,电流密度只有一个分量 j_ϕ ,可表示为

$$\boldsymbol{j}=j_\phi\boldsymbol{1}_\phi \tag{4.96}$$

类似地,矢量 $\boldsymbol{A}$ 只有一个分量,可表示为

$$\boldsymbol{A}=A_\phi\boldsymbol{1}_\phi \tag{4.97}$$

充分考虑阻尼器的对称性,式(4.95)在圆柱坐标系中可以表示为

$$\frac{1}{\mu_{\mathrm{m}}}\left(\frac{\partial^2A_\phi}{\partial r^2}+\frac{1}{r}\frac{\partial A_\phi}{\partial r}-\frac{1}{r^2}A_\phi+\frac{\partial^2A_\phi}{\partial z^2}\right)=-j_\phi \tag{4.98}$$

在电导率为零的区域,电磁场分布同样可表示为

$$\frac{1}{\mu_{\mathrm{m}}}\left(\frac{\partial^2A_\phi}{\partial r^2}+\frac{1}{r}\frac{\partial A_\phi}{\partial r}-\frac{1}{r^2}A_\phi+\frac{\partial^2A_\phi}{\partial z^2}\right)=-j_\phi \tag{4.99}$$

式(4.98)或式(4.99)必须在整个域中都适用,并且该模型在边界处必须满足以下条件:

(1) 磁场强度矢量的切向分量相等。

(2) 磁场强度矢量的法向分量相等。

式(4.97)中的磁位 $\boldsymbol{A}$ 可表示为

$$\boldsymbol{H}=\frac{1}{\mu_{\mathrm{m}}}\mathrm{rot}\,\boldsymbol{A} \tag{4.100}$$

在此情况下，可得

$$\boldsymbol{H}=\frac{1}{\mu_{\mathrm{m}}}\left(-\frac{\partial A_{\phi}}{\partial z}\mathbf{1}_{r}+\frac{1}{r}\frac{\partial(rA_{\phi})}{\partial r}\mathbf{1}_{z}\right) \tag{4.101}$$

在整个模型域内，都可以通过有限元方法和数值计算软件对式(4.98)进行求解，如 Ansys Maxwell 或 Cedrat Flux。

4.4.2 静态磁场集中参数模型

静磁模型是一个时不变模型，其主要目的是确定给定阻尼力范围所需的安培匝数(Carlson et al.,1994)。图 4.28 所示的磁路可使用下式中的基尔霍夫定律进行分析(Gavin et al.,2001;Nguyen et al.,2008;sapinski,2004)：

$$\sum H_i l_i = N_{\mathrm{co}} I_{\mathrm{co}} \tag{4.102}$$

式中：N_{co} 为线圈匝数；I_{co} 为线圈电流；H_i 为 i 段线圈的磁场；l_i 为 i 段线圈的有效长度。磁通密度 B 与磁场强度 H 之间的关系为 $B=\mu_{\mathrm{m}}H$，其中 $\mu_{\mathrm{m}}=\mu_0\mu_{\mathrm{M}}$，$\mu_0$ 为真空磁导率，$\mu_{\mathrm{M}}(B)$ 为相对磁导率。在阻尼器中，对磁路的磁阻影响最大的因素是磁流变液。因此，式(4.102)可简化为

$$2hH_{\mathrm{g}} \approx N_{\mathrm{co}} I_{\mathrm{co}} \tag{4.103}$$

环形间隙中的磁通密度为 $B_{\mathrm{g}}=\mu_{\mathrm{MR}}(H_{\mathrm{g}})H_{\mathrm{g}}$，流体的屈服应力可以根据材料的 τ_0-B 特性来确定。一般来说，式(4.103)是非线性的，可以使用寻根法进行求解。磁流变活塞中磁路的几何形状如图 4.28 所示，环形间隙磁通量为 $\phi_{\mathrm{g}}=B_{\mathrm{g}}A_{\mathrm{m}}=B_{\mathrm{g}}\pi(D_{\mathrm{c}}+h)L_{\mathrm{a}}/2$。假设磁路中没有磁通量泄漏，根据磁通量守恒定律，磁芯和套筒(包括气缸壁)的磁通密度表达式为

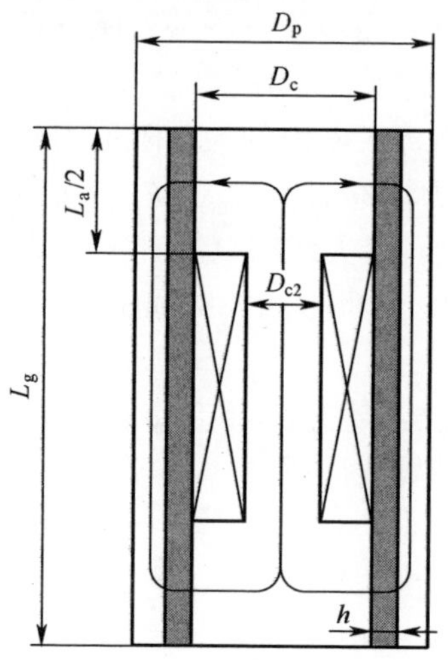

图 4.28 磁流变活塞的磁路示意图

$$
\begin{cases}
\phi_c = B_c \dfrac{\pi}{4} D_{c,2}^2 \\
\phi_s = B_c \dfrac{\pi}{4} (D_p^2 - D_s^2) \\
\phi_g = \phi_c = \phi_s
\end{cases}
\tag{4.104}
$$

式中：$D_s = D_c + 2h$ 。只要满足式(4.104)中的约束，就可以确保电路中没有部件处于磁饱和状态。磁链 λ_{co} 、电感 L_{co} 、电阻 R_{co} 、电压 U_{co} 和时间常数 τ_{co} 的表达式为

$$
\begin{cases}
\lambda_{co} = N_{co}\phi_g \\
L_{co} = \dfrac{N_{co}\phi_g}{I_{co}} \\
R_{co} = r_c N_{co} \pi (D_c + D_{c2}) / 4 \\
U_{co} = I_{co} R_{co} \\
\tau_{co} = \dfrac{L_{co}}{R_{co}}
\end{cases}
\tag{4.105}
$$

式中：r_c 为单位长度铜线的电阻。

式(4.102)可以扩展到具有永磁体(如故障安全阀)、多级线圈和具有多条平行流动路径的磁流变阀中。此处不做详细论述，读者可自行计算。

式(4.103)是研究阻尼器优化方案的基础。例如，Gavin et al. (2001)使用类似的方法提出了一个用于最小化器件的电时间常数及其功耗的优化设计方案。

根据 Gavin et al. (2001)，可以设计磁流变阻尼器的快速调整算法如下。

(1) 设置以下输入条件：$V_{p,ref}$ 为活塞参考速度；F_{max} 为参考速度下最大阻尼力；F_{min} 为参考速度下电流关断时的最小阻尼力。

(2) 提供所需的阻尼力增益 $K_f = F_{max}/F_{min}$ 和参考速度。

(3) 提供电源电压 V_{bat}、最大线圈电流 I_{max} 和活塞直径 D_p。

(4) 选择环形间隙高度 h、环形间隙磁通密度 B_g 和环形间隙长度 L、导线尺寸 d_w。

(5) 确定以下流体性质：零场流体黏度 μ、屈服应力 τ_0、相对磁导率 μ_m。

(6) 根据式(4.103)计算线圈匝数 N_{co}；

(7) 计算平均半径 $r = (D_p - h)/2$。

(8) 计算环形间隙平均宽度 $w = 2\pi r$。

(9) 计算环形间隙横截面积 $A_g = wh$。

(10) 根据式(4.71)计算有效长度:

$$K_f \approx 1 + \frac{L_a}{L}\left[2\frac{G}{S} - 1\right]$$

(11) 计算磁芯有效表面积 $A_m = L_a w$。

(12) 确定线圈槽宽度 $W_{co} = L - L_a$。

(13) 计算线圈槽深度 H_{co}。

(14) 计算环形间隙内的间隙磁通量 $\phi_g = B_g w L_a$。

(15) 确定线圈槽以下的磁芯横截面积 $A_{core} = (D_p - 2H_{co})^2/4$。

(16) 验证几何约束 $L = L_a - W_{co} = 0$。

(17) 验证饱和约束 $B_{core} = \phi_{core}/A_{core} \leqslant B_{sat}$。

(18) 根据式(4.105)计算线圈的相关参数。

4.4.3 磁流变阻尼器电路的集中参数模型

本节讨论磁流变阻尼器电路的集中参数模型。最简单的单线圈磁流变阻尼器的集中参数模型如图4.29(a)所示。该模型包括三个元件:激励(电压)源、电阻和非线性电感。电阻包括线圈绕组、电压源和布线电缆中的欧姆损耗。Yang(2001)提出了一个用于描述电流控制器动态特性和线圈恒定电感的模型。然而,线性电感仅适用于小电流激励运行的阻尼器,而阻尼器线圈电感通常相对电流的非线性程度很高。对于非线性领域的研究,恒定电感不能描述阻尼器的时变行为(Jiang et al.,2012)。Jiang et al.(2012)提出了电感的时变函数模型,将涡流引起的非线性效应纳入其中。Sapinski(2004)提出了一个更加复杂的等效电路网络模型,该模型是一种考虑了涡流的二阶系统,如图4.29(b)所示。其参数(R_{co}, L_{co}, R_{ce}, L_{ce})可由磁路的瞬态有限元计算得到,也可通过实际测量线圈电流 i_{co} 获得。此外,描述电机中涡流的集中参数模型也适用于对磁流变阻尼器的分析。图4.30所示为一种二阶网络模型的示例。

图4.29(a)是一种最简单的模型,该模型忽略了流道中的泄漏现象,电流 i_{co} 集中在匝数为 N_{co} 的线圈中形成一个电流环路。端子两端的电压为

$$u_{co} = i_{co}R_{co} + L_{co}(i_{co})\frac{di_{co}}{dt} \tag{4.106}$$

式中:$i_{co}(t)$ 为线圈电流;$R_{co}(L_{co})$ 为线圈电阻(电感)。磁芯区域的磁通量为 $\phi = L_{co}i_{co} = B_iA_i$,其中,$A_i$ 为磁芯横截面积,B_i 为磁芯的磁通密度。环形间隙中的磁通密度为 $B_g = B_iA_i/A_s$,其中 A_s 为一个磁极的有效面积。

对于如图4.30所示的模型,其方程组为

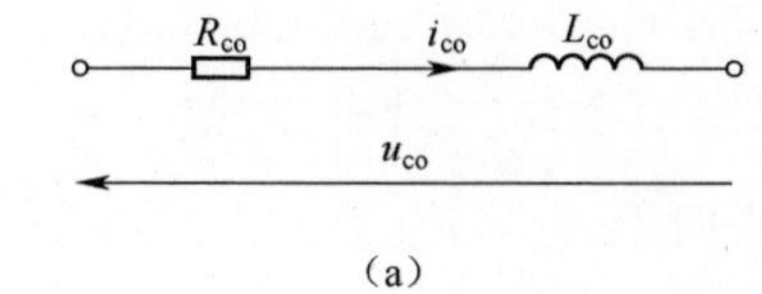

(a)

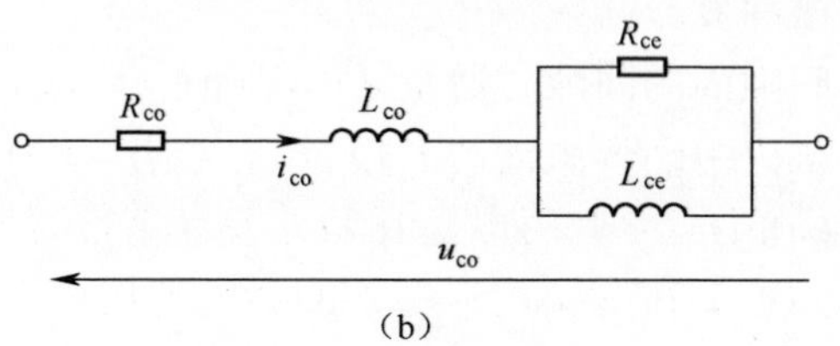

(b)

图 4.29 阻尼器电路的等效模型

(a)等效电路模型(Mikulowski,2008; Sapinski,2004; Yang,2001);

(b)二阶系统等效模型(Sapinski,2004)。

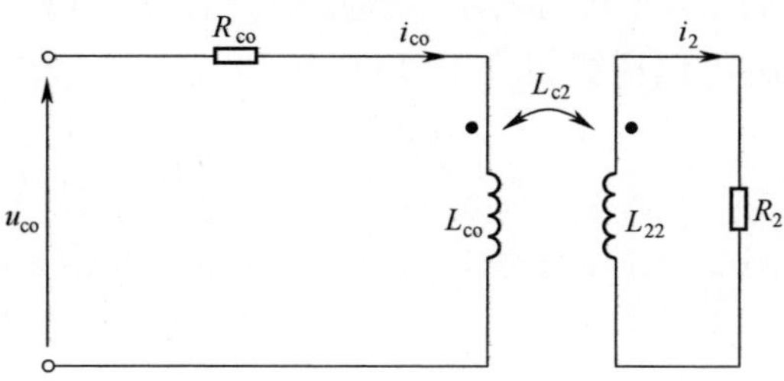

图 4.30 电路网络模型(Li 等人,2010)

$$\begin{cases} u_{co} = i_{co}R_{co} + L_{co}\dfrac{di_{co}}{dt} + L_{c2}\dfrac{di_2}{dt} \\ 0 = i_2R_2 + L_{2c}\dfrac{di_{co}}{dt} + L_{22}\dfrac{di_2}{dt} \end{cases} \tag{4.107}$$

式中:i_2 为次级电路电流;R_2 和 L_{22} 分别为次级电路的电阻和电感;L_{c2} 和 L_{2c} 为主电路和次级电流回路之间的互感。

本模型中,假设 $L_{c2} = L_{2c}$,初级电感 L_{co} 和次级电感 L_{22} 之间的线圈耦合系数为 k_c ($k_c \leqslant 1$)。与上一个模型相同,本模型的参数值可从瞬态磁场的有限元计算中获得,也可通过实验获取。为了使模型具有更好的性能和精度,可以在模型中增加次级电流环路的数量。该模型可用于处理阻尼器中的波动磁场,将在第 8 章的双线圈模型中进行更加详细的说明。

4.5 本章小结

本章给出的模型及其解法可以作为磁流变阻尼器开发过程中的实用工具。例如,在确定磁流变阻尼器的相关尺寸时,最基本的任务就是预测阻尼器的稳态响应,同时,还应考虑控制阀的瞬态响应,以满足阻尼器的自适应需求。

在汽车行业中,人们要求磁流变阻尼器具备输出阻尼力可调的特性,同时,还要求其调节方式遵循传统 Bingham 塑性方法。因此,目前的研究都在朝着这个方向进行。但实际应用需要使用更加复杂的模型来描述阻尼器的性能,以达到更好的描述效果。例如,在磁流变阻尼器的活塞速度较低时可观察到阻尼力的衰减效应,这种现象可以使用双塑形模型进行描述。由于磁流变阻尼器具有各种不同的活塞结构和旁路结构,且受到的外界激励也不同,因此,模型的灵活性是描述阻尼器响应的关键。本章提出的控制阀模型及其解法为描述流动模式磁流变阻尼器的复杂行为提供非常大的帮助。

第5章 磁流变阻尼器的数学模型及其仿真分析

本章是第4章内容的延伸。第4章着重讨论了影响阻尼器输出阻尼力的关键因素,本章则主要研究控制阀外部的非磁流变现象。

5.1 磁流变阻尼器的数学模型

本节介绍磁流变阻尼器的集中参数模型,该模型适用于阻尼器系统或车辆悬架系统的动态仿真分析。集中参数模型不仅可以描述阻尼器的主要流动路径、各主要部件及场致压差,而且反映了流体压缩性、流体惯性及气体压力等对输出阻尼力的影响。之前的研究主要集中于流动模式磁流变阻尼器在较高激振频率时速度与阻尼力之间的关系,以及活塞运动时流体在环形间隙中的流动状态。研究发现,流道越长间隙内的流体质量就越集中。导致这一现象的关键因素主要有流体惯性、可压缩性(腔室的柔性)及环形间隙的几何形状(Alexandridis et al. ,2004;Guo et al. ,2013;Nguyen et al. ,2011),读者可参阅(Goldasz et al. ,2012)获取更多相关信息。通过分析一系列较复杂的阻尼器模型,研究者们得出如下结论:传统的阻尼器分别遵循不同的原理在相似的频率范围内输出阻尼力,但这些阻尼器中并不包含非线性行为,而磁流变阻尼器中却表现出非常明显的非线性。因此,模拟磁流变阻尼器中的这些非线性现象对磁流变阻尼器的仿真和设计的精确性至关重要。

为分析阻尼器的非线性特性及滞回特性,研究者们建立了各种被动阻尼器模型。磁流变液流过阻尼器活塞中的环形间隙时有不同的流动状态,尽管这些模型不考虑流动状态对磁流变阻尼器性能的影响,但其仍然可以很好地描述阻尼器的行为。例如,Lang(1977)建立了一种应用于汽车双筒磁流变阻尼器的数学模型,他提出流体压缩性、缸筒弹性(受压膨胀)及阻尼器中的气穴现象等会影响其滞回特性。常规阻尼器通常工作在高激振频率下,一般都可以使用Lang建立的模型。在单筒阻尼器领域,Lee(1997)提出了一种极其复杂的高精度碟形阀片活塞模型,该模型考虑了阻尼器中流体的可压缩性、浮动活塞的惯性及传热效应。Duym(2000)建立了一种能够模拟激振频率高达30Hz时阻尼器运行情况的模型,该模型与Lee的模型非常相似。Mollica(1997)基于键合图技术建立了单筒阻尼器的非线性高阶模型,在模拟活塞上的流量损失时,该模型考虑了摩擦因素、流体压缩性、气体、泄漏及液压阻抗等的影响。基于上述研究,本章提出了集中参数模型。在磁流变阻尼器领域,已有人(Hong et al.,2006;Nguyen et al.,2009a;Nguyen et al.,2011)采用类似的模型模拟磁流变液的滞后现象及其在环形间隙中的流动。其中,Nguyen等人(2011)提出了一种准确预测电流变阻尼器滞回特性的动态模型,并研究了流体压缩性、间隙压力、体积大小及电流变液在阻尼器环形通道中的流动等因素对阻尼器的输出阻尼力的影响。

另外,Adiguna(2003)、Nguyen(2009)和Singh(1992)等对被动和半主动液压悬架的研究对于磁流变阻尼器很有借鉴意义。在这些装置中,流体在长流道内的运动条件与磁流变阻尼器相似。因此,这些研究也为本章的工作奠定了良好的基础。

针对磁流变阻尼器的滞后、惯性和可塑性等问题,研究者对考虑非线性效应的参数化建模进行了大量研究。这些模型通常由弹簧、质量块及阻尼元件组成。在搭建实验样机并对其进行性能测试之前,所有参数都是未知的,一般采用参数识别法对各参数进行估算。Wang和Liao(2011)概述了该领域的研究成果。Bouc-Wen模型(Spencer Jr. et al.,1997)中的参数也仅适用于有限范围内的振动波输入。作者尚未找到将模型参数与温度(传热)联系起来的研究。因此,这些模型只适用于控制算法设计,而不适用于结构设计和工程应用方面的研究,本章不进行详细介绍。

本节主要介绍了单筒阻尼器模型、双杆阻尼器模型及双筒阻尼器模型,并建立了各腔室内压力变化的表达式,通过数值模拟获得阻尼器的主要特性。

5.1.1 单筒磁流变阻尼器

本节提出了单筒阻尼器的数学模型,对阻尼力-速度特性进行描述。如前所述,在建立该模型时应考虑以下几点。

(1) 压缩腔和复原腔中流体的柔性。

(2) 压力作用下,缸壁的弹性。

(3) 气穴现象导致流体中形成的气泡。

(4) 活塞环形间隙内流体的动态特性。

(5) 浮动活塞的运动。

(6) 磁流变现象及其他影响阻尼力输出的关键因素(第4章已详细介绍)。

图 5.1 所示为带有单间隙活塞的单筒磁流变阻尼器，缸筒中的浮动活塞（气杯）将磁流变液从高压气室中分离出来，主活塞将工作缸分为压缩腔（主活塞与浮动活塞之间）和复原腔（活塞杆与主活塞之间）。假设活塞中只有一个允许流体从一个腔室流向另一个腔室的环形间隙，用外加磁场控制间隙中磁流变液的流变特性。通过给主活塞杆施加规定的位移（速度）$x_r(t)(v_r(t))$ 或者给缸筒（底部）施加规定的位移（速度）$x_t(t)(v_t(t))$ 驱动此装置。因此，活塞杆与缸筒底部之间的相对位移为 $x_p = x_r - x_t$。

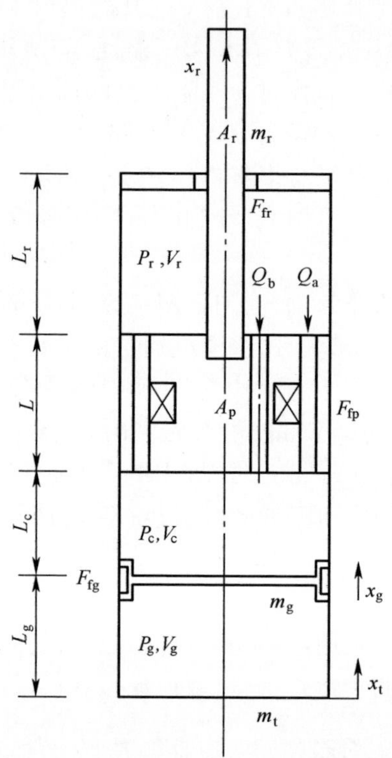

图 5.1　单筒磁流变阻尼器的结构简图

如图 5.1 所示，环形间隙体积流量为 Q_a，旁路流量为 Q_b，活塞两端的压降为 $\Delta p = P_r - P_c$，则通过环形间隙和旁路的总体积流量为

$$Q_p = \sum q = Q_a + Q_b \tag{5.1}$$

定义流体的等温压缩系数（Lang，1977）为

$$c_f = -\frac{dV}{Vdp} \tag{5.2}$$

其中，p 表示压强，V 表示控制体积，且

$$-\frac{\mathrm{d}V}{\mathrm{d}t}=c_{\mathrm{f}}V\frac{\mathrm{d}p}{\mathrm{d}t} \tag{5.3}$$

通过计算,得到等温的流体体积弹性模量为

$$\beta_{\mathrm{f}}=-V\frac{\mathrm{d}p}{\mathrm{d}V} \tag{5.4}$$

等温的流体体积弹性模量决定流体刚度。基于质量守恒定律,得到腔室压强变化的表达式为

$$\begin{cases}\dfrac{\mathrm{d}V}{\mathrm{d}t}=\sum Q_{\mathrm{in}}-\sum Q_{\mathrm{out}}\\ \dfrac{\mathrm{d}p}{\mathrm{d}t}=\dfrac{\beta_{\mathrm{f}}}{V}\left(\sum Q_{\mathrm{in}}-\sum Q_{\mathrm{out}}\right)\end{cases} \tag{5.5}$$

假设该模型的流体体积弹性模量 β_{f} 受容器的刚度(或柔度) β_{s} 影响。Lang(1977)、Segel 和 Lang(1981)在分析中引入了缸壁膨胀对压力的影响,同时考虑了体积效应与流体体积弹性模量(压缩性)的影响,由此提出了以下假设:

$$\frac{1}{\beta}=\frac{1}{\beta_{\mathrm{f}}}+\frac{1}{\beta_{\mathrm{s}}} \tag{5.6}$$

式中,流体体积弹性模量与压力的关系表达式为

$$\beta_{\mathrm{f}}(P)=\beta_0\frac{1+\kappa\left(\dfrac{P_{\mathrm{a}}}{P_{\mathrm{a}}+P}\right)^{\frac{1}{n}}}{1+\kappa\dfrac{P_{\mathrm{a}}^{\frac{1}{n}}}{n\left(P_{\mathrm{a}}+p\right)^{\frac{1+n}{n}}}} \tag{5.7}$$

式中:β_0 为纯流体体积弹性模量;P_{a} 为大气压(或参考压强);κ 为相对气体含量;n 为气体的绝热常数。式(5.7)表示流体与少量非溶解性气体混合物的体积弹性模量随压力的变化关系(Manring,2005)。

缸筒的柔度 β_{s} 为(Mollica,1997)

$$\frac{1}{\beta_{\mathrm{s}}}=\frac{2}{E_{\mathrm{s}}}\left(v+\frac{D_{\mathrm{o}}^2+D_{\mathrm{p}}^2}{D_{\mathrm{t}}^2-D_{\mathrm{p}}^2}\right) \tag{5.8}$$

式中:E_{s} 为弹性模量;v 为泊松系数;D_{t} 为缸筒外径。

由式(5.5)可得,每个腔室中(活塞上方和下方)的流体连续性表达式为

$$\begin{cases}(A_{\mathrm{p}}-A_{\mathrm{r}})v_{\mathrm{p}}-Q_{\mathrm{p}}=\dfrac{V_{\mathrm{r}}}{\beta}\dot{P}_{\mathrm{r}}\\ A_{\mathrm{p}}(v_{\mathrm{g}}-v_{\mathrm{p}})+Q_{\mathrm{p}}=\dfrac{V_{\mathrm{c}}}{\beta}\dot{P}_{\mathrm{c}}\end{cases} \tag{5.9}$$

其中,复原腔体积 V_r 和压缩腔体积 V_c 分别为

$$\begin{cases} V_r = (A_p - A_r)x_r + V_{r0} \\ V_c = A_p(x_r - x_g) + V_{c0} \end{cases}$$

通过对复原腔压强 P_r 和压缩腔压强 P_c 施加约束(下限),使得 $P_r \geqslant P_v$ 且 $P_c \geqslant P_v$,可将模型用于模拟阻尼器中出现的气穴现象。更复杂的气穴模型可以参照(Alonso et al.,2006)。

考虑到环形间隙中流体的等效质量在阻尼器运动时的惯性,在模型中引入加速流动对压力损失的影响,得出简化的力学平衡方程为

$$\rho L\dot{Q}_a = (P_r - P_c)A_g \tag{5.10}$$

磁流变效应引起的流量损失通过以下附加项解决(Goldasz et al.,2012):

$$\rho L\dot{Q}_a + A_g\Delta p_a = (P_r - P_c)A_g \tag{5.11}$$

其中,Δp_a 的计算方式参照式(4.67)或式(4.65)。

在模型中引入作用在浮动活塞上的力,阻尼器中力的平衡方程变为

$$m_g\dot{v}_g + F_{fg}\mathrm{sign}(v_g) = A_p(P_c - P_g) \tag{5.12}$$

假设活塞在运动过程中不传热,则高压气室(位于浮动活塞下方)中的气体压强为

$$P_g = P_{g0}\left(\frac{V_{g0}}{V_{g0} + A_p x_g}\right)^n \tag{5.13}$$

将式(5.11)、式(5.9)及式(5.12)代入式(5.13)可推导出状态空间中的常微分方程组(ODE)为

$$\begin{cases} \dot{P}_r = \beta\dfrac{(A_p - A_r)v_p - Q_p}{V_r} \\ \dot{P}_c = \beta\dfrac{(v_g - v_p)A_p + Q_p}{V_c} \\ \dot{v}_g = -g + \dfrac{1}{m_g}[A_p(P_c - P_g) - F_{fg}\mathrm{sign}(v_g)] \\ \dot{Q}_a = \dfrac{A_g}{\rho L}(P_r - P_c - \Delta p_a) \end{cases} \tag{5.14}$$

根据(Lee,1997),在低激振频率下,可忽略浮动活塞的惯性及浮动活塞与缸筒壁之间的摩擦,且 $P_c = P_g$,则方程组(5.14)可以简化为

$$\begin{cases}\dot{P}_r = \beta \dfrac{(A_p - A_r)v_p - Q_p}{V_r} \\ \dot{P}_c = \beta \dfrac{-v_pA_p + Q_p}{V_c + \dfrac{\beta V_g}{nP_g}} \\ \dot{Q}_a = \dfrac{A_g}{\rho L}(P_r - P_c - \Delta p_a)\end{cases} \tag{5.15}$$

旁路的流量计算需要另做处理。旁路流量 Q_b 由式(4.75)给出,沿旁路的压降可由式(4.75)计算得到($\Delta p_b = P_r - P_c$)(见 4.3.2 节)。

活塞杆运动过程中产生的摩擦力包括活塞杆密封摩擦力 F_{fr}、活塞摩擦力 F_{fp}(缸筒与活塞接触表面)和浮动活塞摩擦力 F_{fg}。考虑摩擦力时的阻尼力可表示为

$$F_d = P_r(A_p - A_r) - P_cA_p + F_{fr} + F_{fp} + F_{fg} \tag{5.16}$$

活塞总成的惯性力为

$$F_d = m_r\dot{v}_r + P_r(A_p - A_r) - P_cA_p + F_{fr} + F_{fp} + F_{fg} \tag{5.17}$$

使用附录 A 中的通用滑动摩擦模型计算式(5.17)中的摩擦力 F_{fr}、F_{fp} 及 F_{fg}。假设活塞受对称力,且静摩擦力和动摩擦力均相等。对磁流变效应引起的压力损失的分析与处理已经在第 4 章做了详细解释。

除去高压气室并使活塞两侧腔室对称,则单筒阻尼器模型可简化为如图 5.2 所示的模型。

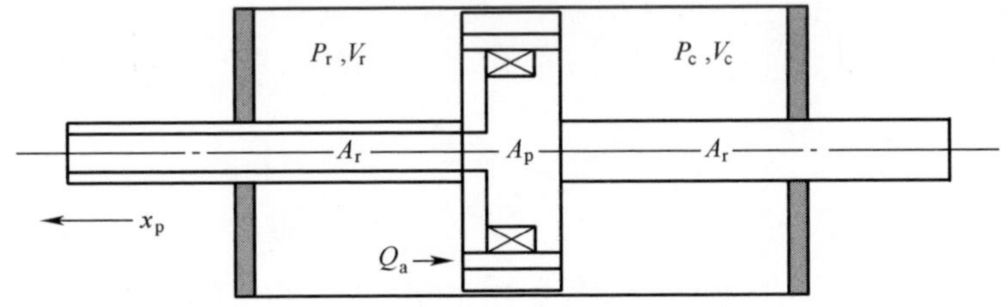

图 5.2 单筒双出杆磁流变阻尼器结构示意图

使用连续性方程可推导出两腔室中的压强为

$$\begin{cases}\dot{P}_r = \beta(P_r) \dfrac{(A_p - A_r)v_p - Q_p}{V_{r,0} - (A_p - A_r)x_p} \\ \dot{P}_c = \beta(P_c) \dfrac{-(A_p - A_r)v_p + Q_p}{V_{c,0} + (A_p - A_r)x_p}\end{cases} \tag{5.18}$$

流体等效质量的运动方程由式(5.11)给出,等效体积弹性模量由式(5.6)给出。结合式(5.18)和式(5.11)可得到一个描述双杆阻尼器时变特性的三阶模型。

最后,计算阻尼力时应考虑作用在活塞上的其他力,包括活塞杆上的外力及活塞-缸筒接触面的总摩擦力 F_f。此时,阻尼力为

$$F_d = (A_p - A_r)(P_r - P_c) + F_f \tag{5.19}$$

5.1.2 双筒磁流变阻尼器

如图5.3所示为双筒阻尼器的液压回路,5.1.1节已具体说明磁流变阀环形间隙中等效集中质量的惯性对阻尼力的影响,由此得到力平衡方程为

$$\dot{Q}_{v1} = \frac{A_g}{\rho L_g}(P_r - P_g - \Delta P_a - \Delta P_H) \tag{5.20}$$

式中:ΔP_a 为环形间隙压差;ΔP_H 为流体通过缸筒中所有孔产生的孔隙压差。对活塞下方压力流体的连续性表达式求导,得

$$\dot{P}_r = \beta(P_r)\frac{(A_p - A_r)v_p - (Q_{v1} + Q_{v2})}{V_{r0} - (A_p - A_r)x_p} \tag{5.21}$$

$$\dot{P}_c = \beta(P_c)\frac{-A_p v_p + (Q_{v2} + Q_{v3})}{V_{c0} + A_p x_p} \tag{5.22}$$

其中,$\beta(P)$ 是指流体压缩性和缸筒柔度引起的综合体积弹性模量。5.1.1节中已推导出缸筒壁在压力作用下的膨胀及流体体积弹性模量(可压缩性)对阻尼器性能的影响。

假设活塞运动过程中不传热,则高压气室(储油腔)中的气体压强可表示为

$$P_g = P_{g0}\left(\frac{V_{g0}}{V_{g0} - \int(Q_{v1} - Q_{v3})\,dt}\right)^n \tag{5.23}$$

此外,可通过在仿真过程中对压强 P_r 和 P_c 施加约束(下限),使得 $P_r \geqslant P_v$ 且 $P_c \geqslant P_v$,从而模拟阻尼器中出现的气穴现象。

流体在通过缸筒中的孔时所引起的孔隙压差为

$$\Delta P_H = 2\rho\frac{Q_a^2}{2(C_H A_H)^2}\text{sign}(Q_v, 1) \tag{5.24}$$

式中:C_H 为孔的流量系数;A_H 为孔的横截面积。活塞内的止回阀仅允许单向流动,则活塞阀体积流量 Q_{v2} 的表达式为

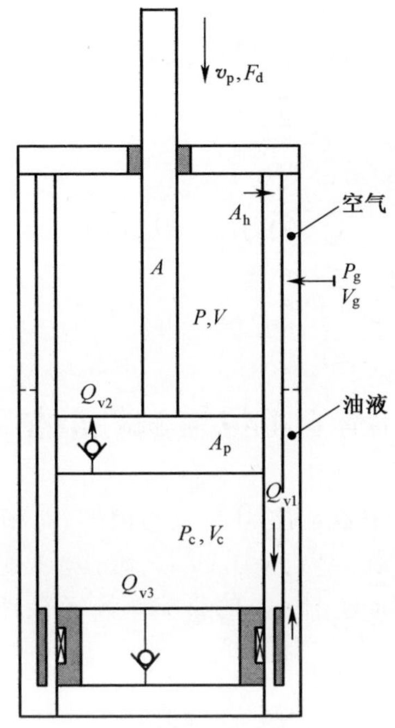

图 5.3 双筒阻尼器的液压回路

$$Q_{v2} = \begin{cases} C_2 A_2 \sqrt{2 \dfrac{|P_r - P_c|}{\rho}}, & P_r - P_c < 0 \\ 0, & P_r - P_c \geqslant 0 \end{cases} \tag{5.25}$$

同理,通过止回阀 3 的底阀体积流量 Q_{v3} 为

$$Q_{v3} = \begin{cases} C_3 A_3 \sqrt{2 \dfrac{|P_c - P_g|}{\rho}}, & P_c - P_g < 0 \\ 0, & P_c - P_g \geqslant 0 \end{cases} \tag{5.26}$$

忽略止回阀的惯性,并假设两个止回阀瞬时开启(无延迟)。计算阻尼力时应考虑作用在活塞上的力和总摩擦力 F_f,阻尼力变为

$$F_d = (A_p - A_r) P_r - A_p P_c + F_f \tag{5.27}$$

综上所述,将式(5.21)~式(5.27)综合成一个方程组,可用于双筒结构磁流变阻尼器输出阻尼力的仿真分析。

当考虑设备的不对称性时,假设在稳态条件下流体不可压缩,则上腔的流体连续性方程可改写为

$$(A_p - A_r) v_p - Q_{v1} - Q_{v2} = 0 \tag{5.28}$$

复原行程中通过活塞的活塞阀体积流量 $Q_{v2}=0$。因此，磁流变阀体积流量简化为 $Q_{v1}=(A_p-A_r)v_p$。同理，通过底阀（复原阀）的流体体积流量可通过下式求得：

$$-A_p v_p+Q_{v3}=0 \tag{5.29}$$

压缩行程中，上下各腔室的流量平衡方程为

$$\begin{cases}-(A_p-A_r)v_p-Q_{v1}+Q_{v2}=0\\A_p v_p-Q_{v2}=0\end{cases} \tag{5.30}$$

针对激振循环中的压缩行程，上述方程意味着：$Q_{v1}=A_r v_p, Q_{v2}=A_p v_p, Q_{v3}=0$。

5.2 磁流变阻尼器的性能仿真分析

上一节介绍了描述阻尼器输出阻尼力的模型，本节重点对阻尼器性能进行仿真分析，并在特定的阻尼器结构中分析力、位移、速度和屈服应力的变化对阻尼器内部状态空间变量（压力、流量）的影响。读者在理解阻尼器在不同输入条件下的输出特性时，可将本节作为依据。

5.2.1 单筒磁流变阻尼器的性能仿真

本节采用 5.1.1 节中介绍的集中参数模型对单筒阻尼器结构的屈服应力进行仿真。为突出位移对该模型状态空间变量（压力、流量）的影响，在指定的输入速度围内分别给阻尼器施加大行程位移激励和小行程位移激励。

5.2.2 单筒磁流变阻尼器的几何参数和材料特性

如图 4.14、图 4.19（见第 4 章）和图 5.1 所示为活塞的几何形状，表 5.1 为阻尼器的几何参数。本节使用图 5.4 所示的 Simulink 模型对单筒阻尼器进行数值仿真，仿真中涉及的变量值在 4.3.1 节和表 5.1 中给出。

表 5.1 单筒阻尼器几何参数

符号	结构参数名称	数　值
L_{r0}	初始复原腔长度/mm	107
L_{c0}	初始压缩腔长度/mm	89.5
L_{g0}	初始气室长度/mm	39.5
A_p-A_r	活塞有效横截面积/mm^2	1508
A_p	缸筒横截面积/mm^2	1662
t_w	缸壁厚度/mm	1.8
P_{g0}	初始气室压强/MPa	2.4
n	绝热系数（-）	1.4

(续)

符号	结构参数名称	数　值
m_r	活塞总成质量/g	1500
m_t	缸筒质量/g	1200
m_g	浮动活塞质量/g	20
F_f	总摩擦力/N	70
β_f	流体体积弹性模量/MPa	1500
E_s	弹性模量/MPa	2.1×10^5
T_a	阻尼器温度/℃	30

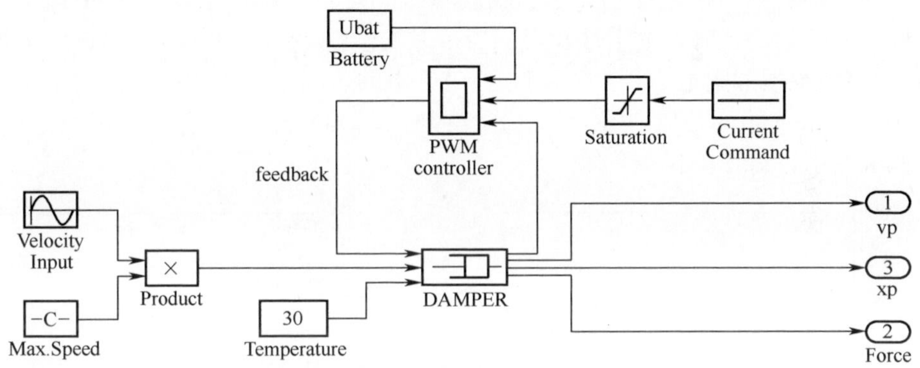

图 5.4　单筒阻尼器 Simulink 仿真模型

5.2.3　单筒磁流变阻尼器的仿真结果分析

本节基于式(5.14)及式(5.16)(或式(5.17))给出的数学模型对阻尼器性能进行仿真分析,仿真结果如图 5.5~图 5.11 所示。计算过程使用 Simulink 仿真软件中的 rk4 ODE 求解器对模型进行求解,固定步长且时间步长为 0.125μs。对阻尼器的动态性能进行仿真时,给缸筒施加正弦位移输入 $x_t(t) = X_t\sin\omega t$,使缸筒按给定位移波形运动。活塞杆与缸筒底部之间的相对位移为 $x_p = 0 - x_t(t) = -x_t(t)$ 。所获得的数据分别以阻尼力-速度曲线和阻尼力-位移曲线及压力-流量图与位移-速度图的形式呈现。具体地,图 5.5 表示屈服应力分别为 0.5kPa 和 25kPa 时,输出阻尼力随激励速度(和激励位移)的变化趋势,图中,输出阻尼力最大时的速度输入为 1024mm/s(正负两峰值间的位移幅值为 30mm);图 5.6 表示位移输入的幅值分别为 5mm 和 30mm 时的阻尼力-位移曲线和阻尼力-速度曲线;图 5.7 和图 5.8 分别表示状态变量 P_r 、P_c 和 P_g 随位移和速度的变化;图 5.9 表示活塞中的孔径对阻尼力的影响;图 5.10 表示气室压强 P_g 及阻尼器复原腔内气穴现象对阻尼力的影响;图 5.11 表示活塞结构对阻尼器性能的影响。图 5.6~图 5.11 中所有的数据都是在活塞的速度峰值为 382mm/s 时得到的。

如图 5.5 所示，屈服应力发生变化时，输出阻尼力与磁场之间的力磁耦合也会随之发生变化。此外，也可以观察到输出阻尼力与速度之间的滞后现象，该现象是由阻尼器腔室的柔性及流体集中质量的惯性引起的。在激振频率较高时，可以观察到位于第二象限的阻尼力-位移曲线为椭圆形，同理，这种现象也是由于流体等效质量与从动缸筒的惯性引起的。活塞在反向运动的起始点处出现波动，这种现象是由于等效质量在柔性油腔上的波动引起的。在活塞运动过程中，向上运动(复原行程)的振动频率和幅度与向下运动(压缩行程)时不同；阻尼器上腔的柔性与混合气体的柔性及阻尼器下腔的柔性不同。如图 5.7 和图 5.8 所示，单筒阻尼器的阻尼力是由复原腔(上腔)中的压强变化来控制的。在求解过程中，Simulink 中的数值 ODE(常微分方程)求解器对结果会有一定影响，这将在第 8 章中进行详细讨论。

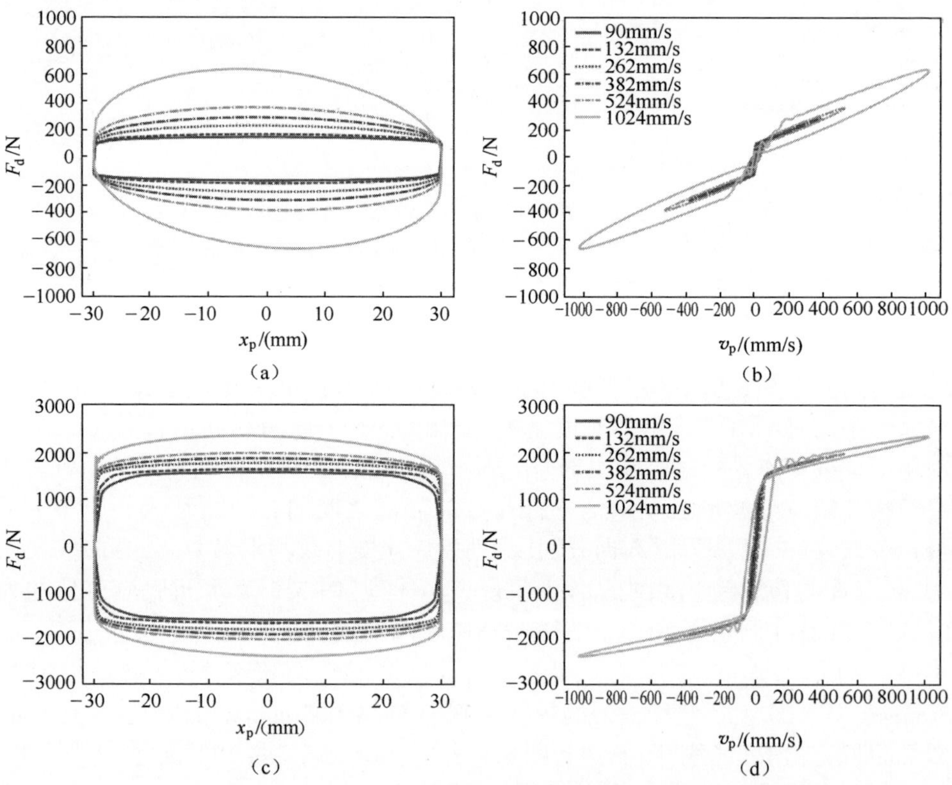

图 5.5 仿真结果：阻尼力-位移曲线；阻尼力-速度曲线($X_p = 30$mm)

(a) τ_0 = 0.5kPa; (b) τ_0 = 0.5kPa; (c) τ_0 = 25kPa; (d) τ_0 = 25kPa。

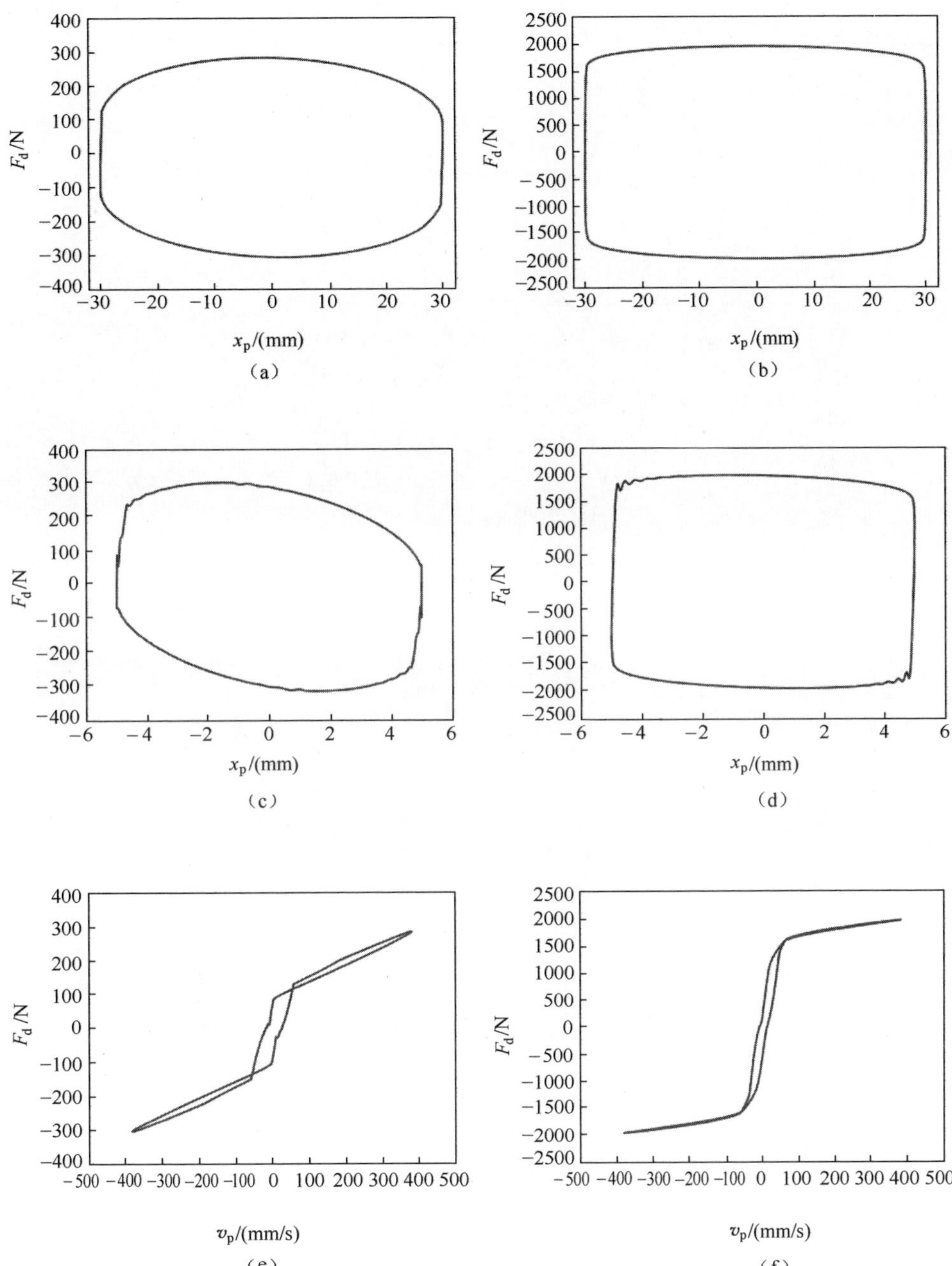

(a)
(b)
(c)
(d)
(e)
(f)

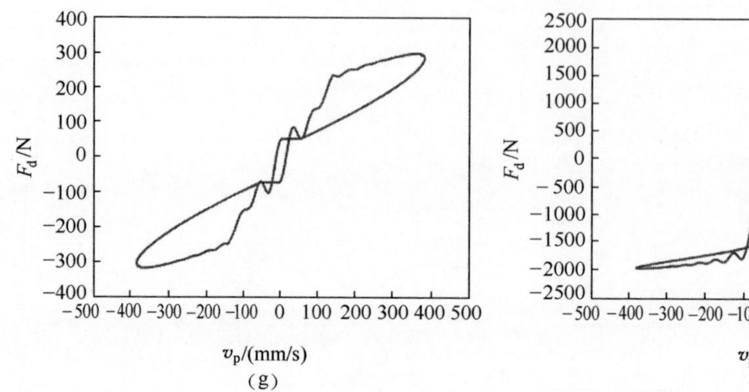

图 5.6　阻尼力-位移曲线;阻尼力-速度曲线($V_p = 382$mm/s)

(a) τ_0 = 0.5kPa, X_p = 30mm; (b) τ_0 = 25kPa, X_p = 30mm;

(c) τ_0 = 0.5kPa, X_p = 5mm; (d) τ_0 = 25kPa, X_p = 5mm;

(e) τ_0 = 0.5kPa, X_p = 30mm; (f) τ_0 = 25kPa, X_p = 30mm;

(g) τ_0 = 0.5kPa, X_p = 5mm; (h) τ_0 = 25kPa, X_p = 5mm。

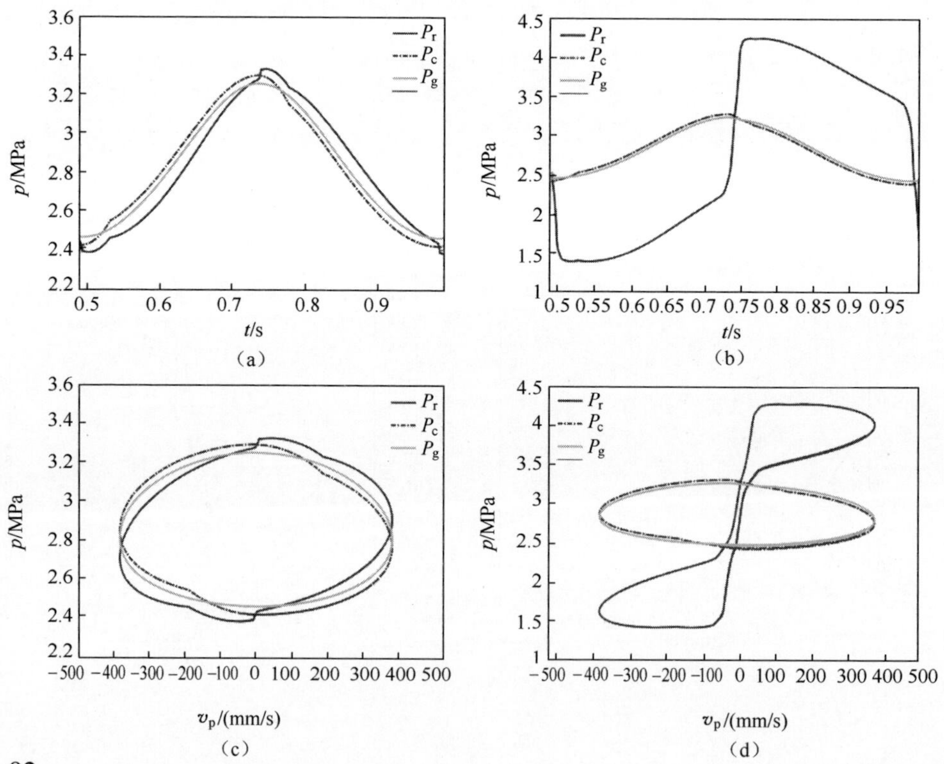

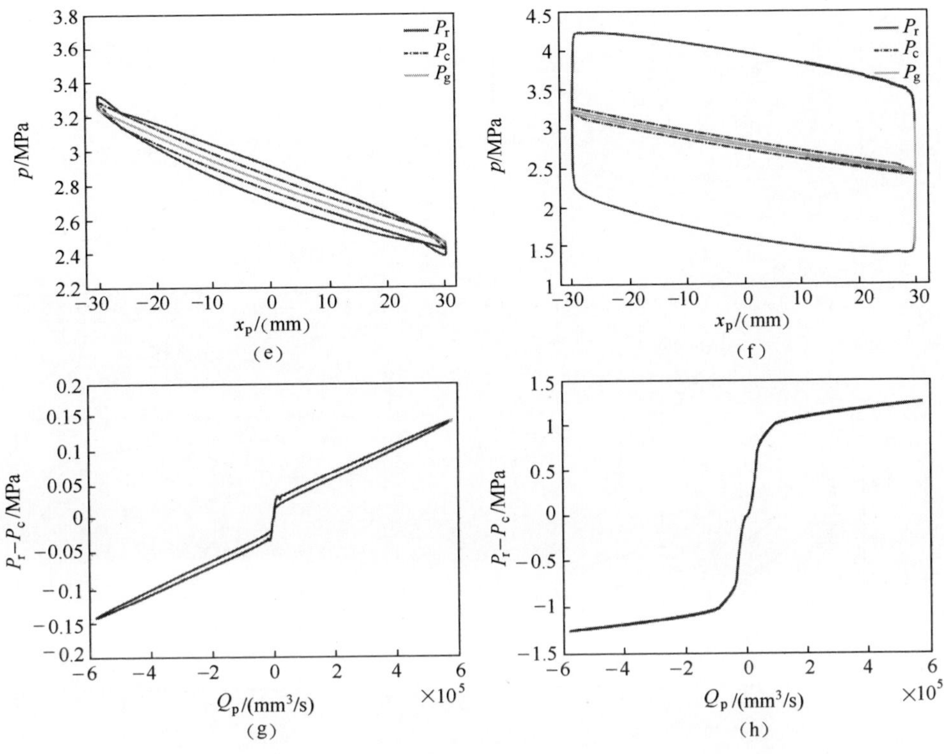

图 5.7　变量 P_r、P_c、P_g 的变化情况($X_p=30$mm,$V_p=382$mm/s)

(a) τ_0 = 0.5kPa; (b) τ_0 = 25kPa; (c) τ_0 = 0.5kPa; (d) τ_0 = 25kPa;

(e) τ_0 = 0.5kPa; (f) τ_0 = 25kPa; (g) τ_0 = 0.5kPa; (h) τ_0 = 25kPa。

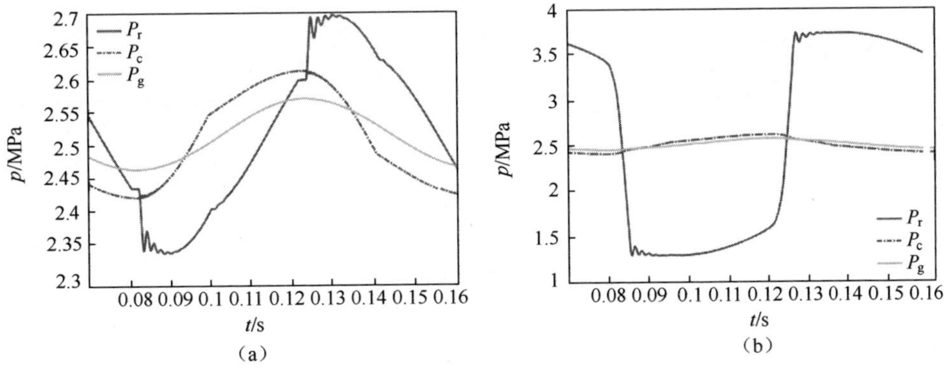

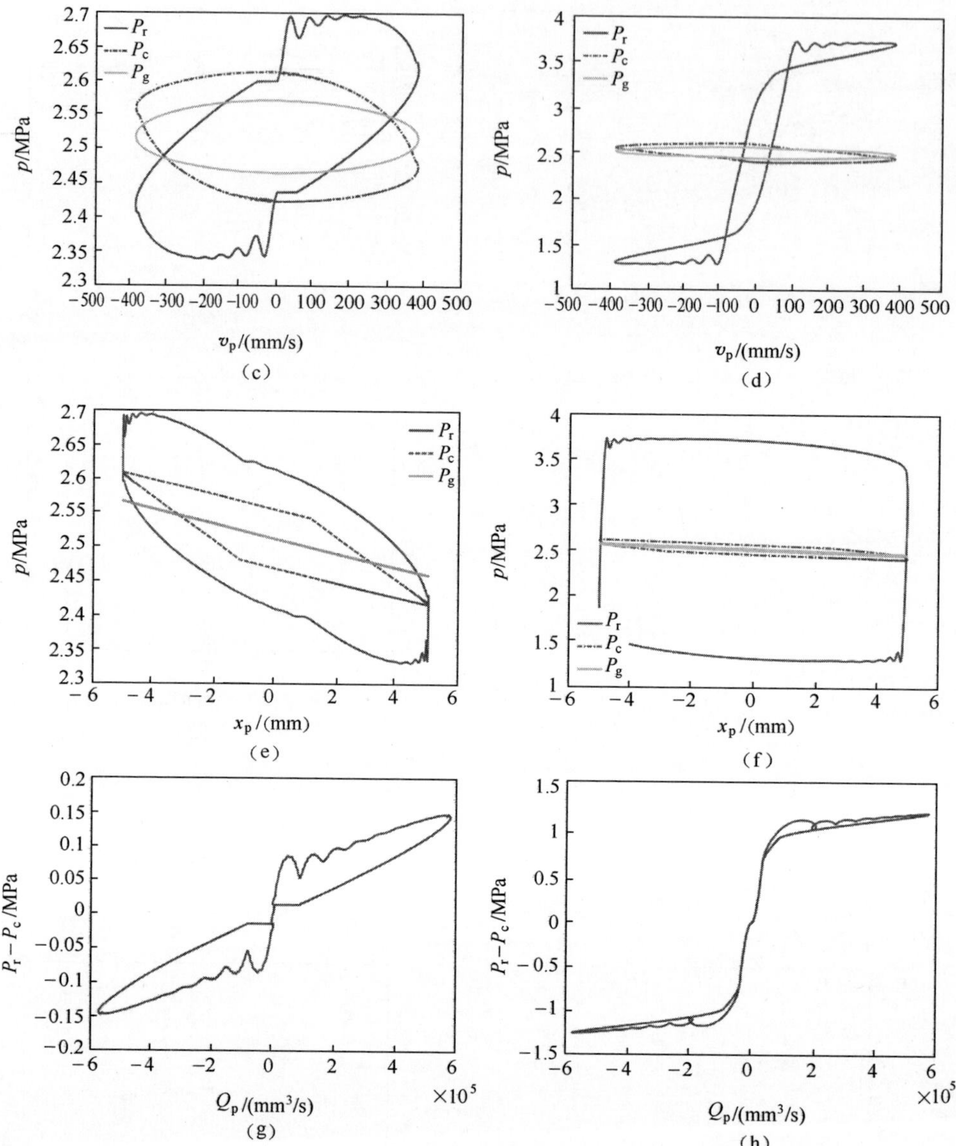

图 5.8 变量 P_r、P_c、P_g 的变化情况($X_p = 5\text{mm}, V_p = 382\text{mm/s}$)

(a) τ_0 = 0.5kPa; (b) τ_0 = 25kPa; (c) τ_0 = 0.5kPa;

(d) τ_0 = 25kPa; (e) τ_0 = 0.5kPa; (f) τ_0 = 25kPa;

(g) τ_0 = 0.5kPa; (h) τ_0 = 25kPa。

在给定的输入位移(和速度)区间内,压缩腔压强和气室压强是活塞位置的函数。在活塞运动的复原行程中,压缩腔压强低于气室压强,压缩腔压强与气室压强之间的差值随输入位移和输入频率而变化。在低频、位移输入较大时,可忽略浮动活塞的惯性。此时,压差主要由浮动活塞与缸筒接触面的摩擦力决定。压差 $P_g - P_c$ 随激振频率的增加(和位移振幅减小)而增大,这对阻尼力 F_d 也有一定的影响。

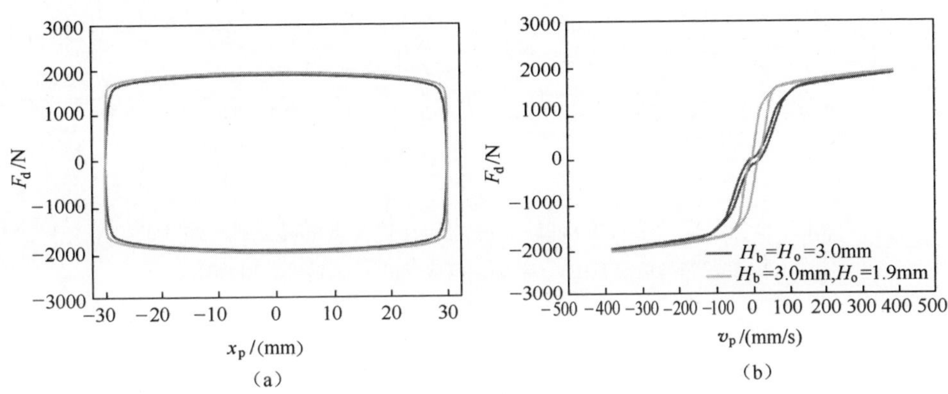

图 5.9 孔径对输出阻尼力的影响($V_p = 382$mm/s,$\tau_0 = 25$kPa)

(a) $F_d - x_p$;(b) $F_d - v_p$。

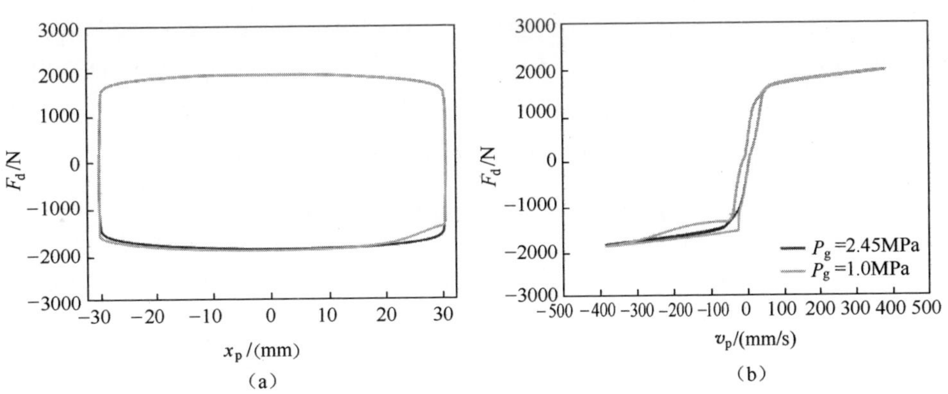

图 5.10 低充气量对输出阻尼力的影响($V_p = 382$mm/s,$\tau_0 = 25$kPa)

(a) $F_d - x_p$;(b) $F_d - v_p$。

气体压强为 1MPa 时会产生气穴现象，如图 5.10 所示为复原腔内的气穴现象。

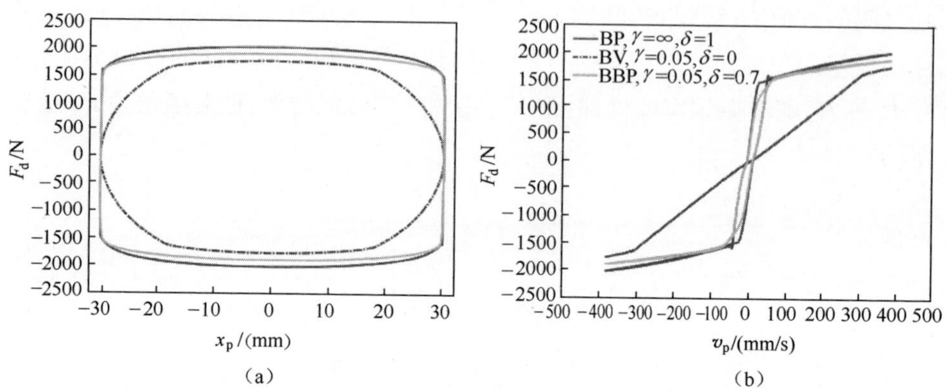

图 5.11 活塞模型对输出阻尼力的影响($V_p = 382\text{mm/s}, \tau_0 = 25\text{kPa}$)

BP—宾汉姆弹性模型；BV—双黏性模型；BPP—宾汉姆双弹性模型。

(a) $F_d - x_p$；(b) $F_d - v_p$。

最后，含有磁通旁路的模型(图 5.11)不仅可以模拟活塞速度较低时的阻尼力输出，而且能为特殊用途的阻尼器提供合适的模型。

5.2.4 双筒磁流变阻尼器的性能仿真

本节对双筒阻尼器的性能进行仿真分析，仿真结果用以验证 5.1.2 节中的阻尼器特性。双筒阻尼器在运行中会产生非对称阻尼力，其主要影响因素为活塞杆的面积和激振频率对因此。因此，本节重点介绍活塞杆面积变化对输出阻尼力的影响以及激振频率对阻尼器性能的影响。由于阻尼器有许多关键参数需要在不同的输入情况下进行仿真分析，在此对这些仿真的过程与结果进行介绍。

5.2.5 双筒磁流变阻尼器的几何参数和材料特性

本节对内置磁流变阀的双筒阻尼器进行了仿真，阻尼器结构如图 3.4(a)所示。给活塞杆施加正弦振动激励，并采用表 5.2 中的阻尼器数据进行数值计算。设置阻尼器的内部气体压强为定值，通过估算可得到阻尼器的摩擦力。

表 5.2 双筒阻尼器几何参数

符号	结构参数名称	数　值
L_{r0}	初始复原腔长度/mm	150
L_{c0}	初始压缩腔长度/mm	150

（续）

符号	结构参数名称	数　值
$A_{eff}=A_p-A_r$	活塞有效横截面积/mm^2	683.48
A_p	缸筒横截面积/mm^2	804.24
V_{r0}	初始复原腔体积/mm^3	1.206×10^5
V_{c0}	初始压缩腔体积/mm^3	1.025×10^5
V_{g0}	初始气室体积/mm^3	0.861×10^5
A_2	止回阀流通面积/mm^2	220
A_3	止回阀流通面积/mm^2	220
C_2	流量系数（-）	0.7
C_3	流量系数（-）	0.7
A_H	孔的横截面积/mm^2	301
C_H	孔的流量系数（-）	0.7
t_W	缸壁厚度/mm	1.8
L_a	有效工作长度/mm	25.8
L	环形间隙长度/mm	37
h	环形间隙高度/mm	0.89
w	环形间隙平均宽度/mm	88.60
P_{g0}	初始气室压强/MPa	0.8
n	绝热系数（-）	1.4
κ	相对气体含量（-）	0.001
F_f	总摩擦力/N	70
C	流量系数（-）	0.1
β_f	流体体积弹性模量/MPa	1500
ρ	流体密度/(g/cc)	2.68
μ	流体黏度/cP	62.5
E_s	弹性模量（钢）/MPa	2.1×10^5
ν	泊松系数（-）	0.29
T_a	阻尼器温度/℃	30

本研究所使用的模型中的活塞几何形状、线圈参数、屈服应力比及黏度比随电流的变化等参数均与 Goldasz 和 Sapinski（2012）建立的多级活塞模型相同，读者可参阅这篇文章进一步了解模型的参数识别方法及磁流变活塞的其他相关信息。

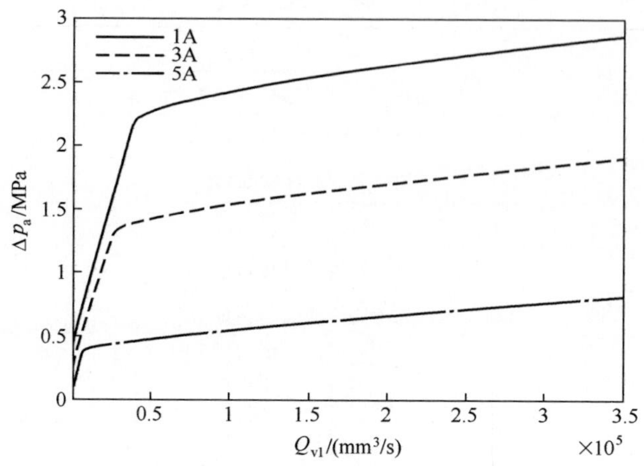

图 5.12 双筒阻尼器:控制阀的压力-流量特性(Δp_a-Q_{v1})

在这种活塞结构中,线圈电流最大时的功耗约为 32W 。线圈电流 I_c 从 1A 增加到 3A 时,磁流变液的黏度比 γ 从 0.0175 变化到 0.0167;当电流达到最大值 5A 时,黏度比 γ 为 0.0149。相应地,屈服应力比从 0.179(I_c=1A)增加到 0.363(I_c=3A),最终增加到 0.492(I_c=5A)。将磁流变活塞的几何尺寸和材料特性输入到如图 5.13 所示的 Simulink 模型中进行数值模拟,得到稳态压力-流量特性关系,如图 5.2 所示。Δp_a - Q_{v1} 关系可在一定程度上体现磁流变活塞的性能。

5.2.6 双筒磁流变阻尼器的仿真结果分析

基于表 5.2 中的数据,采用式(5.21)~式(5.27)给出的模型进行仿真分析,得到的结果如图 5.14~图 5.17 所示。使用 Simulink 仿真软件中的固定步长 Runge-Kutta ODE 求解器进行求解,步长为 1μs。为分析该模型的主要特性,在仿真过程中给活塞杆施加正弦位移输入 $x_p(t)=X_p\sin\omega t$,分别得到阻尼力-速度曲线、阻尼力-位移曲线、压力-流速曲线和压力-位移曲线。仿真分析中准确地计算并检验了速度、线圈电流和活塞杆尺寸对输出阻尼力的影响。

活塞杆直径(横截面积)对双筒阻尼器阻尼力的影响如图 5.14 所示。由图 5.14(a)~(c)可知,活塞杆直径较小(D_r=12.4mm)时会加剧阻尼力的非对称性。速度峰值为 1024mm/s 时,阻尼力的复原压缩比(非对称比)超过了 5∶1。实验过程中,当活塞杆直径增加到 22mm 时,复原力减小,非对称性降低(压缩力提高)。由此可知,当活塞杆处于压缩状态时,活塞中的止回阀 2 打开,底阀中的止回阀 3 关闭。因此,通过磁流变阀环形间隙的体积流量与活塞杆横截面积 A_r 有关,即活塞杆直径越小,阻尼器的输出阻尼力的非对称性就越大。

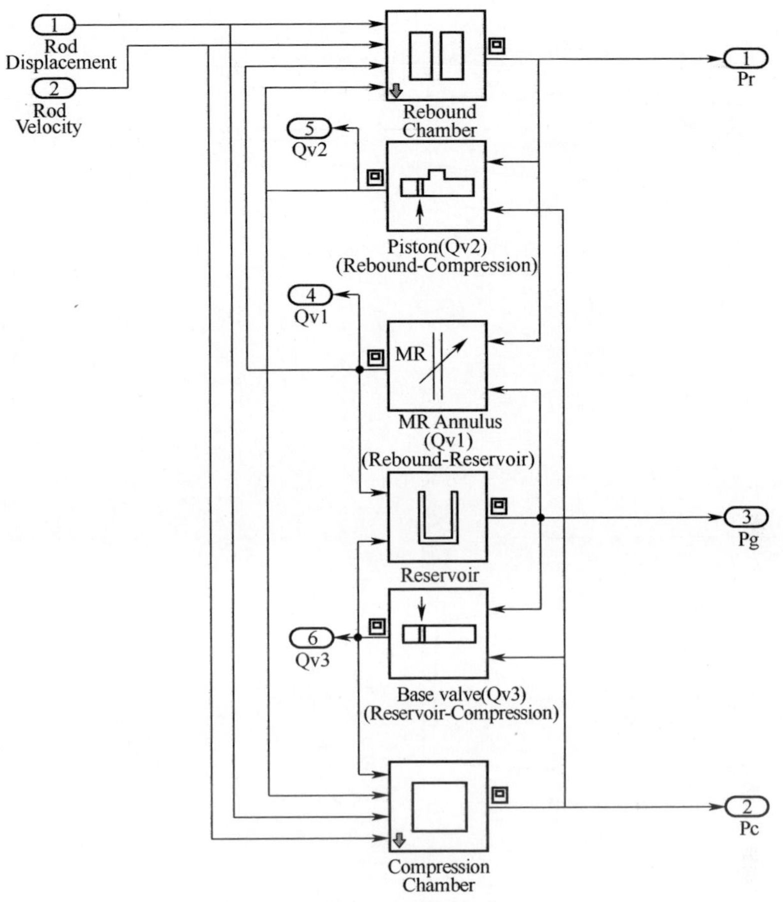

图 5.13　双筒阻尼器的仿真模型

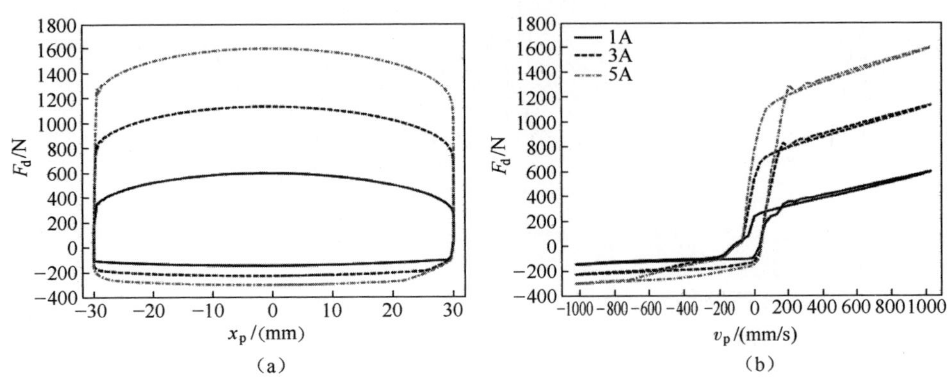

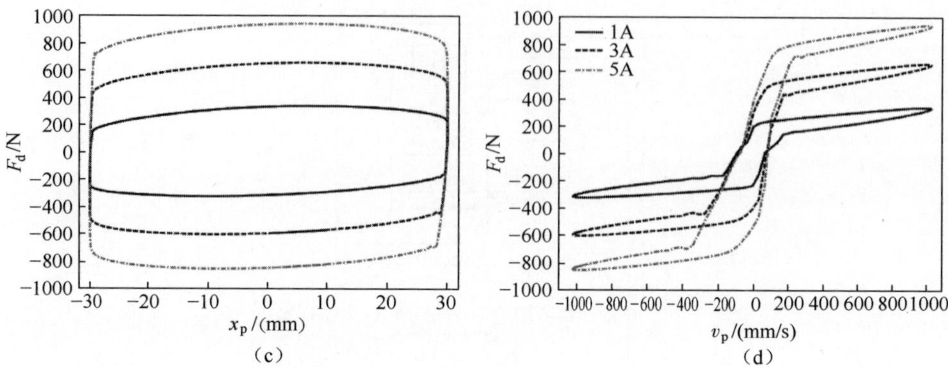

图 5.14 活塞杆直径对输出阻尼力的影响($X_p = 30$mm,$V_p = 1024$mm/s)

(a) $F_d - x_p$: D_r = 12.4mm; (b) $F_d - v_p$: D_r = 12.4mm;

(c) $F_d - x_p$: D_r = 22mm; (d) $F_d - v_p$: D_r = 22mm。

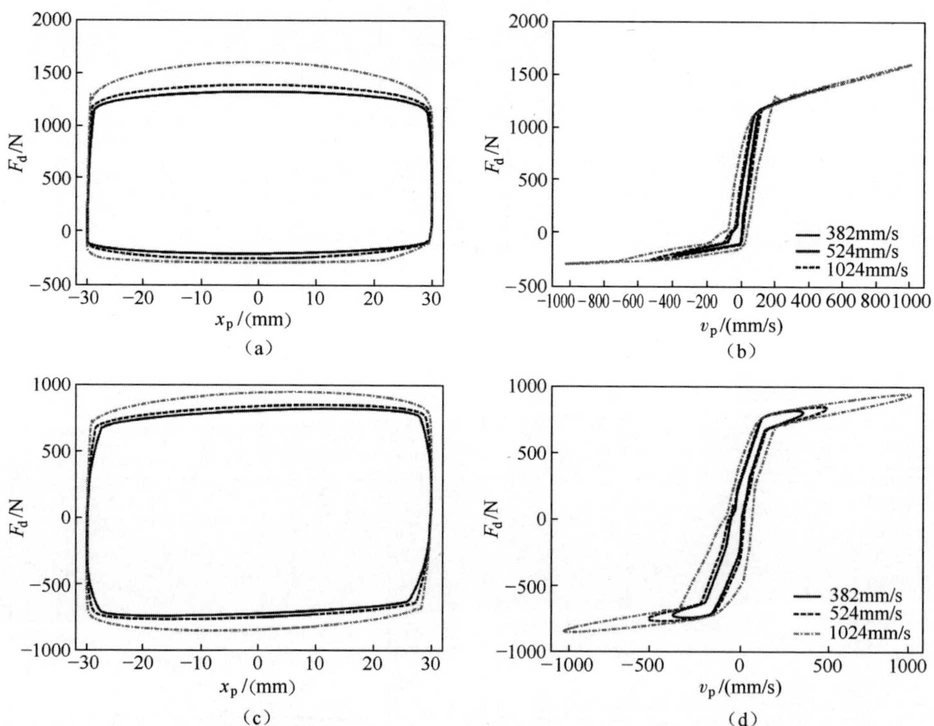

图 5.15 X_p = 30mm,I_c = I_{max} = 5A 时的阻尼力-速度/位移曲线

(a) $F_d - x_p$: D_r = 12.4mm; (b) $F_d - v_p$: D_r = 12.4mm;

(c) $F_d - x_p$: D_r = 22mm; (d) $F_d - v_p$: D_r = 22mm。

如图 5.14(b),(d)和图 5.15 所示,增加活塞杆面积会导致阻尼力和速度之间的滞后现象显著增加。复原行程中的气体压强使阻尼力的平滑过渡特性出现在阻尼力-位移曲线的第一象限,且压缩侧的滞后大于复原侧。由图可知,复原腔压强(气体)的变化与活塞杆横截面积直接相关,且气体压强的大小随活塞杆尺寸的增加而增大。

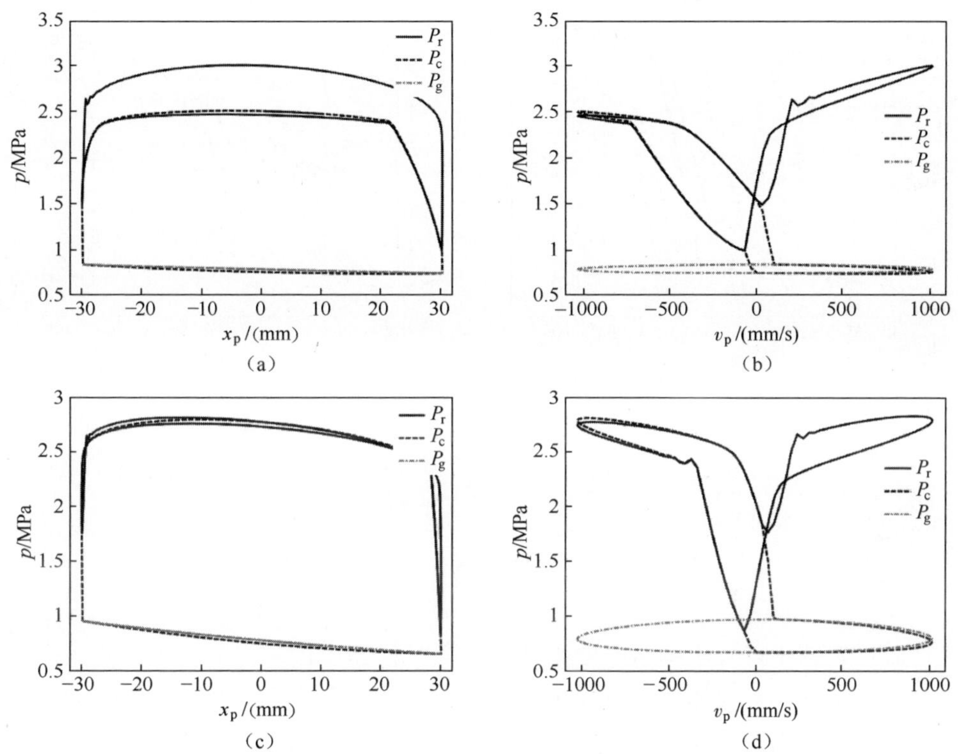

图 5.16 $X_p = 30\text{mm}, I_c = I_{max} = 5\text{A}$ 时的压力-速度/位移曲线

P_r —复原腔压强;P_c —压缩腔压强;P_g —储油腔压强。

(a) $p - x_p$: $D_r = 12.4\text{mm}$; (b) $p - v_p$: $D_r = 12.4\text{mm}$;

(c) $p - x_p$: $D_r = 22\text{mm}$; (d) $p - v_p$: $D_r = 22\text{mm}$。

阻尼器各腔室内压强随活塞位移和速度的变化如图 5.16 所示。在阻尼器的复原行程中,下腔内的压强明显低于气体压强,底阀中的止回阀 3 打开,储油腔中的流体通过止回阀流入压缩腔。同理,压缩行程中,下腔内的压强与复原腔中的压强几乎相等(但下腔内的压力更低),活塞中的止回阀打开,压缩腔中的流体通过止回阀流入复原腔。由此可知,无论阻尼器的工作状态如何,复原腔中的压力都将占主导地位。综上所述,外储油腔中的气体压强与活塞杆尺寸(横截面积)及位移大小有关。

最后,图 5.17(a),(b)为两个不同的激振频率——2Hz 和 20Hz 对阻尼力的影响。由图可知,活塞的运动速度为零时,阻尼力-速度特性的滞后效应随激振频率的增加而增大。

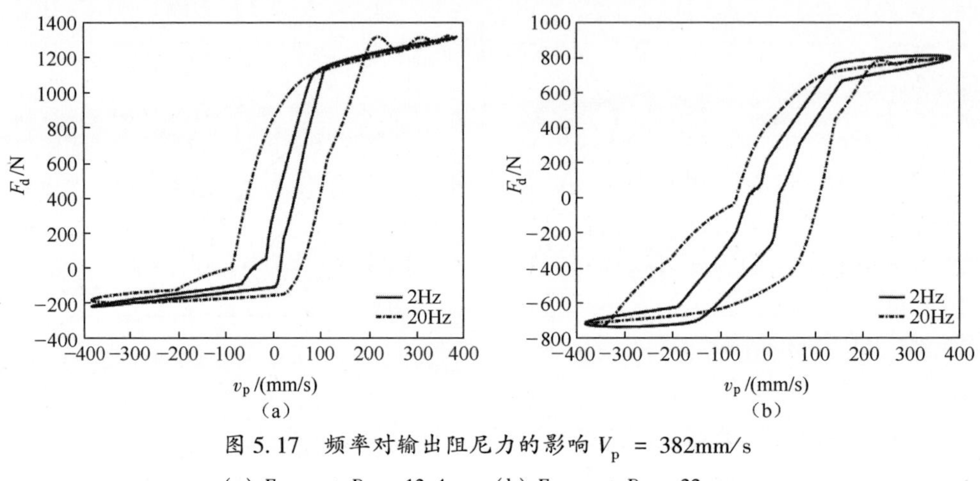

图 5.17 频率对输出阻尼力的影响 V_p = 382mm/s

(a) $F_d - v_p$: D_r = 12.4mm; (b) $F_d - v_p$: D_r = 22mm。

5.3 本章小结

本章及第 4 章提出的磁流变阻尼器的数学模型可用于磁流变阻尼器的性能仿真。本章介绍了控制阀外部发生的复杂现象,推导了描述阻尼器各腔室压力变化的表达式以及可用于预测磁流变器件中高度非线性响应的数学模型,在模型中体现了磁流变阻尼器结构对阻尼器性能的影响,并对这些模型进行数值仿真。本章主要研究单筒阻尼器、双杆阻尼器和双筒阻尼器这三种结构,其中,双杆阻尼器与单筒阻尼器结构相似,所以本章没有对双杆阻尼器模型进行详细研究。最后,对单筒阻尼器和双筒阻尼器这两种重要的阻尼器结构,本章介绍了输入变量对单筒阻尼器和双筒阻尼器内部变量的影响,即压力、流量随着输入参数的变化。

第 6 章　磁流变液流动的计算流体力学研究

6.1 引　言

基于 Bingham 模型和 Bingham 双塑性模型对磁流变液或电流变液流场的分析仅适用于几何形状简单且屈服应力分布均匀的少数理想化案例,第 4.2 节中的压力梯度闭式解法适用的模型则更少。利用现代计算流体力学(CFD)工具并结合目前最先进的多核计算硬件能在极短的时间内实现多种稳态设计,且性能优于传统的物理模型(Zheng et al.,2014)。即便如此,在合理运算时间范围内解决非稳态问题仍是一个巨大的挑战。

在几何形状较为复杂的流道中,磁流变液屈服应力的大小和位置都会发生变化。因此,应采用 CFD 工具中的系统化程序来处理这种情况,但该方法需要在 Bingham 流体流动模式的众多实际场景中进行测试与验证。磁流变液的三种工作模式(流动、剪切和挤压)中,只有以流动模式为主的器件实现了商业化,对于这种器件中较为简单的几何形状及特定的材料模型的分析和计算都已完成,尤其是 Bingham 流体的相关计算已经在前面的章节中进行了介绍。

本章采用表观黏度模型,使用 CFD 进行计算,并将计算数据转化为无量纲形式(用于数据表征),用这些数据来进行流场分析,后续的计算采用 G-S 方案。由于本章所介绍的内容仅用于说明和概述数值方法,因此未提及任何阻尼器的具体几何形状和参数。本章使用层流求解方法,基于场致材料特性对流动模式 Bingham 流体的流场进行分析。

6.2 CFD 模型的理论基础

4.2.1 节中已对 Bingham 模型和压力梯度的闭式解法进行了研究。本节介绍 CFD 中采用的表观黏度模型。

Tannehill 等人(1997)使用经典 Navier-Stokes 方程对磁流变液的特性进行了描述,将张量的定义引入其中得到不可压缩非牛顿流体的动量守恒方程:

$$\rho \frac{\partial u_i}{\partial t} + \rho u_j \frac{\partial u_i}{\partial x_j} = - \frac{\partial p}{\partial x_i} + \frac{\partial \tau_{i,j}}{\partial x_j} \tag{6.1}$$

表观黏度是流体剪应力与局部剪切速率的比值，其模型为

$$\mu_{\text{app}} = \mu + \frac{\tau_0}{\left|\frac{\partial u_i}{\partial x_j}\right|} \tag{6.2}$$

$$\tau = \mu_{\text{app}} \frac{\partial u_i}{\partial x_j} \tag{6.3}$$

将式(4.1)代入式(6.1)中得

$$\rho \frac{\partial u_i}{\partial t} + \rho u_j \frac{\partial u_i}{\partial x_j} = - \frac{\partial p}{\partial x_i} + \frac{\partial}{\partial x_j}\left\{\mu + \frac{\tau_0}{\left|\frac{\partial u_i}{\partial x_j}\right|}\right\} \tag{6.4}$$

式中：ρ、τ、u_i、p 分别为流体密度、剪应力、速度及压强；x_i 为自变量（$i=1,2,3$）。上述方程描述了 Bingham 流体的性能。式(6.2)和式(6.3)定义的表观黏度模型是处理 Bingham 流体，特别是处理电流变液和磁流变液时常用的方法(Bullough et al.,2008;Chen et al.,2007)。固体力学中使用等效黏性阻尼系数来处理干摩擦(库伦)阻尼器，这与上述方法非常相似。剪切速率为零时，上述方程有奇异解；μ_{app}趋向∞时，流场无解。因此，需限制表观黏度以解决零剪切速率时的奇异解问题。相关资料表明，通常选择最大表观黏度为流体测量基准黏度的1000倍，基于这种做法建立了双黏性模型。大多数CFD软件（Ansys FLUENT 和 Open FOAM）通常将表观黏度模型按式(6.2)的形式编入用户自定义函数(UDF)中(Bullough et al.,2008)。

6.3 基于CFD模型的流场仿真

本节介绍了使用表观黏度模型进行的数值仿真，并概述了测试的结构、材料性能及仿真结果。

6.3.1 测试结构与材料性能

为验证表观黏度模型(式(6.2))的性能，对 Bingham 流体的二维(2D)流道进行了一系列测试。表6.1中列出的测试条件包括边界条件及电流变/磁流变材料的性能。针对不同条件下的入口速度、屈服应力大小、通道路径分布以及网格密度(研究数值误差对所得解的影响)设计了这组数值实验。流场条件对应

的最大雷诺数为1800,此时流体处于层流状态,因此,使用层流求解器进行求解计算,并将屈服应力的变化转换为 Hedstrom 数 H_e(范围为120~12000)。如图6.1所示,由于通道路径的几何形状关于中间平面轴对称,故CFD模型只需设置适当的(对称)边界条件。在这组实验中,相关实验条件能使流动性良好的牛顿流体转变为类固态的非牛顿流体(类固态的磁流变液充满整个宽度 h 的通道间隙)。

表6.1 测试条件和流体属性

符号	参数	数值
h	环形间隙高度/mm	1
$L = L_1 + L_2$	通道长度/mm	100
L_2	通道长度/mm	40
L_3	通道长度/mm	$L_2/3$
μ	流体黏度/cP	50
ρ	流体密度/(g/cm^3)	3.0
τ_0	屈服应力/kPa	0.1,1,10
v_{in}	入口速度/(mm/s)	{1,10,30}×1000

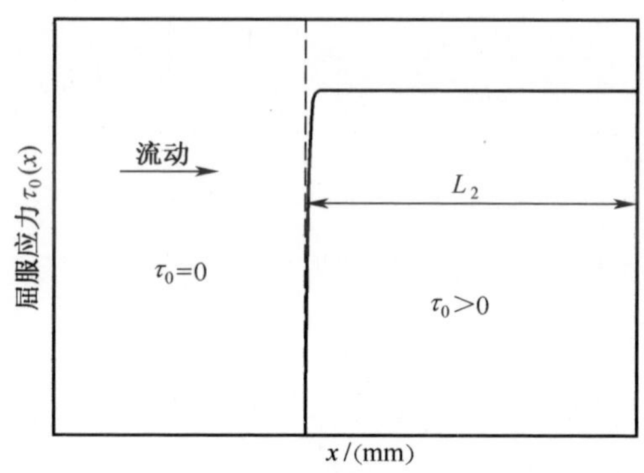

图6.1 CFD实验:流动路径的二维几何模型

对于图6.1所示的通道路径,应考虑以下四种不同的情况:

情况1:长度为 L 的通道上的屈服应力不为零。

情况2:如图6.2所示,在长度为 L_2 的通道上,屈服应力发生一次突变。该曲线是电流变液流动状态的一个示例。

情况3:如图6.3所示,在长度为 L_2 的通道上,屈服应力发生两次突变。该曲线是磁流变液在磁流变活塞中的流动状态的一个示例,其中流体的流动由阀芯上的两个磁极驱动。

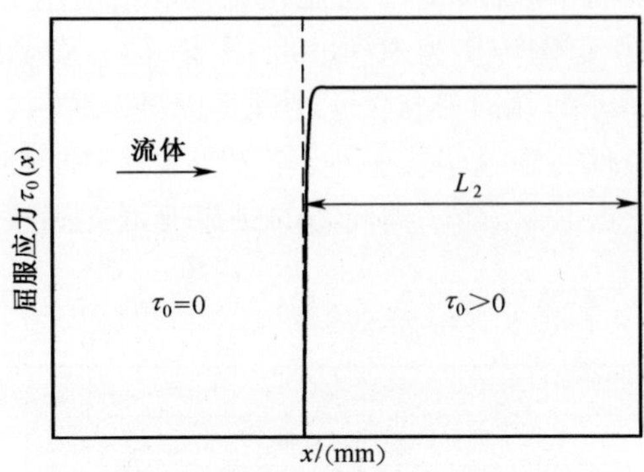

图 6.2　屈服应力图:情况 2

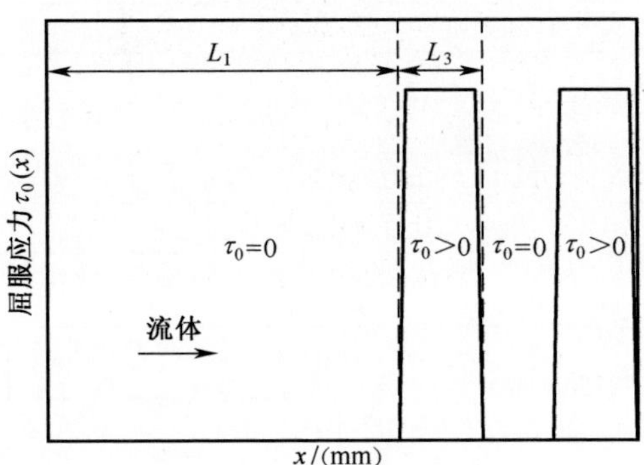

图 6.3　屈服应力图:情况 3

情况 4 :如图 6.4 所示,流体经过屈服应力分布不均的 3D 通道,即流道中具有旁路特征。

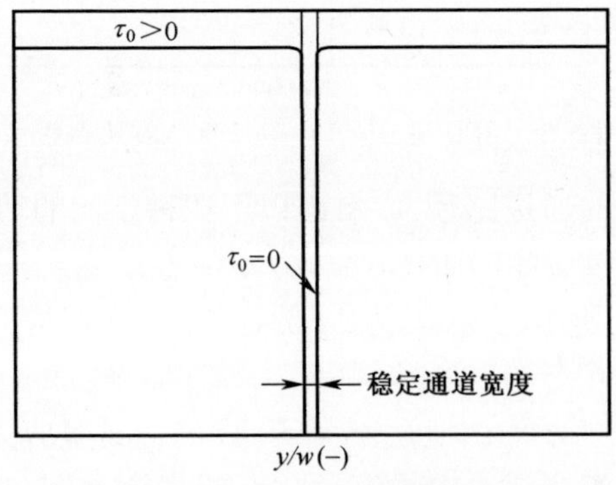

图 6.4　屈服应力图:情况 4;流动方向垂直纸面

数值实验中,使以下网格尺寸对上述四种情况的模型区域进行离散处理:50×10、50×20、100×20、100×40 及 800×40。其中,第一个数字代表沿水平轴方向的网格划分数量,第二个数字代表沿铅垂轴(垂直于流动方向)方向的网格划分数量。情况 4 的网格划分示意图如图 6.5 所示。

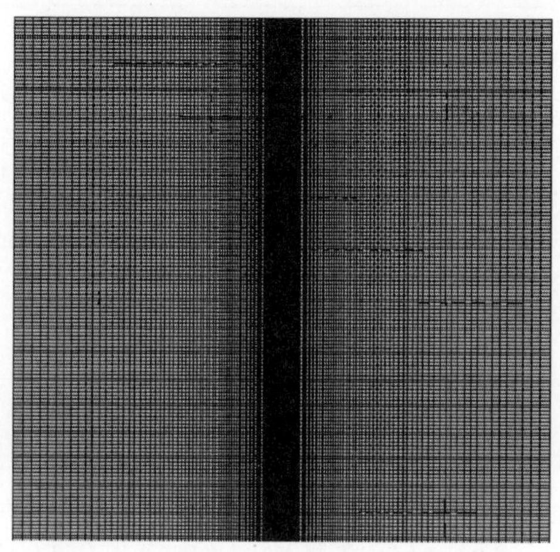

图 6.5 情况四的网格划分(俯视图)

6.3.2 流场的仿真结果分析

本节重点介绍二维流道的流场仿真结果。使用 Ansys FLUENT 软件进行仿真,得到通道间隙内流体的速度曲线、轴向压降,基于 G-S 参数对仿真结果进行整合,结果如图 6.6~图 6.17 所示。表 6.2~表 6.4 中所列为通过理论计算得到

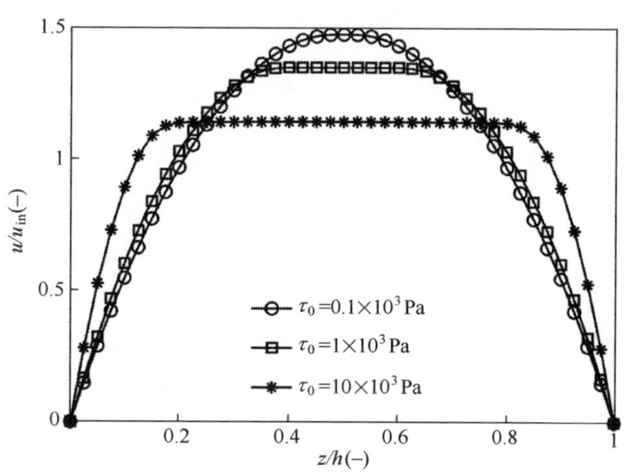

图 6.6 速度分布随屈服应力的变化:网格尺寸为 100×40;v_{in}=10000mm/s

的压降值(精确解)以及在 CFD 软件中使用不同网格尺寸(50×10、100×20、800×40)进行计算得到的压降值。

表 6.2 计算压降(精确解)与 CFD 仿真结果,网格尺寸 50×10——Δp(kPa)τ_0(kPa)

	ν = 1000mm/s		ν = 10000mm/s		ν = 30000mm/s	
	CFD	理论值	CFD	理论值	CFD	理论值
τ_0 = 0.1	35.16	35.80	243.23	252.00	737.32	732.00
τ_0 = 1.0	125.88	128.50	351.73	358.00	835.91	839.64
τ_0 = 10	932.04	924.44	1258.76	1284.95	1831.78	1844.77

表 6.3 计算压降(精确解)与 CFD 仿真结果,网格尺寸 100×20——Δp(kPa)τ_0(kPa)

	ν = 1000mm/s		ν = 10000mm/s		ν = 30000mm/s	
	CFD	理论值	CFD	理论值	CFD	理论值
τ_0 = 0.1	35.44	35.80	248.06	252.00	754.60	732.00
τ_0 = 1.0	127.75	128.50	354.70	358.00	852.49	839.64
τ_0 = 10	912.28	924.44	1277.26	1284.95	1839.71	1844.77

表 6.4 计算压降(精确解)与 CFD 仿真结果,网格尺寸 800×40——Δp(kPa)τ_0(kPa)

	ν = 1000mm/s		ν = 10000mm/s		ν = 30000mm/s	
	CFD	理论值	CFD	理论值	CFD	理论值
τ_0 = 0.1	35.66	35.80	251.41	252.00	766.61	732.00
τ_0 = 1.0	128.67	128.50	360.81	358.00	864.28	839.64
τ_0 = 10	918.27	924.44	1290.29	1284.95	1844.78	1844.77

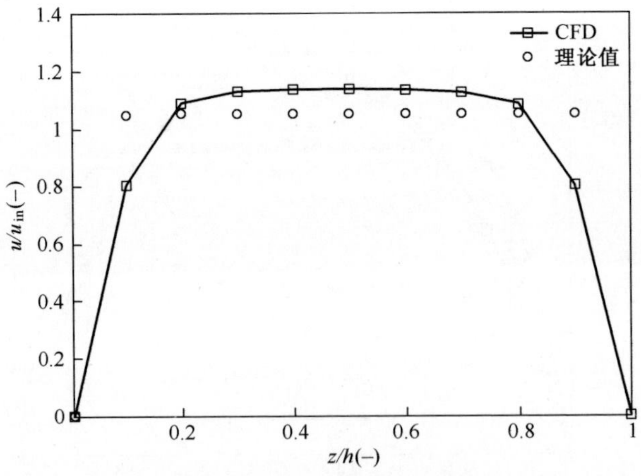

图 6.7 环形间隙中的流体速度分布:网格尺寸为 50×10;τ_0 = 10kPa, v_{in} = 1000mm/s

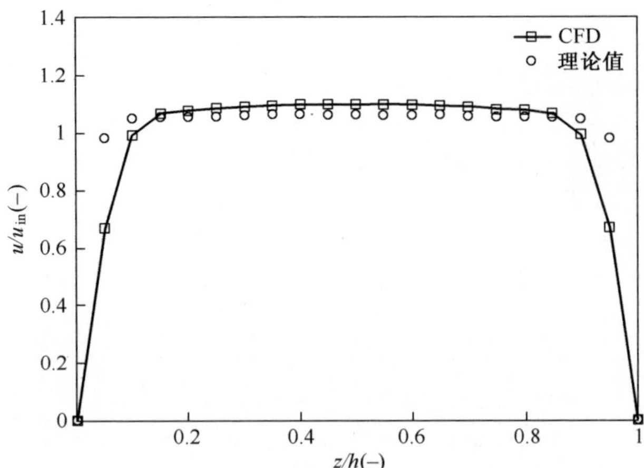

图 6.8　环形间隙中的流体速度分布:网格尺寸为 100×20;$\tau_0 = 10\text{kPa}$,$v_{in} = 1000\text{mm/s}$

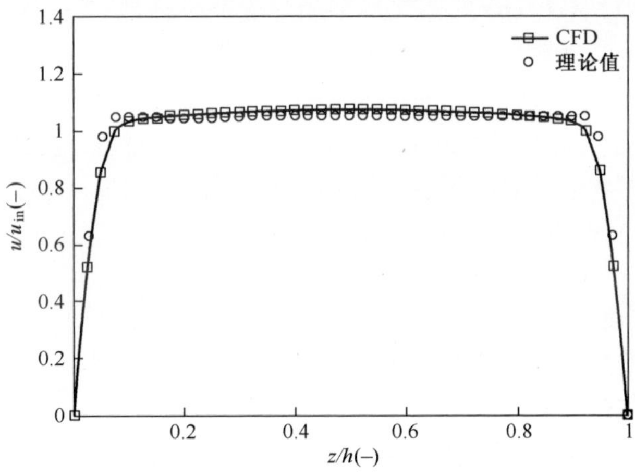

图 6.9　环形间隙中的流体速度分布:网格尺寸为 800×40;$\tau_0 = 10\text{kPa}$,$v_{in} = 1000\text{mm/s}$

基于情况 1 得到的计算结果如图 6.6~图 6.11 所示,将计算得到的速度曲线与理论值进行对比分析(图 6.7~图 6.10)。为方便分析,图示速度值是根据环形间隙高度 h 和入口速度 v_{in}(或 u_{inlet})进行适当整合处理后的结果。屈服应力对类固态磁流变液占比(及最大速度)的影响如图 6.6 所示。由图可知,屈服应力越大,类固态磁流变液的占比就越大,能达到最大流动速度的磁流变液也就越多。由图 6.7~图 6.10 和表 6.2~表 6.4 可知,通过 CFD 计算得到的结果与理论预测值能够吻合。但是,如图 6.10 所示,并不是所有的情况下磁流变液都

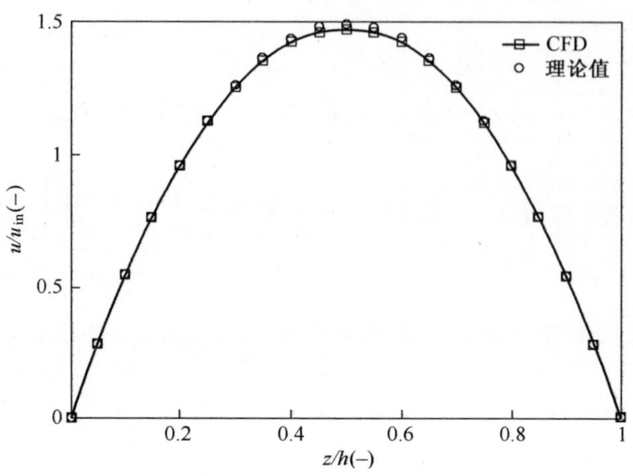

图 6.10 环形间隙中的流体速度分布：网格尺寸为 100×20；$\tau_0=0.1\text{kPa}$，$v_{in}=30000\text{mm/s}$

会在环形间隙中充分流动，且计算得到的最大速度值略低于理论值（精确解）。特别是在较高的雷诺数下，当流道中流体的屈服应力较小时，这种现象尤为明显。如图 6.7～图 6.9 所示，具有高屈服应力的磁流变液在低速流动时（或 R_e 值较小时），往往会导致类固态磁流变液占据几乎整个通道。流道在这种情况下接近于被锁定的状态，且通过粗糙网格划分得到的最大速度预测值与理论值之间存在差距。这种现象在低雷诺数或高赫兹数情况下很常见。这体现了表观黏度模型（式（6.3））的一个缺点，即会使流动模式电流变/磁流变阻尼器的压降估计（以及活塞速度趋近于零时阻尼力的估计值）产生偏差。

将计算后的数据转化为无量纲形式，结果如图 6.11 所示。通过 $G-S$ 转换，将计算得到的数据转化为一条曲线（在入口速度、几何结构及材料性能可测的范围内），且该计算数据与式（4.14）的理论值基本吻合。由图可知，网格密度会影响 CFD 的计算结果，虽然计算数据仍分布于理论值附近，但是流体在两种流动状态（低屈服应力/高速、高屈服应力/低速）下得到的数据是离散的。在接下来的分析中应对这些因素加以考虑。

情况 2 和情况 3 对应的结果如图 6.12～图 6.17 所示，仿真分析过程中分别使用图 6.2 和图 6.3 中的屈服应力曲线生成的数据集，且网格尺寸均为 100×20。由情况 2 得到的屈服应力曲线适用于所有的流动模式电流变阻尼器，电流变液的屈服应力通常产生于电极附近区域；而由情况 3 得到屈服应力曲线则适用于各种磁流变阻尼器，磁流变液的屈服应力通常产生于在阀芯的两侧翼附近（$\tau_0>0$）。为方便计算，将相邻两极（线圈所在位置）之间的屈服应力设置为 0

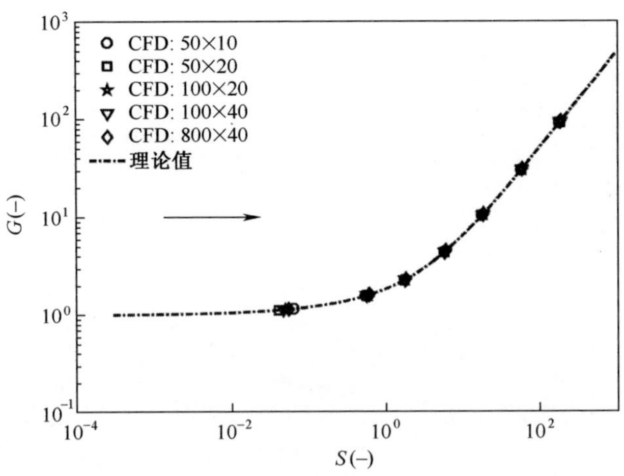

图 6.11　不同的网格尺寸对 CFD 计算结果的影响：基于 $G-S$ 参数得到的整合数据

$(\tau_0=0)$，将长度为 40mm 的通道 L_2 分为 3 个相等长度的部分$(L_3=L_2/3)$。

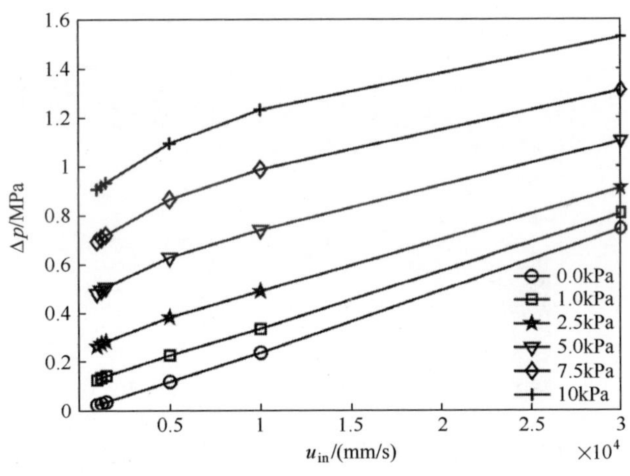

图 6.12　情况 2 的压降：网格尺寸为 100×20

图 6.12 所示为基于图 6.2(情况 2)中屈服应力的分布计算得出的结果，由图得，压降随屈服应力增加。在该情况下，流道前段的磁流变液为牛顿流体，且流体流速减慢对结果的影响尤为明显，特别是在高速且屈服应力较低时。基于 $G-S$ 参数对得到的数据进行整合，将计算结果和精确解进行对比。结合激活部分的流道长度 L_2，将计算数据整合成如图 6.13 所示的 $G-S$ 变化曲线。

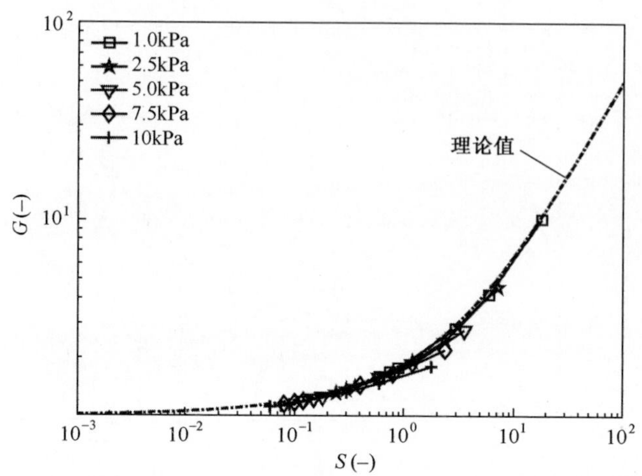

图 6.13 情况 2:基于 G-S 参数得到的整合数据;网格尺寸为 100×20

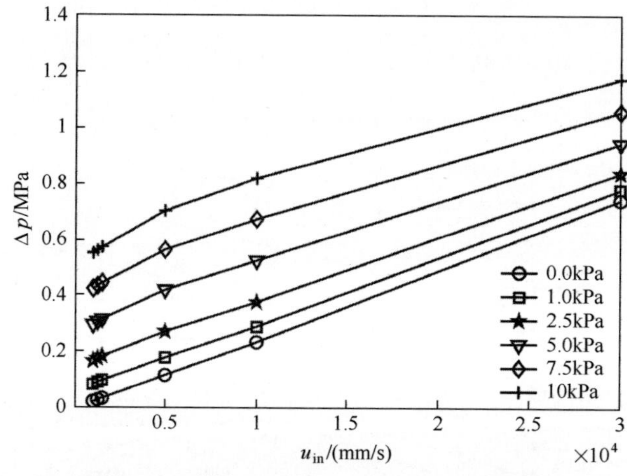

图 6.14 情况 3 的压降:网格尺寸为 100×20

根据情况 3 的屈服应力曲线(见图 6.3)可得出屈服应力对压降的影响,如图 6.14 所示。相比于情况 2 的结构形式和流场条件,由于情况 3 的流道有效长度减少了 1/3,流体减速(加速)效果更加明显。将计算数据相对于有磁场部分的流道长度($2/3L_3$)进行缩放,然后将其转化成 G-S 表达形式,结果如图 6.15 所示,转化结果再次证明了上述结论。同样,在速度较高且屈服应力较低时的仿真数据与理论值存在一些偏差,该偏差是由于忽略了中间(无磁场)部分的压降造成的。如图 6.16 所示,压降最明显的区域出现在两个磁极附近,有磁场区域宽度对压降值的影响程度随测试结构的屈服应力和流体速度变化。图 6.17 为

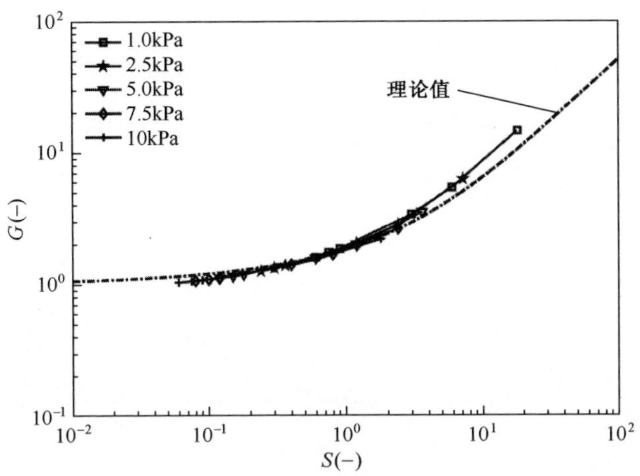

图 6.15 情况 3:基于 $G-S$ 参数得到的整合数据;网格尺寸为 100×20

流道中的流体流速随通道长度的变化趋势。图 6.1 和图 6.3 中的 Z_2、Z_3 及 Z_4 位于每个观察部分的中点处,截面坐标分别为: $Z_2 = L_3/2$, $Z_3 = 3L_3/2$, $Z_4 = 5L_3/2$。此外,本次数值计算还得出了流体的流速变化情况:流体进入第一个有磁场区域时流速减慢;进入中间(无磁场)区域时流体属于牛顿流体,流速会加快;进入第二个有磁场区域后,流体会再次减速。

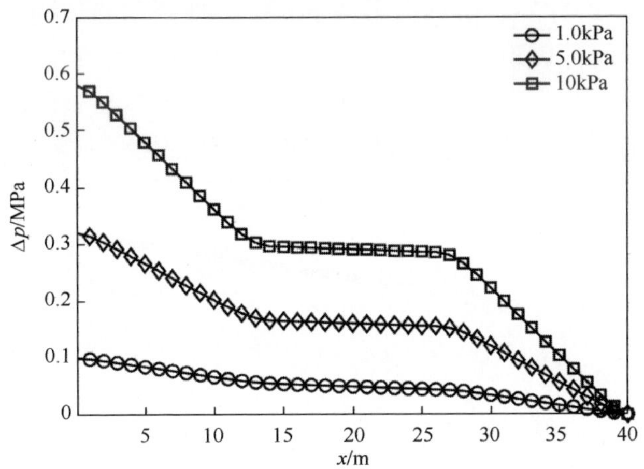

图 6.16 情况 3:环形间隙中的压降情况;网格尺寸为 100×20;
$v_{in} = 1500$mm/s

在屈服应力 τ_0 为 10kPa 且入口速度高达 5000mm/s 时,对情况 4 的屈服应力曲线(图 6.4)进行分析得到无磁场部分的宽度对压差的影响,如图 6.18 所

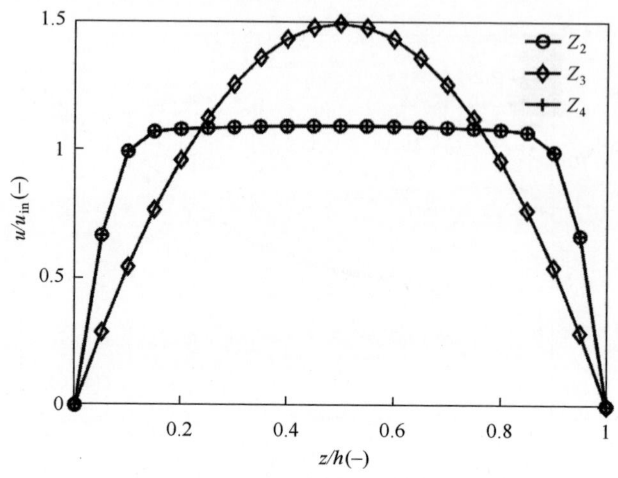

图 6.17　情况 3:环形间隙中的流体速度分布情况;网格尺寸为 100×20;
$v_{in} = 1500\text{mm/s}$

示。当无此场区域的宽度从 1mm 增加到 3mm 时,测量通道路径的压差及流速。对实验数据进行 $G-S$ 转化,结果如图 6.19 所示。当活塞速度较低时,无磁场区域内会发生流量泄露。在图 6.18 中,拐点以下的宽度对压降的影响非常大,而在拐点以上的部分影响则较弱。图 6.19 给出的整合数据进一步验证了这种结果。在所有的测试情况中,仿真结果与 Bingham 理论精确解的数据偏差(见式(4.49))在 $G<1$ 时都表现得很明显。从图中观察到的结果与式(4.43)给出的双塑性 Bingham 模型基本一致,且通过改变模型中的参数 γ 和 δ 可获得类似的性能。在实际的磁流变阻尼器中,具有旁路的活塞结构存在类似的双速特性。

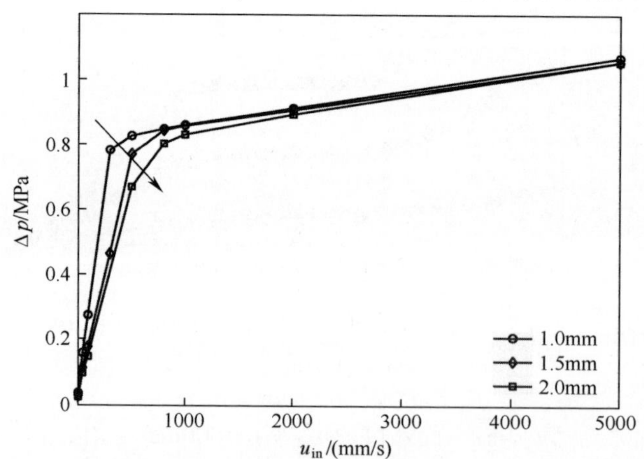

图 6.18　情况 4 的压降:$\tau_0 = 10\text{kPa}$

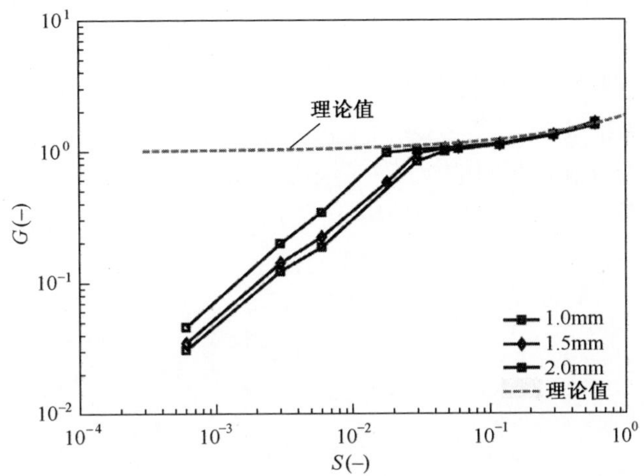

图 6.19　情况 4:基于 G-S 参数得到的整合数据;$\tau_0 = 10\text{kPa}$

6.4　本 章 小 结

本章测试并验证了稳态表观黏度模型的性能,该模型可用于分析 Bingham 流体(电流变或磁流变)的特性。虽然 CFD 法具有局限性,但该方法对于复杂结构中流体的流态分析非常有效。由于式(4.1)给出的常规 Bingham 模型在零剪切速率下存在奇异性,因此不能采用 CFD 工具直接处理,需采用等效(双黏性)表观黏度模型(见式(6.3))进行计算。为获得更好的效果,在计算过程中通常将通道间隙分为至少 20 个大小相等的部分。但在流体流动的两个极端情况下,结果的准确性会受到影响。需要特别注意的是,在较高的流动速度(或较高 R_e)与较低的屈服应力(较低 H_e)的情况下,流体流速的加快对分析结果会有不良影响;当处理屈服应力较高和速度较低的情况时,表观黏度模型的局限性会变得非常明显。在这些情况下,类固态的磁流变液几乎占据了整个宽度为 h 的通道,且在网格划分较粗糙时,求解器无法准确预测速度曲线。这里提出两种改进措施:一种是通过提高网格密度,从而改进任一情况下的流动状态;另一种是采用自适应网格划分方案来精确预测通道附近的边界层。

另外,从给出的例子中可以看出,第 4 章中提出的无量纲 G-S 组是一种通过 CFD 分析表征 Bingham 流体的便捷方式。该方法将数据转化到曲线上,并能快速判断从 CFD 方法中获得的解决方案的准确性及各种网格密度下的数据分布情况。

根据对比 CFD 分析和情况 4 得到的结果，可得出如下结论：在中低速工作范围内，无量纲参数组能有效表征磁流变阻尼器在通电条件下的性能；高速工作时，计算结果与理论值偏差较大，需在模型中增加一个校正因子。因此，在该领域还需进行更多的研究，应考虑磁流变活塞结构对阻尼器性能的影响。

总之，本章提出的计算流体动力学方法非常简便，可用于 Bingham 流体、磁流变（电流变）液的流场仿真分析中，且采用自适应网格划分可有效改善分析结果。

第 7 章　磁流变阻尼器的电流驱动器

7.1 引　　言

本章介绍磁流变阻尼器的电力驱动器,该装置基于脉宽调制(PWM)放大器设计。其采用现代模块化开关电路,成本低,功耗低,在汽车工业等领域中得到了广泛应用。

首先,本章详细阐述了脉宽调制(PWM)的基本原理,讨论了 PWM 输入下磁流变阻尼器电路电流响应。然后,分别对开环结构和闭环结构 PWM 电流驱动器的汽车磁流变阻尼器进行了实验研究。

PWM 是使用调节器信号来控制脉冲持续时间(脉冲宽度)的调制技术,通过快速闭合和断开电源与负载之间的开关来控制负载电压(和电流)的平均值,主要用于控制电源对电气设备的供电情况,尤其是在惯性负载装置中,例如,电动机和磁流变阻尼器。PWM 的主要优点是开关器件的功耗非常低,开关断开时,电路中几乎没有电流;开关闭合时,电路中几乎没有压降。因此,电压和电流的乘积接近于零,即几乎无功率损耗。因为 PWM 具备上述开关特性且易于设置所需占空比 α_d ,所以实际应用中能够很好地对 PMW 驱动器进行数字控制。其中,占空比 α_d 是指脉冲持续时间 T_{on}与矩形波周期 $T_w = T_{on} + T_{off}$(一个信号完成开-关循环所花费的时间)的比值,即

$$\alpha_d = \frac{T_{on}}{T_w}100\% \tag{7.1}$$

相关参数在图 7.1 所示的 PWM 驱动器输出序列中说明(其中 U_0 是总线电压)。导通时间与关断时间相比所占的比率越高,提供给负载的功率就越高。为了不影响负载(消耗功率的器件)运行,PWM 的开关频率需要很高。对于磁流变阻尼器而言,开关频率应在 2~30kHz 之间(Pitcher,2010)。

典型的单相 PWM 驱动器的结构如图 7.2 所示,其中,元件 S_1、S_2、S_3、S_4 是由切换逻辑电路控制的电子开关,也称为 H 桥;以电阻 R_{co}和电感 L_{co}相串联的形式表示磁流变阻尼器的电路(线圈)模型;电阻 R_{GND}用于测量驱动器的输出电流。

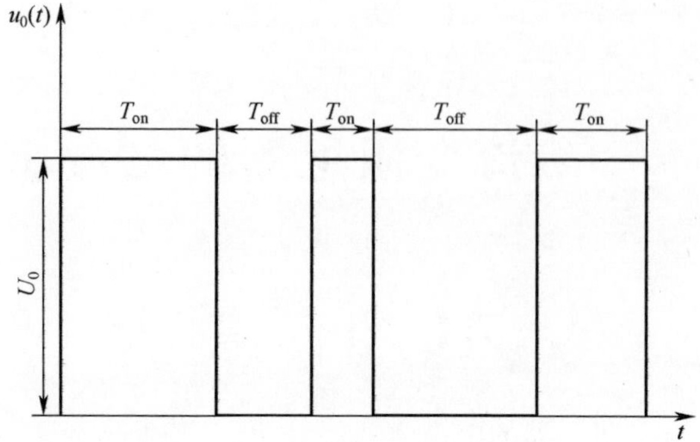

图 7.1　PWM 驱动器的输出序列

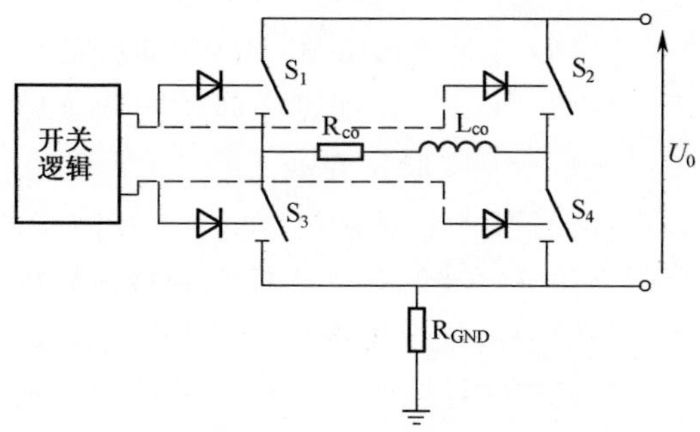

图 7.2　磁流变阻尼器的 PWM 驱动器(Yang,2001)

7.2　阻尼器电路对输入电压响应的数值分析

对图 4.29(a)中的磁流变阻尼器电路施加具有恒定占空比 α_d 的电压 $u_T(t)$，图 7.3 所示的信号表示 PWM 驱动器的单个输出脉冲。

输入电压 $u_T(t)$ 为

$$u_T(t) = U_0[1(t) - 1(t - T_{on})] \tag{7.2}$$

对式(7.2)进行拉普拉斯变换可得

$$U_{oT}(s) = U_0 \frac{1 - e^{-sT_{on}}}{s} \tag{7.3}$$

在脉冲序列无限的情况下，输入电压为

$$U_0(s) = U_{oT} \frac{1}{1 - e^{-sT}} = U_0 \frac{1 - e^{-sT_{on}}}{s(1 - e^{-sT})} \tag{7.4}$$

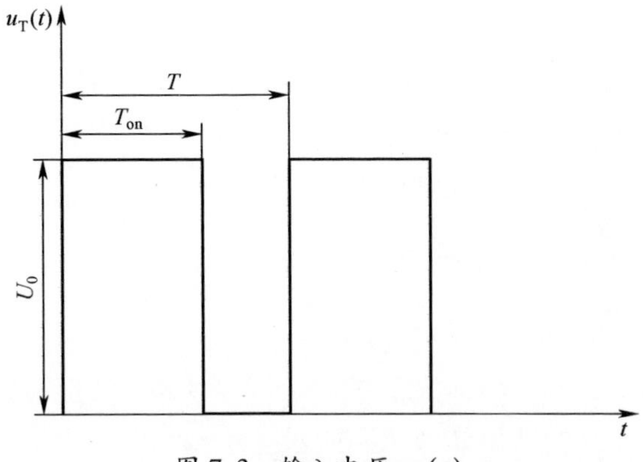

图 7.3　输入电压 $u_T(t)$

由于阻尼器电路的阻抗是 $Z_{co}(s)=R_{co}+sL_{co}$，并假设电流的初始值为零，则电流响应可表示为

$$i_{co}(t)=\zeta^{-1}\{I_{co}(s)\}=\zeta^{-1}\left\{\frac{U(s)}{Z_{co}(s)}\right\}=i_{tr}+i_s(t) \tag{7.5}$$

式中：$i_{tr}(t)$ 为瞬态电流（ $\lim_{t\to\infty} i_{tr}=0$）；$i_s(t)$ 为稳态电流（ $\lim_{t\to\infty} i_{co}(t)=i_s(t)$ ）。稳态电流是时间的周期函数，且输入电压的周期 T 在 $0\leqslant t\leqslant\infty$ 范围内有效，时间常数 $\tau_{co}=L_{co}/R_{co}$，则

$$\frac{1}{Z_{co}(s)}=\frac{1}{R_{co}+sL_{co}}=\frac{1}{L_{co}}\frac{1}{s+\dfrac{1}{\tau_{co}}} \tag{7.6}$$

电流响应为

$$i_{co}(t)=\zeta^{-1}\left\{\frac{1}{L_{co}}\frac{1}{s+\dfrac{1}{\tau_{co}}}\right\}U_{oT}(s) \tag{7.7}$$

与输入电压 $u_{oT}(t)$ 相对应的电流 $i_T(t)$ 为

$$i_T(t)=\frac{U_0}{R_{co}}\left\{[1-e^{-\frac{t}{\tau_{co}}}]\cdot 1(t)-\left[1-\frac{t-T_{on}}{\tau_{co}}\right]\cdot 1(t-T_{on})\right\} \tag{7.8}$$

因此，瞬态电流 $i_{tr}(t)$ 的表达式（Osiowski 和 Szabatin，1962）为

$$i_{tr}(t)=\sum_{v_c}\text{res}\left[\frac{1}{L_{co}}\frac{1}{s+\dfrac{1}{\tau_{co}}}U_0\right] \tag{7.9}$$

其中，$v_c=1/\tau_c$。稳态电流与单个输入脉冲相对应。因此，对于脉冲序列的第 n 个脉冲，电流的表达式为

$$i_{\mathrm{s}}(t)=\frac{U_0}{R_{\mathrm{co}}}\left(1-\frac{1-\mathrm{e}^{\frac{T_{\mathrm{on}}}{\tau_{\mathrm{co}}}}}{1-\mathrm{e}^{-\frac{T}{\tau_{\mathrm{co}}}}}\right)\cdot 1(t) \tag{7.10}$$

$$nT \leqslant t \leqslant nT+T_{\mathrm{on}}, n=0,1,2,\cdots$$

且

$$i_{\mathrm{s}}(t)=\frac{U_0}{R_{\mathrm{co}}}\left[-\frac{1-\mathrm{e}^{\frac{T_{\mathrm{on}}}{\tau_{\mathrm{co}}}}}{1-\mathrm{e}^{-\frac{T}{\tau_{\mathrm{co}}}}}\cdot 1(t)+\mathrm{e}^{-\frac{t-T_{\mathrm{on}}}{\tau_{\mathrm{co}}}}\cdot 1(t-T_{\mathrm{on}})\right] \tag{7.11}$$

$$nT+T_{\mathrm{on}} \leqslant t \leqslant (n+1)T$$

式(7.10)和式(7.11)的结果如图7.4所示。

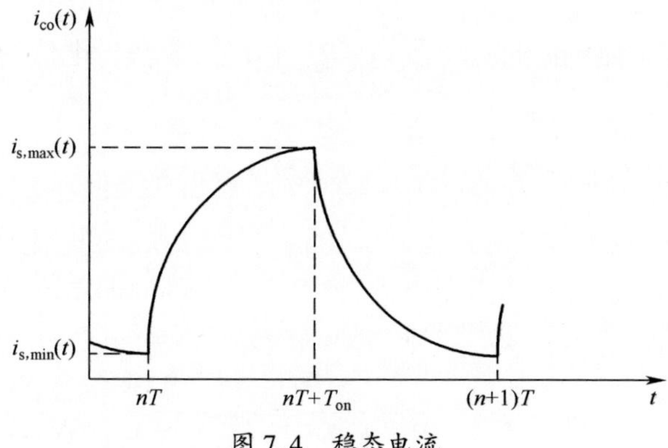

图7.4　稳态电流

当 $t=nT$ 时,稳态电流的最小值为

$$i_{\mathrm{s,min}}=\frac{U_0}{R_{\mathrm{co}}}\frac{1-\mathrm{e}^{\frac{T_{\mathrm{on}}}{\tau_{\mathrm{co}}}}}{1-\mathrm{e}^{T}\tau_{\mathrm{co}}} \tag{7.12}$$

当 $t=nT+T_{\mathrm{on}}, n=0,1,2,\cdots$ 时,稳态电流的最大值为

$$i_{\mathrm{s,max}}=\frac{U_0}{R_{\mathrm{co}}}\mathrm{e}^{\frac{T}{\tau_{\mathrm{co}}}}\frac{\mathrm{e}^{-\frac{T_{\mathrm{on}}}{\tau_{\mathrm{co}}}}}{1-\mathrm{e}^{\frac{T}{\tau_{\mathrm{co}}}}} \tag{7.13}$$

电力驱动器的电压在阻尼器电路中产生的电流为

$$L_{\mathrm{co}}\frac{\mathrm{d}i_{\mathrm{co}}(t)}{\mathrm{d}t}+R_{\mathrm{co}}i_{\mathrm{co}}(t)=u_0(t) \tag{7.14}$$

其中,$u_0(t)=U_0(T_{\mathrm{on}}/T)=U_0\alpha_{\mathrm{d}}$ 是电力驱动器的等效输出电压,α_{d} 为常数,则式(7.14)的解为

$$i_{co}(t)=\frac{U_0}{R_{co}}\alpha_d(1-e^{-\frac{R_{co}}{L_{co}}t}) \tag{7.15}$$

式(7.15)表明，电路中稳态电流达到峰值的 95% 所需的时间大约为 $3L_{co}/R_{co}$ 秒，但这种响应在实际应用中很难达到。此外，电源的线电压波动会影响总线电压 U_0 和稳态电流，进而影响输出阻尼力。为减少阻尼器电路的响应时间，一般采用如图 7.5 所示的系统。系统的反馈结构采用比例积分(PI)调节器，该装置根据测量线圈电流 i_{co} 和输入线圈电流 i_{cmd} 之间的误差来调节占空比 α_d。图 7.6 所示为该系统的传递函数框图。其中，k_α 是控制器输出比例增益，k_β 是电流传感灵敏度，K_r 是相对比例增益，T_i 是 PI 调节器的积分因子，i_{cmd} 是参考信号。

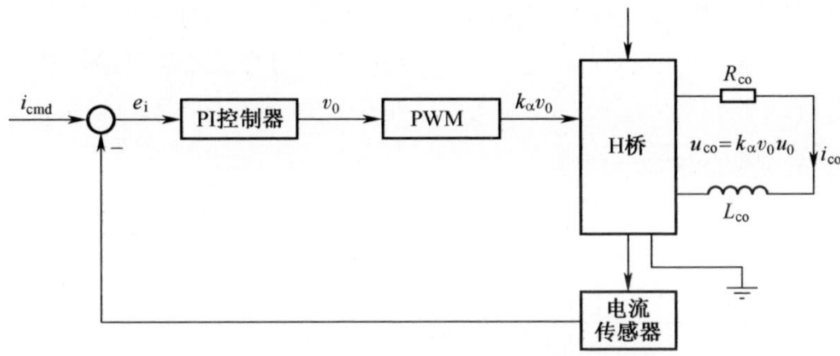

图 7.5 PWM 驱动器的系统示意图

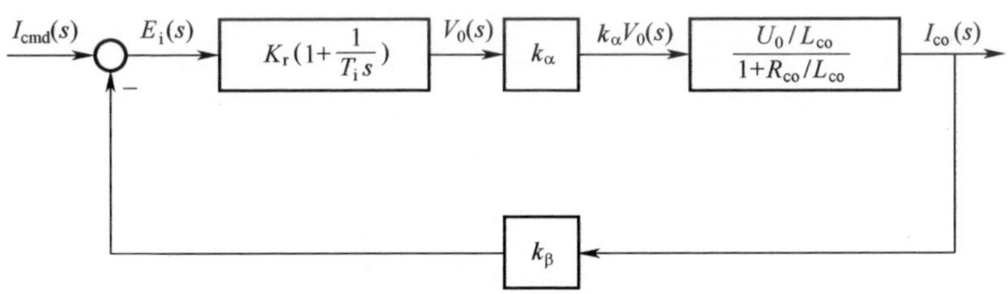

图 7.6 磁流变阻尼器电路的电源驱动器的传递函数框图

假设占空比 α_d 与控制器的输出电压 v_0 成比例，且 v_0 不饱和。结合式(7.14)与反馈回路得出 PWM 驱动器的控制方程为(Yang，2001)

$$u_0(t)=k_\alpha U_0\left[K_r(i_{cmd}-k_\beta i_{co})+\frac{K_r}{T_i}\int_0^t(i_{cmd}-k_\beta i_{co})d\tau\right] \tag{7.16}$$

$$\frac{L_{co}}{k_\beta\gamma_d}\frac{d^2 i_{co}}{dt^2}+\frac{R_{co}+k_\beta\kappa_d}{k_\beta\gamma_d}\frac{di_{co}}{dt}+i=\frac{i_{cmd}}{k_\beta}+\frac{\kappa_d}{k_\beta\gamma}\frac{di_{cmd}}{dt} \tag{7.17}$$

其中，$\gamma_d = k_\alpha \frac{K_r}{T_i} U_0$，$\kappa_d = k_\alpha K_r U_0$。由式(7.17)可知，稳态电流值仅取决于输入线圈电流 i_{cmd} 和电流传感器的灵敏度 k_β，且稳态电流为

$$i_s(t) = \frac{i_{cmd}}{k_\beta} \tag{7.18}$$

由式(7.18)可知，线圈电阻 R_{co} 与输入电压 U_0 对稳态电流没有影响。

给磁流变阻尼器电路施加阶跃输入信号，电流驱动器的典型响应如图 7.7 所示。为实现系统的最佳性能，采用相对比例增益 K_r。当误差信号 ε_i 较大时，PI 调节器的输出电压 v_0 在电路刚接通时便达到饱和($\alpha_d = 1$)，从而使阻尼器电路中的电流增大，电流大小由式(7.14)解出。此时，电流的增加方式与占空比为 100%时的方式相同。随着电流的增加以及误差信号的减小，PI 调节器的输出电压 v_0 不再饱和。此时，电流大小可由式(7.17)解出，调节器的控制电流达到稳态电流水平 i_{cmd}/k_β。通过对比图 7.7 中的电流响应可知，该系统能够大幅度减少电路中电流的响应时间。

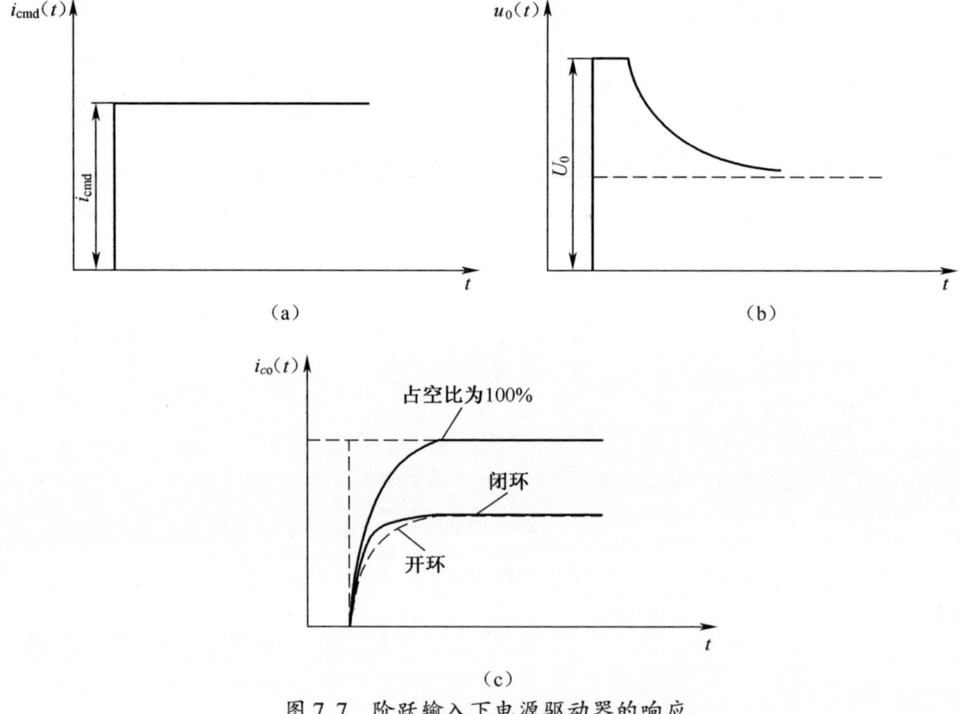

图 7.7 阶跃输入下电源驱动器的响应

(a)输入线圈电流；(b)输入电压；(c)电流响应。

7.3 阻尼器电路对输入电压响应的实验分析

在汽车工业中通常使用基于 PWM 的电流调节器的磁流变阻尼器。由 7.2 节内容可知,这种驱动器的控制回路采用 PI 调节器,通过改变占空比使阻尼器电路中的电流达到参考(输入)电流水平(即测量电流与输入电流之间的误差最小化)。这是电磁领域中最常用于减少响应时间的技术手段。

本节研究了阻尼器电路在阶跃输入下的响应,并比较了恒压电源电路与带有 PI 电流调节器电路的响应情况。此外,还介绍了阻尼器电路对任意电流输入的响应,并研究了电流输入频率对控制线圈输出磁场的影响。

7.3.1 测试系统与控制系统

本次实验采用全桥式电机驱动器 VNH2SP30-E 进行测试,该类驱动器可应用于各种型号的汽车(ST Microelectronics,2013)。该器件工作电源的电压范围为 5.5~16V,可输出大小为 14A 的连续电流(最大 30A)。实验中,将 H 桥与德国 BWI 乘用车(车型号:2013)公司生产的磁流变阻尼器的线圈端子相连。其中,被测阻尼器是活塞上具有环形间隙的标准单筒阻尼器,线圈电流的最大额定值为 5A,活塞总成的线圈匝数为 100,数据采集系统的结构如图 7.8 所示。

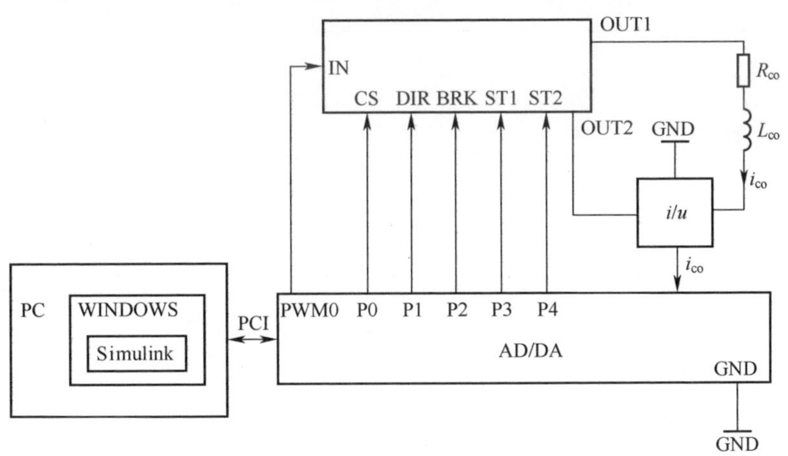

图 7.8 数据采集系统的结构示意图(Rosol et al. ,2014)

由图 7.8 可知,该系统包含一个 PC 计算机,一个 I/O A/D RT-DAC4\PCI 型板,以及在 MATLAB/Simulink 环境中建立的控制电路。信号采样频率为 1kHz,电源电压为 12V,由输入 IN 提供 PWM 信号,信号的最大频率为 20kHz,

线圈电流（输出 OUT1）由占空比 α_d 决定，占空比在 0~1 之间变化。控制电路的输入电压在（−12，+12）V 范围内变化，具体电压值可通过逻辑控制计算得出。

7.3.2 实验结果与分析

本小节针对一系列输入电压和电流，采用图 7.8 所示的数据采集系统对磁流变阻尼器控制电路进行实验研究。

Rosol 等人（2014）分析了磁流变阻尼器的电流响应，并采用一级控制电路模型计算了电流调节器的响应，经过拉普拉斯变换的线圈模型为

$$G_{co}(s)=\frac{I_{co}(s)}{U_{co}(s)}=\frac{K_{co}}{\tau_{co}s+1} \tag{7.19}$$

其中，$K_{co}=1/R_{co}$，$\tau_{co}=L_{co}/R_{co}$，通过最小化目标函数来识别参数，其表达式为

$$J_{PI}=T_s\sum_{k=0}^{n}[i_{co}(k)-\hat{i}_{co}]^2\to 0 \tag{7.20}$$

式中：T_s 为采样时间间隔；$i_{co}(t)$ 为时间为 $t=kT_s$ 时的测量线圈电流；$\hat{i}_{co}(k)$ 为估计电流（模型）；$\varepsilon(k)$ 为信号误差估计。该研究中首先给阻尼器线圈施加不同的电流阶跃信号，结果见表 7.1。随后基于最小二乘法对参数 K_{co} 和 τ_{co} 进行识别。

表 7.1　PI 控制器的设置参数

参数	i_{cmd} = 1A	i_{cmd} = 2.5A	i_{cmd} = 5A	i_{cmd} = var
K_{co}/Ω^{-1}	0.999	0.399	0.1979	0.3
τ_{co}/ms	138.89	125.93	30.89	37.29

7.3.3 开环控制系统的性能分析

阻尼器控制电路的性能受输入线圈电压 u_{co} 信号的影响，占空比 α_d 的变化也会对控制电路的性能造成影响。控制电路的电流大小随占空比 α_d 的增加而增加，图 7.9 所示为占空比从 10%变化到 50%时控制电路的响应，图示结果与第 7.2 节的分析一致。图 7.10 为电压阶跃输入下的线圈性能，在这种情况下，可通过调节输入电压得到期望的输出电流，即 1A、2.5A 和 5A。将实验结果与采用 PI 电流调节器的实验结果进行比较，电流上升到峰值电流的 95%（5A）时需要 37ms，而电流降至峰值电流的 95%以下所需时间是 32ms。

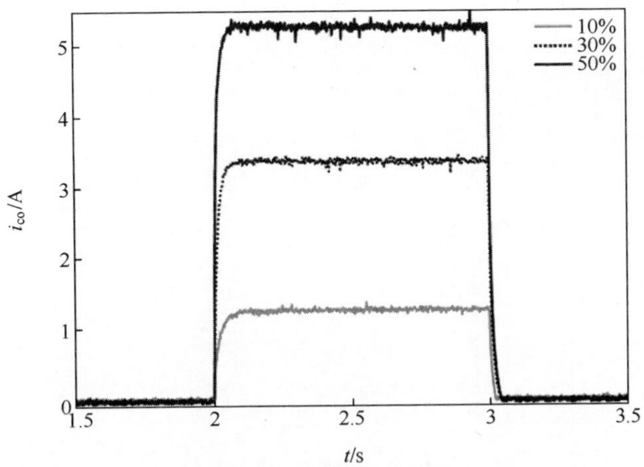

图 7.9　占空比 α_d 对磁流变阻尼器线圈电流响应的影响；
$\alpha_d = \{10,30,50\}\%$

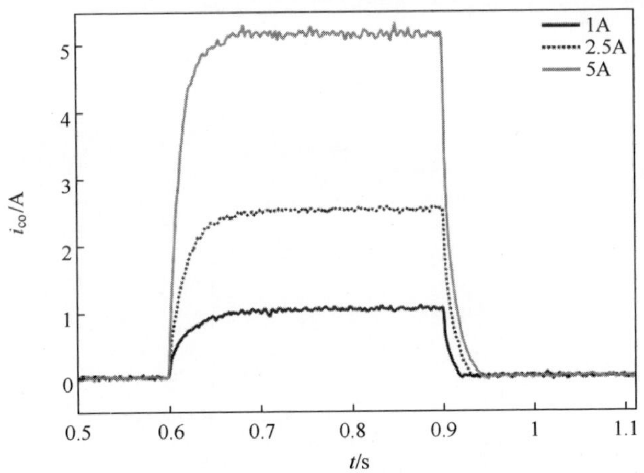

图 7.10　电压阶跃输入对磁流变阻尼器线圈电流响应的影响；
$i_{max} = \{1,2.5,5\}$ A

7.3.4　电流驱动器对阻尼器电路性能的影响

图 7.11～图 7.13 为磁流变阻尼器在电流阶跃输入下的线圈响应。其中，图 7.11 为从 1A 到 5A 电流阶跃输入下的电路性能；图 7.12 是最大电流为 5A 时，电压阶跃输入与电流阶跃输入引起的电路响应之间的对比；图 7.13 是任意序列的电流阶跃输入所对应的电流响应。因此，在闭环系统中使用 PI 调节器能使阻

尼器的动态性能提高 3 倍，此时，线圈电流达到电流峰值的 95%需要 11ms，而降至电流峰值的 95% 以下所需时间是 13.5ms（初始输入电流值为 5A）。如图 7.14 所示为线圈电流幅值与频率的伯德图，图示结果可以进一步证实上述结论。

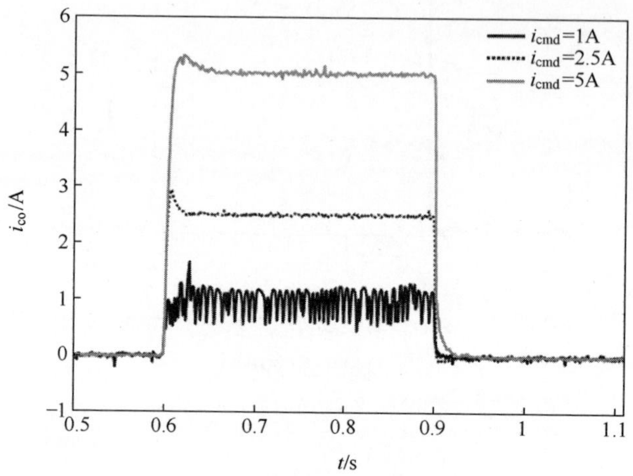

图 7.11 阻尼器线圈电流对输入电流的响应；
$i_{cmd} = \{1, 2.5, 5\}$ A

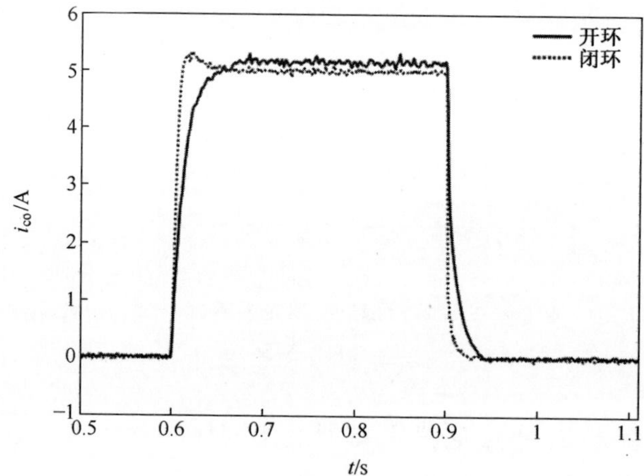

图 7.12 阻尼器线圈电流对比；
$i_{cmd} = 5$A

图 7.14 中，增益 L_f 随频率 f 的变化为

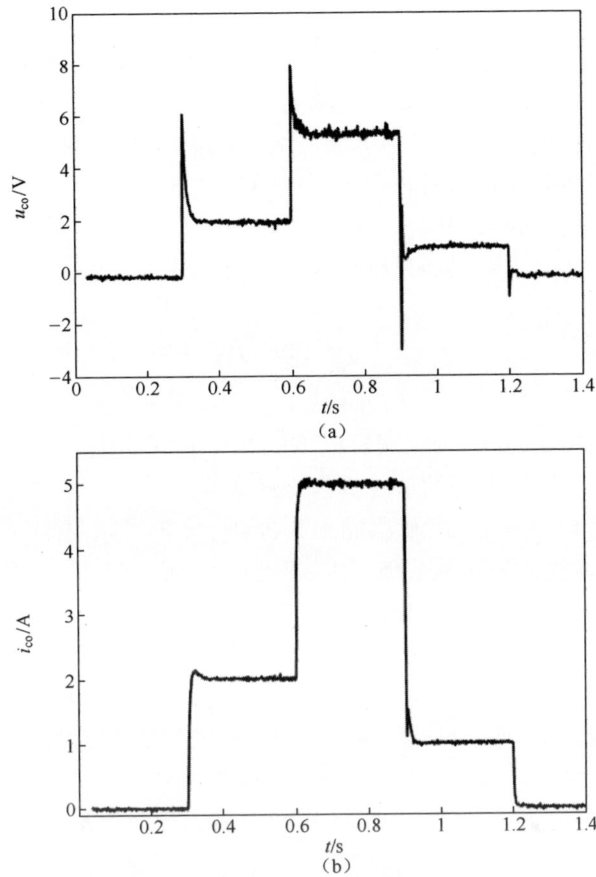

图 7.13　复杂控制信号的电流响应实例

(a)线圈电压;(b)线圈电流。

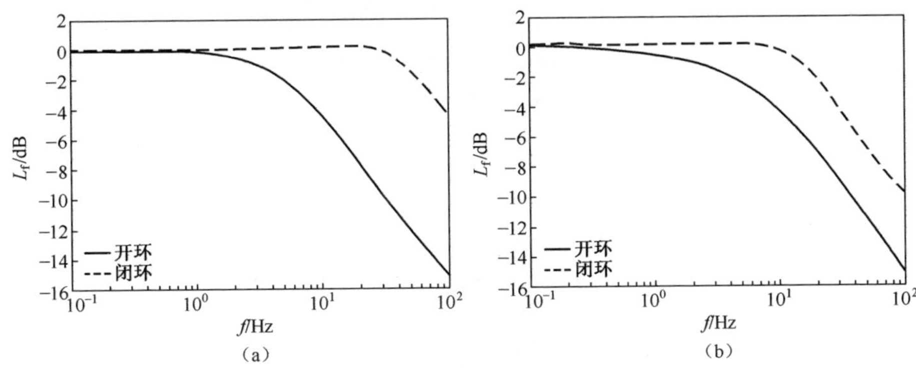

图 7.14　线圈频率响应对比:闭环-开环

(a) $i_{cmd}=2.5A$;(b) $i_{cmd}=5A$。

$$|L_f| = 20\lg\left\{\frac{I_{co}(f)}{I_{cmd}(f)}\right\} \tag{7.21}$$

其中，$I_{co}(f)$ 和 $I_{cmd}(f)$ 分别为测量线圈电流 $i_{co}(t)$ 和输入线圈电流 $i_{cmd}(t)$ 的有效值，其数据可通过实验获得。实验中，给阻尼器线圈施加频率为 0.1～100Hz 的正弦电流。闭环电流驱动器将阻尼器的带宽从 6.8Hz（开环）增加到 74Hz（闭环，$i_{cmd}=2.5\text{A}$）。同时，如图 7.14（b）所示，在输入线圈电流变大时，系统的带宽变窄。此现象证明了阻尼器系统中存在固有非线性特性。

7.4 本章小结

因为具有低功耗，并能有效缩短电磁阀响应时间等优点，所以 PWM 驱动器成为半主动车辆阻尼器电源的最佳选择之一。

本章讨论了 PWM 电流控制器的工作原理，分析了阻尼器对阶跃电流输入的响应。将 PWM 控制器引入磁流变阻尼器的控制系统中，分析了该系统的动态特性。此外，还研究了开环和闭环阻尼器线圈电路，实验和数值计算结果表明磁流变阻尼器系统具有非线性特性。本章研究的阻尼器系统的响应时间更短且频带更宽，这证明了采用电流调节器控制线圈电流可有效提升阻尼器的性能。除此之外，也可采用磁通控制器（Nehl et al.，2007）或力控制器（Yang，2001）提高磁流变阻尼器的动态响应性能。其中，磁通控制器利用线圈电流在间隙中产生的磁通作为控制变量；力控制器可使线圈电流达到期望水平。

第8章 单筒磁流变阻尼器模型的实验验证

为了验证前几章(尤其是在第5章)提出的阻尼器模型的有效性,本章详细阐述了针对单筒阻尼器样机进行的一系列实验和数值仿真。在实验过程中,对几种单筒阻尼器样机施加不同的速度输入、位移输入和电流输入,用实验数据验证建模结果的有效性。

本章研究三种具有不同的低速性能的阻尼器样机,三种样机的活塞结构各不相同,具体如下。

样机一:磁流变阻尼器的活塞中没有辅助流道(即旁路)。在这种阻尼器中,磁流变液只能通过环形间隙进行流动,环形间隙结构如图3.7或图4.14所示。在本章中,通过实验测得了该阻尼器的主要性能。

样机二:磁流变阻尼器的活塞中带有非磁化辅助流道,活塞结构如图4.19和图4.20所示。在这种阻尼器中,磁流变液只能通过环形间隙和旁路进行流动。实验证明,这种阻尼器的阻尼力会发生衰减。

样机三:磁流变阻尼器的活塞中带有磁通旁路,该旁路可以改变磁流变液通过活塞时的分离压降,活塞结构如图4.15所示。在这种阻尼器中,磁流变液只能通过环形间隙进行流动。

本章的主要研究内容包括以下两部分:首先,分别介绍了三种阻尼器样机的实验,并对实验结果进行分析。其次,基于阻尼器的结构、磁流变液的性质以及其他的材料参数,对阻尼器性能进行仿真分析,并将仿真结果与实验数据进行对比。

8.1 单筒磁流变阻尼器的实验研究

本节主要对阻尼器的以下特性进行实验研究:阻尼器对正弦位移输入的响应;在不同输入线圈电流下,阻尼器对斜坡速度输入和步进速度输入的响应;在波动磁场中,阻尼器在阶梯型电流激励作用下的瞬态特性。

8.1.1 阻尼器的结构参数及实验输入条件

本节详细介绍了针对上述三种磁流变阻尼器样机进行的实验,实验流程如

图 8.1 所示。实验中,按线圈弹簧减振器的工作模式对磁流变阻尼器样机进行布置。表 8.1 中给出了阻尼器零件的几何参数和磁流变液的相关参数,这些参数与图 5.1 所示的磁流变阻尼器样机的结构相对应。磁流变液的材料特性如图 8.2 所示,其中,如图 8.2(a)所示为磁流变液的磁化特性($B-H$ 曲线)及其屈服应力随磁通密度的变化情况;如图 8.2(b)所示为磁流变液的零场黏度随温度的变化情况。在上述三种阻尼器样机中,除了磁流变液在低速流动时的流道尺寸有区别,其他参数完全相同。在这三种样机的活塞中都有一个 100 匝的线圈,导线直径为 0.511mm,最大安培匝数为 500A。

表 8.1 磁流变阻尼器的几何参数和材料特性

符号	参数	数值
h	环形间隙高度/mm	1
w	环形间隙平均宽度/mm	120.32
A_{eff}	活塞有效横截面积/mm^2	1508
A_p	缸筒横截面积/mm^2	1662
t_w	缸壁厚度/mm	2
L	环形间隙长度/mm	27
L_a	有效长度/mm	18.5
A_c	线圈窗口面积/mm^2	46.96
β_f	流体体积弹性模量/MPa	1500
ρ	流体密度/(g/cm^3)	2.68
μ	流体黏度/cP(T=40℃)	45
n	绝热常数(-)	1.4
P_{go}	初始气室压强/MPa	2.4
V_{go}	初始气室体积/mm^3	75188
V_{ro}	初始复原腔体积/mm^3	86708
V_{co}	初始压缩腔体积/mm^3	129010
E_s	弹性模量/MPa	210000
D_b	模型 2 的旁路直径/mm	2.5
D_o	模型 2 的节流孔口直径/mm	1.9
h_f	模型 3 的旁路深度/mm	2
b_f	模型 3 的旁路宽度/mm	1.5
m_t	缸筒质量/g	925
m_r	活塞总成质量/g	690
m_p	浮动活塞质量/g	530
F_f	总摩擦力/N	90
R_{co}	线圈电阻/Ω	0.98
T_a	阻尼器温度/℃	40

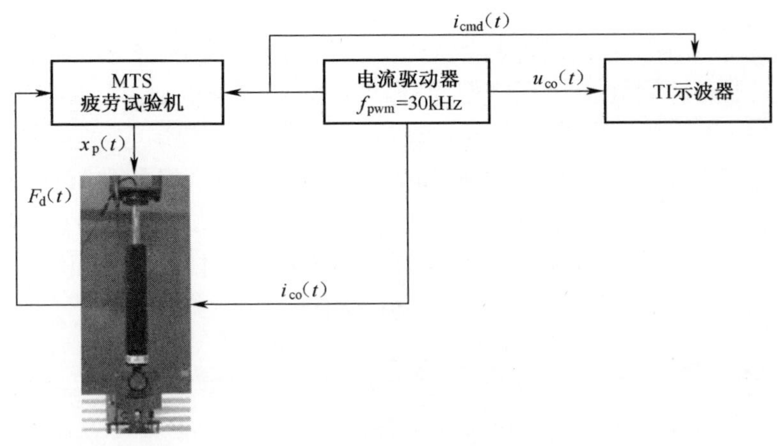

图 8.1　磁流变阻尼器的流程图

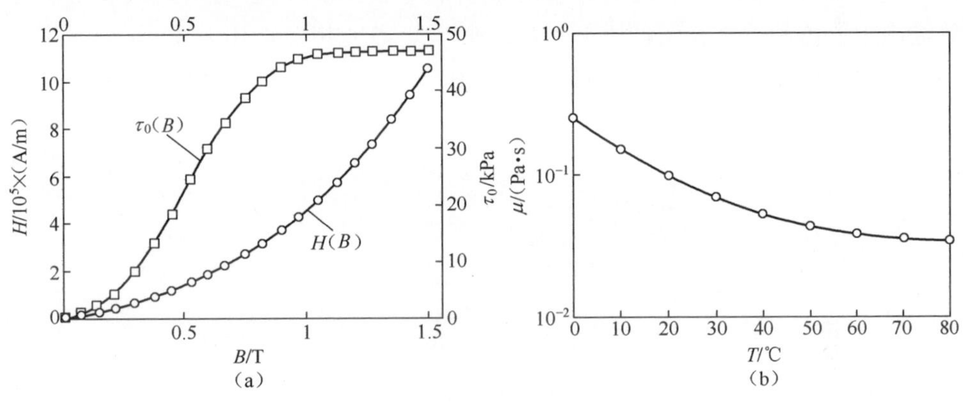

图 8.2　磁流变液的性能

(a)磁化曲线 B-H;(b)黏度 μ-T。

如图 8.1 所示,本实验使用 MTS 疲劳试验机给阻尼器施加位移输入。在实验过程中,固定活塞杆组件,给阻尼器缸筒施加正弦位移输入(或线性斜坡位移输入)。将采样频率设置为 1kHz,采集实验中的时间、位移、阻尼力、电流、电压和温度等变量的数据,然后对位移进行微分得到速度变量的相关数据。在实验过程中,在阻尼器缸筒上连接一个热电偶,保证每个阻尼器的工作温度为(40±1)℃。本实验使用 BWI 电源驱动器模块给实验设备供电,该模块的闭环电流控制由具有前馈增益的常规离散 PI 控制器完成。

本实验包括以下几个部分:

(1) 大振幅测试:控制速度峰值在 10~1024mm/s 范围内,线圈电流为 0~

5A，给阻尼器施加幅值较大的正弦位移输入，峰-峰值为 60mm。

（2）小振幅测试：控制速度峰值在 10～262mm/s 范围内，线圈电流为 0～5A，给阻尼器施加幅值较小的正弦位移输入，峰-峰值为 5mm。仅对样机三进行此实验。

（3）线性斜坡测试：给样机三施加梯形位移输入，峰-峰值为 80mm，保持斜坡速度为 262mm/s，这可以保证输入速度恒定，且波形的上升边沿（正边沿）和下降边沿（负边沿）的数值相等。阻尼器以恒定速度拉伸/压缩，当阻尼器运行到行程的中间位置时，电流打开/关闭，随后关闭/打开。

8.1.2 阻尼器对正弦位移输入的响应

在幅值较大的正弦位移激励下，三种磁流变阻尼器的响应分别如图 8.3～图 8.5 所示。例如，在无电流输入时，正弦位移输入条件下的阻尼力与位移关系如图 8.3（a）所示，对应的阻尼力和速度关系如图 8.3（b）所示。增加线圈电流导致输出阻尼力和位移在图像中呈现出近似于矩形的相互作用关系，这表明了三种磁流变阻尼器的典型特征为阻尼力中的库伦阻尼随电流的增大而增大。

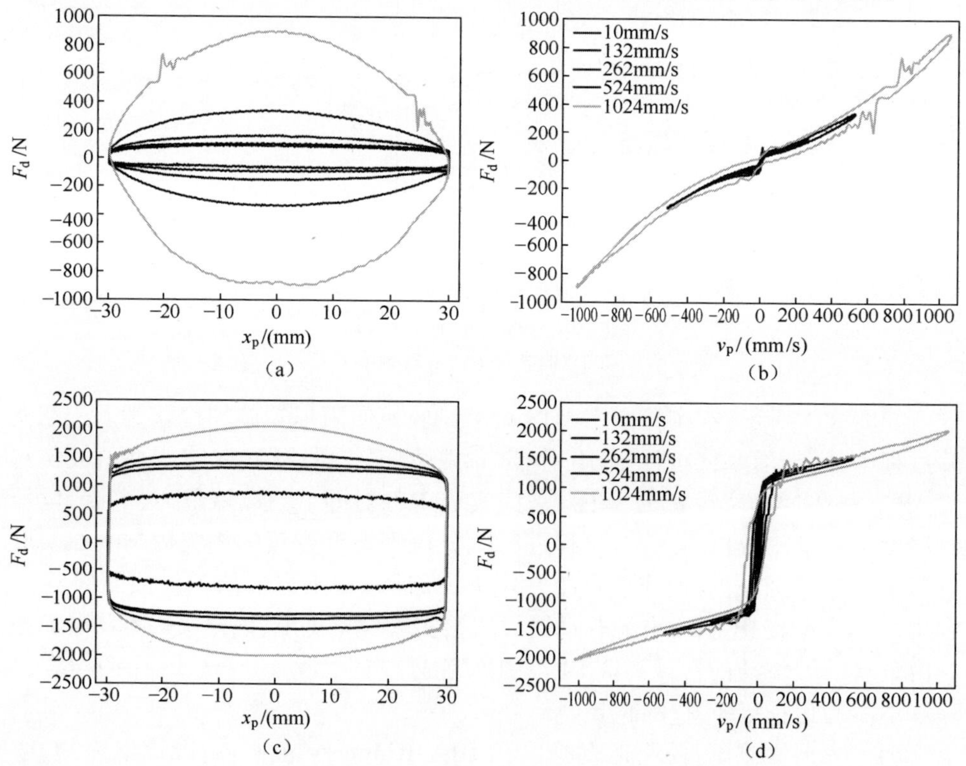

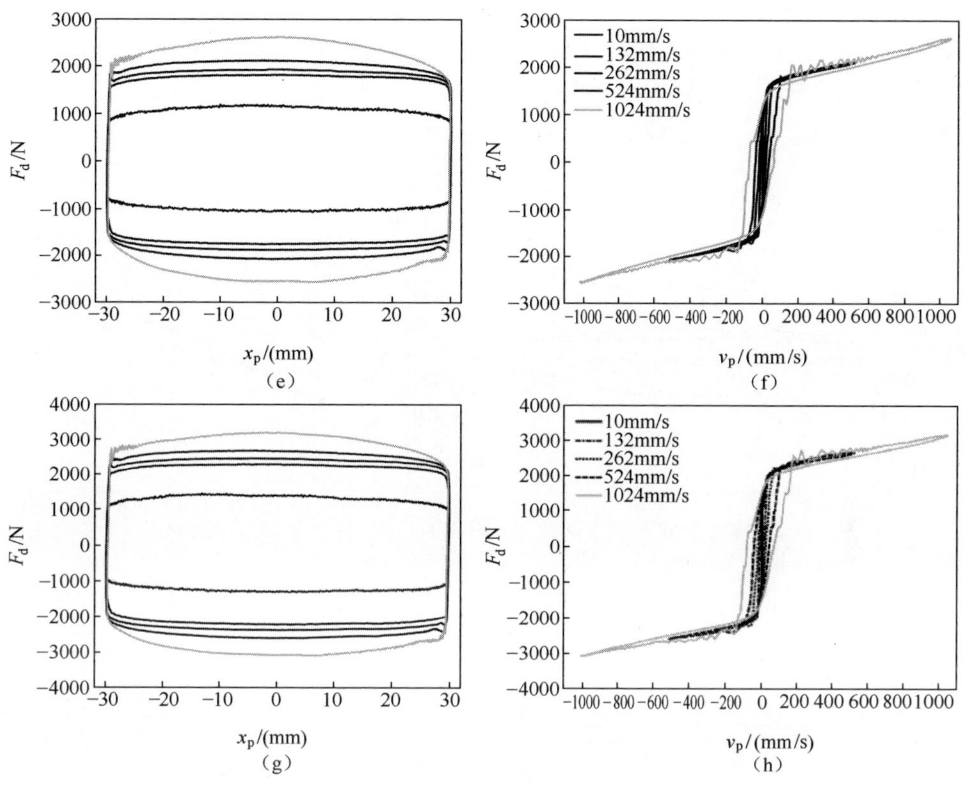

图 8.3 样机一的实验数据($X_p = 30\text{mm}, V_P = \{10, 132, 262, 524, 1024\}\text{mm/s}$)

(a)$I_{CO} = 0\text{A}$;(b)$I_{CO} = 0\text{A}$;(c)$I_{CO} = 2\text{A}$;(d)$I_{CO} = 2\text{A}$;

(e)$I_{CO} = 3\text{A}$;(f)$I_{CO} = 3\text{A}$;(g)$I_{CO} = 5\text{A}$;(h)$I_{CO} = 5\text{A}$。

样机一的活塞中没有旁路,磁流变液只能通过环形间隙进行流动,这导致阻尼器在活塞速度为零时的分离压力过高。由于活塞的结构具有对称性,活塞运动到反向点处时,阻尼力的变化幅值是分离压力的 2 倍(从压缩到复原,反之亦然)。磁流变液在环形间隙中流动时,会在刚性管壁之间发生回弹,这会加剧阻尼力的波动,结果如图 8.3 所示。对于确定幅值的位移输入,阻尼力的波动程度随着活塞的运动速度(加速度)和频率变化。样机一的稳态阻尼力-速度关系如图 8.6 所示,其输出阻尼力随速度和电流而变化,这正是无旁路受控磁流变阻尼器的典型特征。如图 8.7 所示,在所有线圈输入电流大于 1A 的实验中,都可以观察到阻尼力的衰减,这种现象是由于阻尼器中存在一个很小的非磁性绝缘区(塑料)。样机三活塞中的磁通旁路对阻尼力也有类似的影响。

在针对样机二进行的实验中,给定活塞输入速度的条件下,当线圈输入电流变化时,阻尼力随活塞速度和位移的变化如图 8.4 所示。汽车的半主动阻尼器经常采用各种旁路特征来优化结构,以解决当活塞速度输入趋近于零时阻尼力衰减的问题,其性能和样机二的性能(图 8.7)非常类似。当活塞输入速度较低时,样机二的阻尼力变化幅值是三种阻尼器中最小的。

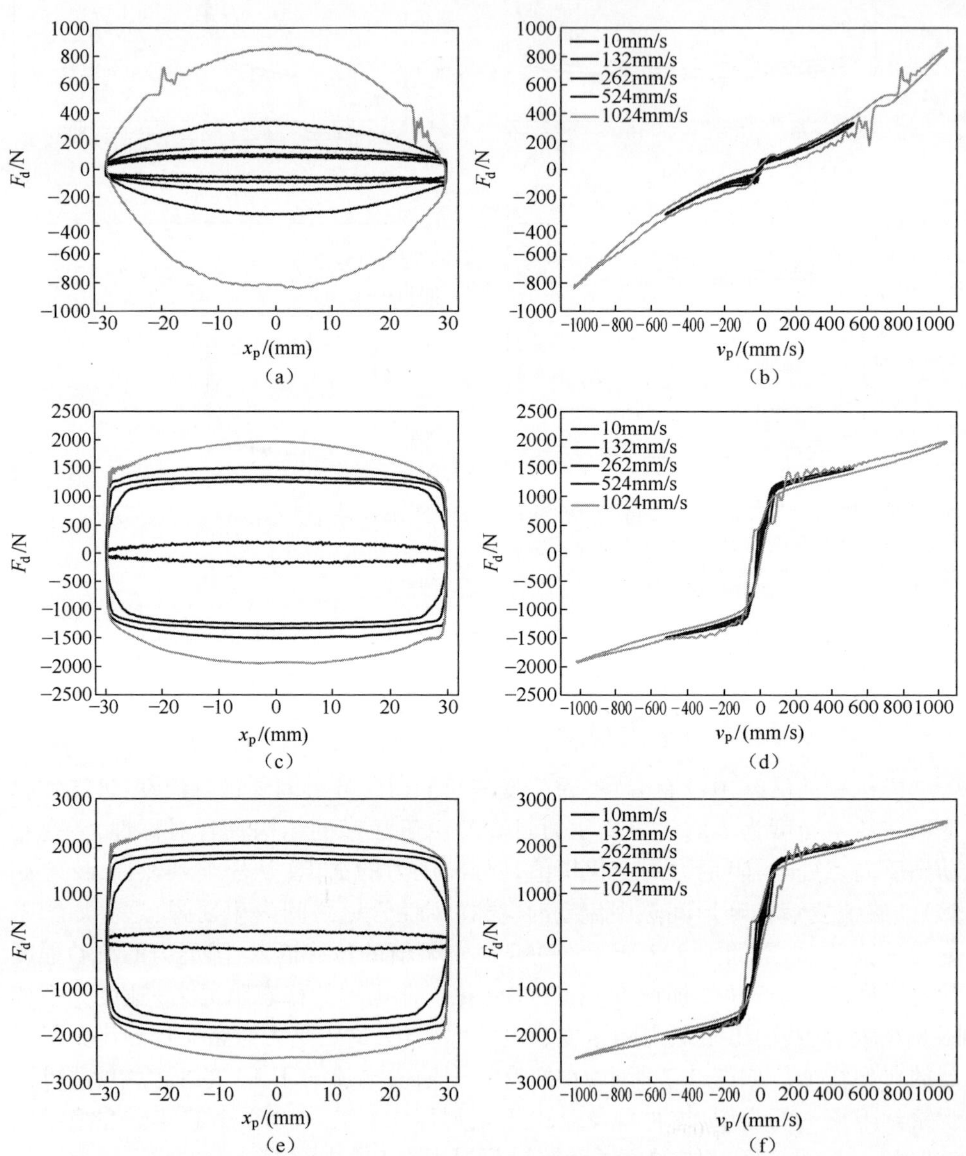

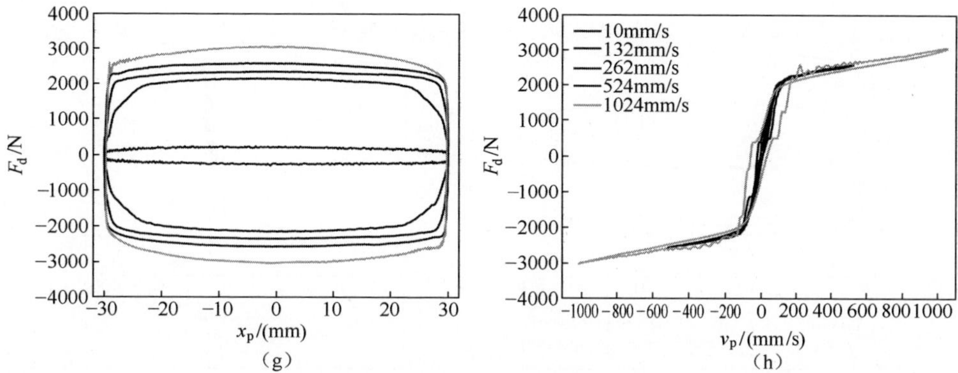

图 8.4 样机二的实验数据($X_p = 30\text{mm}, V_P = \{10, 132, 262, 524, 1024\}\text{mm/s}$)

(a) $I_{CO} = 0\text{A}$;(b) $I_{CO} = 0\text{A}$;(c) $I_{CO} = 2\text{A}$;(d) $I_{CO} = 2\text{A}$;

(e) $I_{CO} = 3\text{A}$;(f) $I_{CO} = 3\text{A}$;(g) $I_{CO} = 5\text{A}$;(h) $I_{CO} = 5\text{A}$。

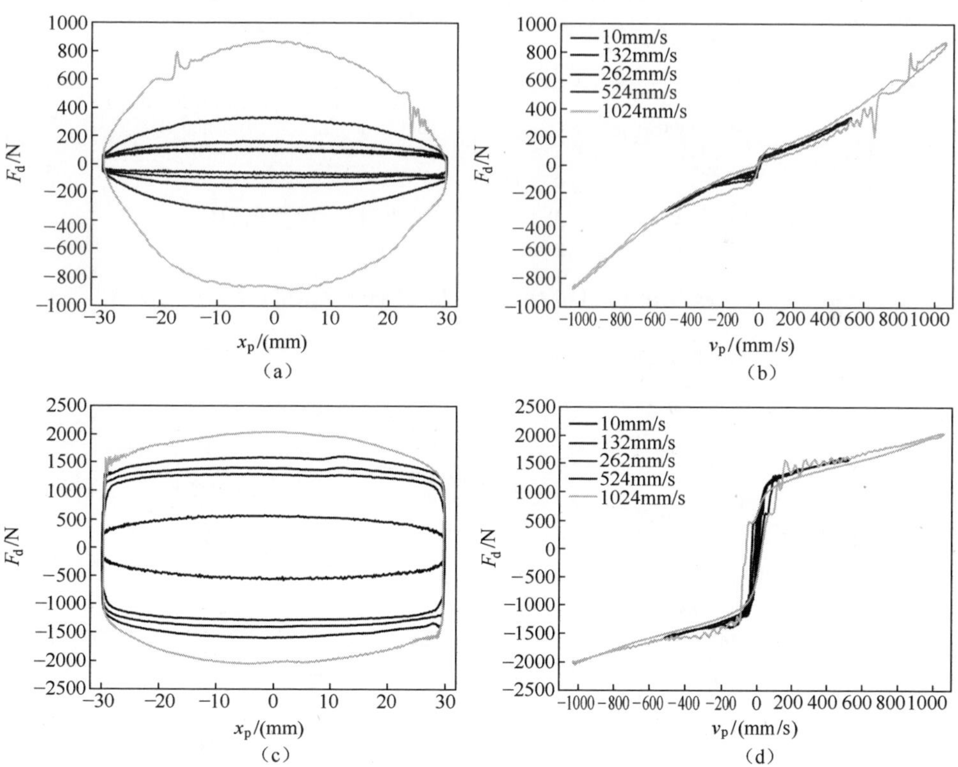

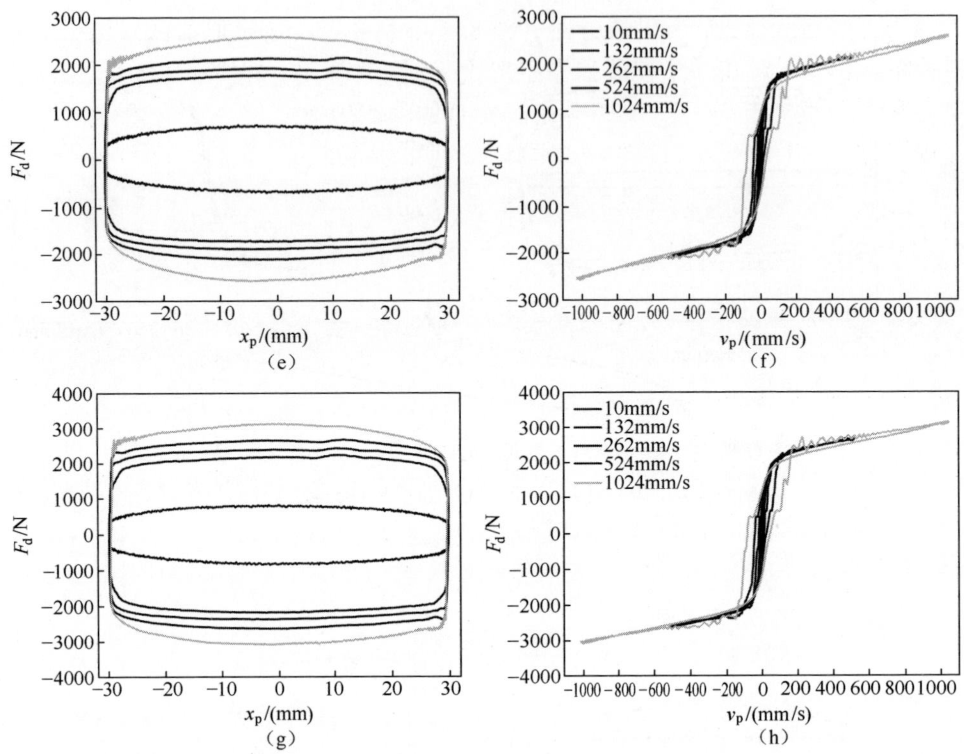

图 8.5 样机三的实验数据($X_p = 30\text{mm}, V_P = \{10, 132, 262, 524, 1024\}\text{mm/s}$)

(a) $I_{CO} = 0\text{A}$;(b) $I_{CO} = 0\text{A}$;(c) $I_{CO} = 2\text{A}$;(d) $I_{CO} = 2\text{A}$;

(e) $I_{CO} = 3\text{A}$;(f) $I_{CO} = 3\text{A}$;(g) $I_{CO} = 5\text{A}$;(h) $I_{CO} = 5\text{A}$。

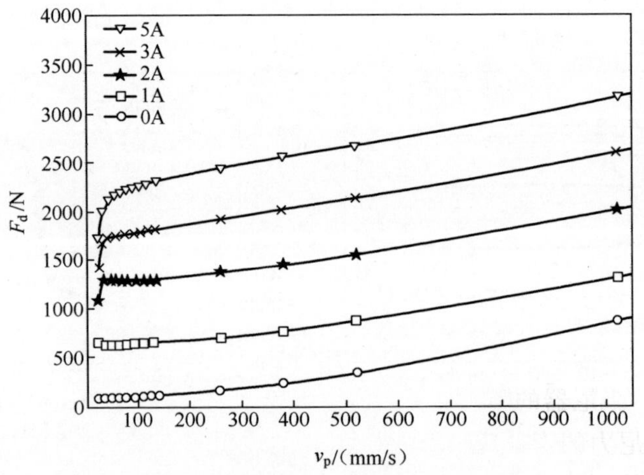

图 8.6 样机一:阻尼力-速度曲线

样机三的活塞中具有磁通旁路。图 8.5 分别显示了该阻尼器的阻尼力-位移关系、阻尼力-速度关系以及稳态阻尼力-速度关系。该图描述了样机三在给定活塞输入速度的条件下,线圈电流变化时的输出阻尼力随活塞速度和位移的变化情况。图 8.8 所示为该阻尼器的稳态阻尼力曲线。

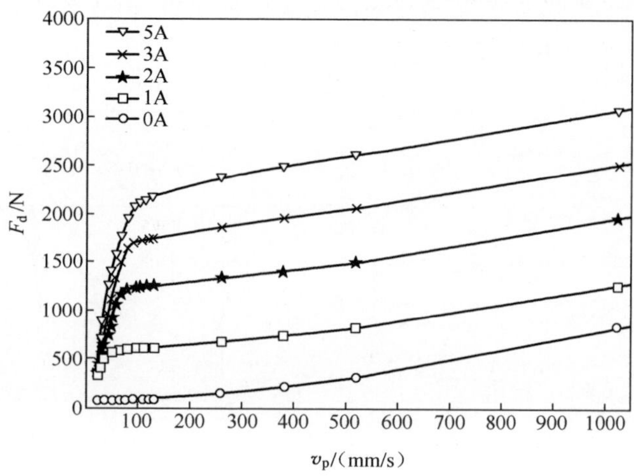

图 8.7　样机二:阻尼力-速度曲线

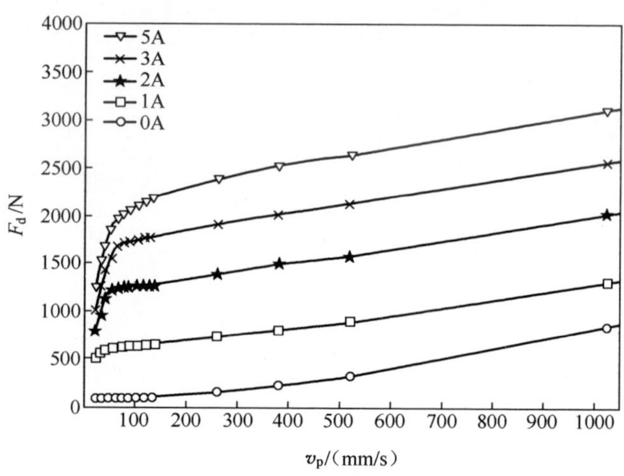

图 8.8　样机三:阻尼力-速度曲线

在样机三的实验结果中可以看出,与样机一相比,当磁流变液处于屈服后流动状态(即通过阻尼器的阻尼力-速度关系图的拐点,如图 8.8 所示)时,磁通旁路的存在对阻尼力的影响几乎可以忽略不计。实际上,在这种流动状态下,样机三以牺牲更高的分离力为代价,获得了更高的速比(高于样机二)。

图 8.9 所示为样机三在小行程的正弦位移激励下对于三个选定峰值速度(10mm/s、132mm/s、262mm/s)的响应。对比这三种条件下的响应可得,尽管阻尼器的峰值阻尼力没有显著改变,但随着激励频率(或速度)的增加,阻尼力-位移环被旋转或倾斜到第二和第四象限(在图 8.5(a)中也有体现)。同时,阻尼力-位移环中显示的滞后现象随速度的增加而更加明显,该现象表明,实验测得的输出阻尼力中与加速度相关的分量在增加。

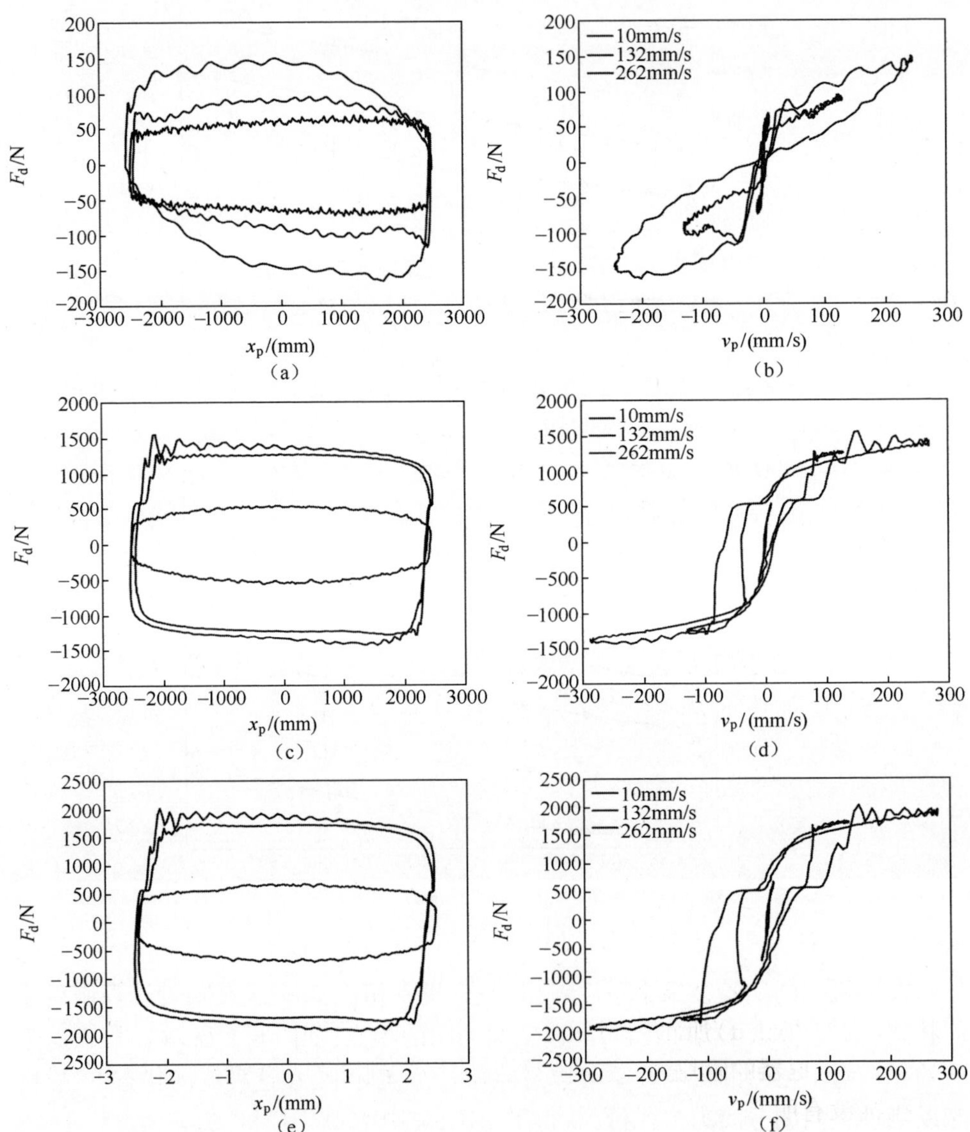

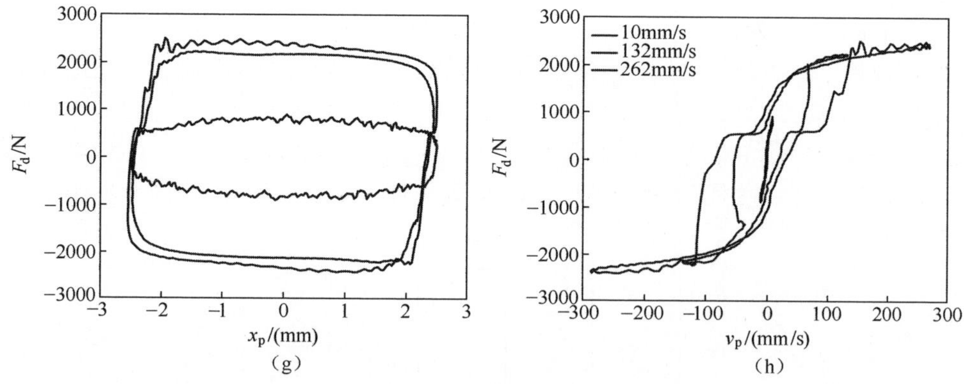

图 8.9 样机三的实验数据($X_p = 2.5$mm, $V_P = \{10, 132, 262\}$ mm/s)

(a)$I_{CO} = 0$A;(b)$I_{CO} = 0$A;(c)$I_{CO} = 2$A;(d)$I_{CO} = 2$A;

(e)$I_{CO} = 3$A;(f)$I_{CO} = 3$A;(g)$I_{CO} = 5$A;(h)$I_{CO} = 5$A。

8.1.3 阻尼器对步进电流输入的响应

在之前的实验中,输入电流都是保持恒定的(数值固定且不随时间变化),以被动悬挂的方式测量阻尼器的输出阻尼力。而在实际使用的半主动控制系统中,阻尼器要达到最佳的性能就需要输入电流实时变化。为了解磁流变阻尼器的动态特性,本节进行了进一步的实验。由于本章设计的三种阻尼器的电路配置基本相同,因此,本节仅对样机三进行动态实验。实验中,给样机三施加梯形位移输入和阶跃电流输入。其中,梯形位移输入应保证活塞在周期输入的上升部分速度恒为正,在周期输入的下降部分速度恒为负,且绝对值相等。

给样机三施加如图 8.10 所示的梯形位移输入,该波形图的斜率即是活塞的输入速度,大小为 262mm/s,本节介绍了本次实验的结果。由图可知,活塞最初在-40mm 的位置上,此时阻尼器为完全压缩状态。然后,活塞从完全压缩的位置运动到完全复原的位置,再从完全复原的位置运动到完全压缩的位置。当阻尼器活塞以 262mm/s 的恒定速度运动到行程的中间部分时,给阻尼器施加一个电流输入,然后迅速移除该输入电流。活塞运动到完全复原的位置时,立即以相同的速度向回压缩至起始位置,阻尼器在回程时的输入条件如图 8.11(a),(b)所示。由图可知,步进电流输入的幅值从 0A(初始条件)变化到 5A(最大值)。如图 8.11(a),(b)所示为阻尼器在压缩过程中保持输入电流恒定时的输出情况。图 8.11(c),(d)所示为阻尼器中电流和阻尼力的衰减。由以上的对比可知,磁流变阻尼器的阻尼力变化在两个行程中是对称的,无论是压缩过程还是复原过程都没有明显区别。

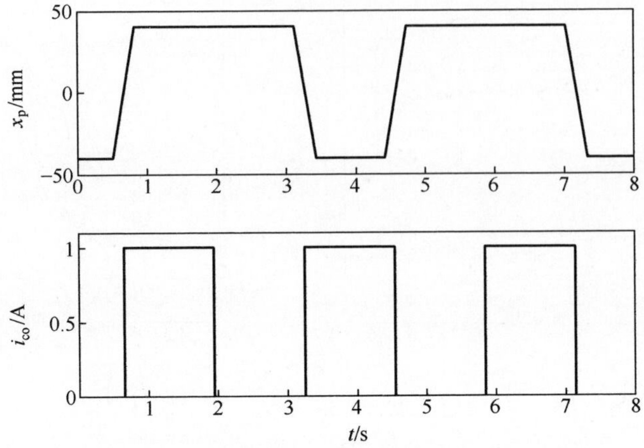

图 8.10　梯形位移输入和电流输入；I_{max} = 1A

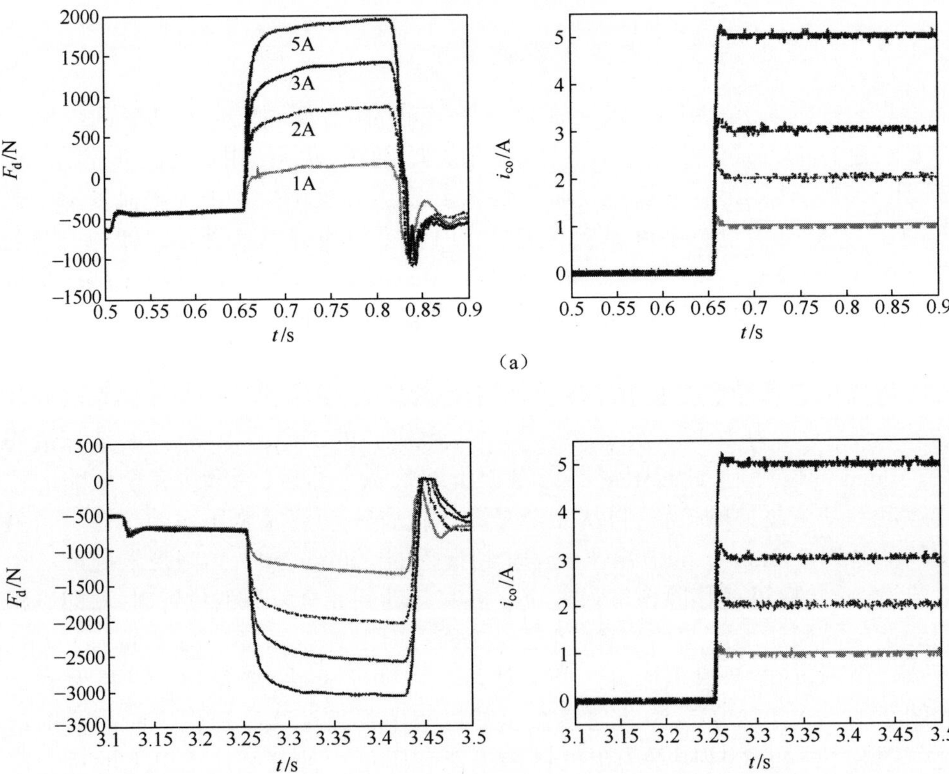

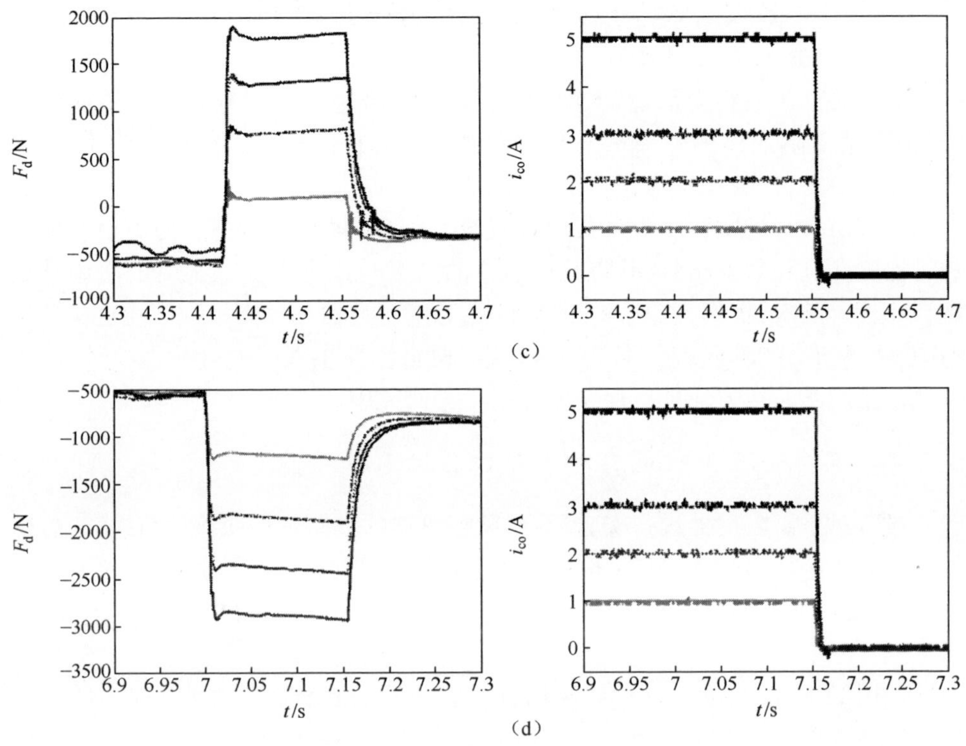

图 8.11 样机三的瞬态响应；V_P = 262mm/s

(a)复原行程，关断-开启；(b)压缩行程，关断-开启；

(c)复原行程，开启-关断；(d)压缩行程，开启-关断。

使用PI电流驱动器给磁流变阻尼器线圈施加设定的电流值，输入电流的大小由控制器的输出电压决定。可以从实验数据总结出阻尼器在阶跃电流输入时的非线性特征。当电流发生变化后，活塞之中会产生感应涡流，这会减缓阻尼力的变化过程。因此，线圈电流会比输出阻尼力更快地达到饱和值。

为了估计受控电路的动态特性，本节利用实验估计线圈电流的上升时间和衰减时间。在电流上升时，分别测量线圈电流达到电流峰值的63%和95%所需要的时间；在电流衰减时，分别测量线圈电流下降到电流峰值的37%和5%所需要的时间。线圈电流上升的过程中，相应的上升时间分别为3.5ms和6.7ms；在线圈电流衰减时，相应的衰减时间分别为2ms和7.1ms。实验结果表明，当电流减小时，线圈电路在电流变化后的前3ms内执行速度最快。

8.2 单筒磁流变阻尼器的模型验证

本节验证了三种阻尼器的建模结果。每种阻尼器的控制阀具有不同的特征,这决定了阻尼器的建模需要使用双塑性 Bingham 模型,建模过程详见第 5 章。在本节中,作者详细地讨论了这种方法的优点。

本节所进行的实验主要涉及两种磁流变阻尼器模型。首先,使用稳态模型进行实验测试和数值仿真,并将数值仿真的结果与固定电流输入时的实验结果进行比较。其次,根据实验中的电流输入,分析阻尼器的动态模型。在这两种模型中,几乎所有的输入参数都是结构参数、材料特性参数或电磁特性参数,这使得该模型能够非常方便地应用于实际的工程研究中。

8.2.1 单筒磁流变阻尼器对正弦位移输入的响应

本节对单筒阻尼器进行实验,给单筒阻尼器的缸筒施加激振载荷,实验过程如图 8.2 所示。同时,本节将详述三种磁流变阻尼器样机在大冲程输入下的响应,小冲程输入下的实验只对样机三进行,实验结果分别如图 8.13(a)~图 8.20 所示。

使用 FEMM ver. 4.2 软件对磁场进行有限元仿真分析,计算过程中使用的阻尼器参数见表 8.1,阻尼器和活塞组件中使用的 SAE 1010 低碳钢的 $B-H$ 特性见表 8.2。了解环形间隙中磁通量密度的分布对于准确估算平均屈服应力非常重要,因此,首先对磁场分布进行分析。阻尼器的磁路为二维轴对称结构,通过有限元仿真来估算磁路的各种特性,分析结果如图 8.12 所示。其中,图 8.12(a),(b)为不同的线圈电流输入条件下的磁场特性;图 8.12(c)为环形间隙磁通密度 B_g 随线圈电流 I_{co} 的变化情况。

阻尼器的计算模型基于第 5.1.1 节的式(5.14)建立,图 8.17 显示了活塞速度为 1024 mm/s 时阻尼器的动态特性。如前所述,样机一的阻尼力随速度和输入电流的变化而变化,这正是无旁路受控磁流变阻尼器的典型特征。但是,在所有线圈电流大于 1A 的实验中,都可以观察到阻尼力的衰减,该现象可能是由于活塞中磁流变液的泄露而导致。由于磁芯外表面上有绝缘塑料(图 3.7),在活塞速度较低时,磁路中会出现一个微小的变化,但这个变化会对阻尼器造成很大的影响,而 Bingham 模型无法描述这一影响。因此,传统 Bingham 模型并不适用于描述本书所设计阻尼器的输出阻尼力特性。本书使用式(4.43)中的双塑性模型对阻尼器进行建模。

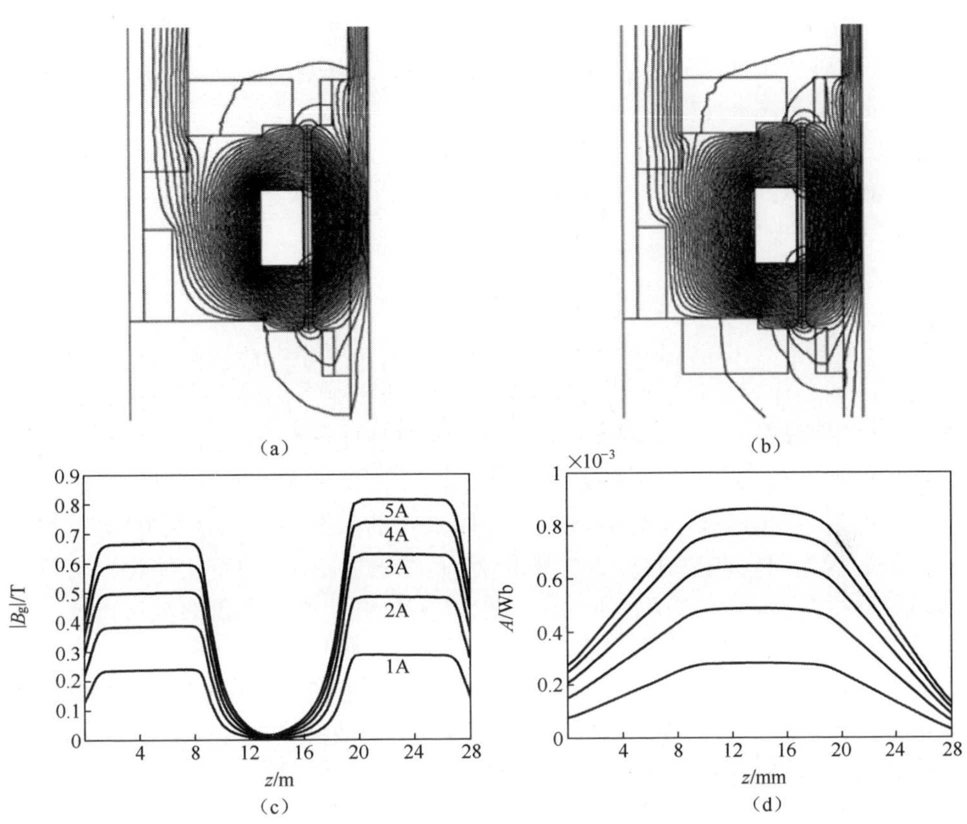

图 8.12 有限元仿真实例：磁感线分布、磁通密度和磁位

(a) $I_{CO}=0A$；(b) $I_{CO}=5A$；(c) B_g-I_{CO}；(d) $A-I_{CO}$。

表 8.2 样机一和样机二：黏度比 γ 和磁通密度 B_g 随线圈电流 I_{CO} 的变化

	$I_{CO}=0A$	$I_{CO}=1A$	$I_{CO}=2A$	$I_{CO}=3A$	$I_{CO}=5A$
γ(-)	0.06	0.0133	0.0103	0.0089	0.0079
B_g/T	0.0	0.26	0.42	0.52	0.62

双塑性 Bingham 模型的参数 (δ,γ) 一般通过流体仿真获得，而本书通过每种阻尼器实验数据的参数识别来获得。实验结果表明，样机一的屈服应力比 δ 是一个定值，约为 0.389。当环形间隙中的磁场强度变化时，该参数几乎不发生变化。黏度比 γ 随线圈输入电流（间隙磁通密度）的变化趋势如图 8.13(a) 所示。流量系数 C 对于估计高速状态下的阻尼器性能有非常重要的作用，在给阻尼器线圈通电（$I_{co}>0$）的情况下，C 的估计值为 0.45；在阻尼器线圈中无电流时

($I_{co}=0$),C 的估计值为 0.75。实际行为和实验观察结果基本一致。如图 8.14 所示,在实验规定的输入活塞速度和线圈电流范围内,阻尼器的稳态模型性能良好。此外,基于图 8.17 的实验结果进行分析可知,第 5.1.1 节中的动态模型能够很好地表示阻尼器的阻尼力-速度关系以及阻尼力-位移关系。此外,该模型能够很好地体现阻尼力和速度之间的滞后关系以及活塞运动到反转点处时发生的阻尼力振荡现象。

样机二的实验结果包括阻尼力与位移的关系、阻尼力与速度的关系以及稳态阻尼力与速度的关系,结果分别如图 8.15~图 8.18 所示。数值计算的结果分别如图 8.15(稳态模型)和图 8.18(动态模型)所示。实际应用的阻尼器经常采用各种旁路特征来优化活塞结构,以改善活塞输入速度趋近于零时的阻尼力衰减问题。由于样机二的活塞组件中存在旁路,其性能与汽车中使用的半主动阻尼器的性能类似,如图 8.15 所示。当活塞的输入速度较低时,样机二的阻尼力变化幅度是三种阻尼器样机中最小的。样机二的屈服应力比 δ 为 0.389(与第一种阻尼器相同),黏度比 γ 随线圈电流(间隙磁通密度)的变化趋势也与第一种阻尼器相同,如图 8.13(a)所示。此外,带有锋利边缘的孔盘的流量排放系数为 0.5。在实验设定的活塞输入速度和线圈电流大小的范围内,稳态模型的性能如图 8.15 所示。由图可知,不论磁流变液处于哪种流动状态,静态模型都能够很好地描述阻尼器的静态特性。此外,通过实验数据分析可知,阻尼器动态模型可以非常准确地描述阻尼器的动态特性,如图 8.18 所示。

样机三的活塞组件中存在旁路,其输出阻尼力的理论结果和实验结果如图 8.16 和图 8.19 所示。除了环形流道中存在磁通旁路之外,样机三的活塞结构和样机一完全相同。因此,样机三的磁通密度随线圈电流的变化趋势也与样机一类似,如图 8.13(a)所示。

样机二通过增加额外的流动路径来实现当活塞输入速度趋近于零时阻尼力的衰减,而样机三则是通过局部中断环形间隙的磁场分布来实现阻尼力的衰减。与样机一类似,样机三的流道几何特征决定了不能使用塑性 Bingham 模型对此类阻尼器进行描述。因此,样机三也使用双塑性 Bingham 模型进行建模。然而,与样机一相比,样机三的屈服应力比 δ 为 0.219(接近样机一的 2 倍),这有助于降低当活塞的输入速度为零时的分离力。如图 8.13(b)所示和表 8.3 所列,在活塞输入速度较低时,大部分磁流变液在环形间隙中流动,因此,样机三的黏度比 γ 比样机一更大。这证明了在活塞输入速度为零时,活塞中的旁路可使阻尼器产生较低的输出阻尼力。在所有给线圈通电的实验中,都可以观察到阻尼力的衰减。实验证明,在设定的活塞输入速度和线圈电流大小的范围内,稳态模型的性能非常好。无论磁流变液处于何种流动状态(即预屈服状态,屈服后状态和高速流动状态)时,该模型都能够很好地描述阻尼器的行为。

表 8.3　样机三:黏度比 γ 和磁通密度 B_g 随线圈电流 I_{CO} 的变化

	$I_{CO}=0A$	$I_{CO}=1A$	$I_{CO}=2A$	$I_{CO}=3A$	$I_{CO}=5A$
$\gamma(-)$	0.06	0.0175	0.0128	0.0107	0.00958
B_g/T	0.0	0.26	0.42	0.52	0.62

如图 8.19 所示,实验所得的数据与动态模型基本一致。除了能得到输出阻尼力的大小,该模型还能够很好地体现阻尼力和速度之间的滞后关系以及由于流体惯性引起的阻尼力振荡。

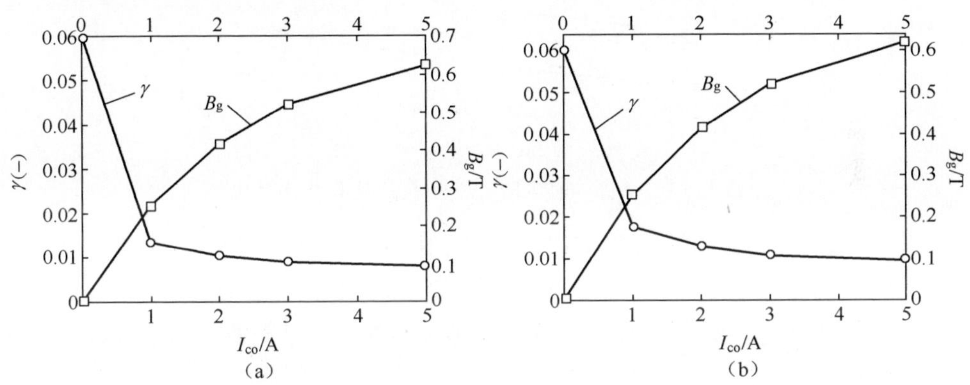

图 8.13　$\gamma-I_{CO}$ 和 B_g-I_{CO} 关系图

(a)样机一和样机二;(b)样机三。

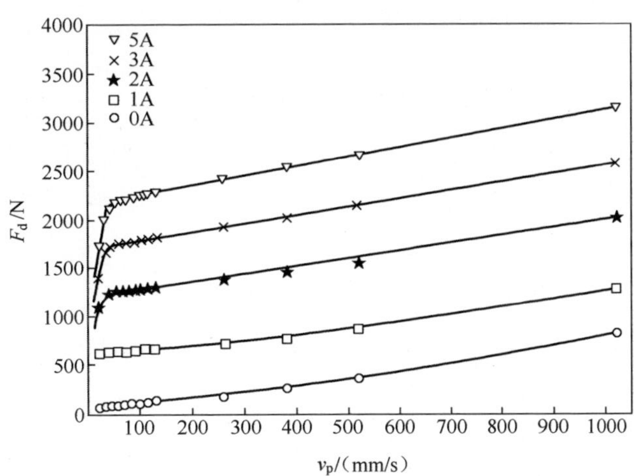

图 8.14　样机一的实验数据和数值计算结果对比

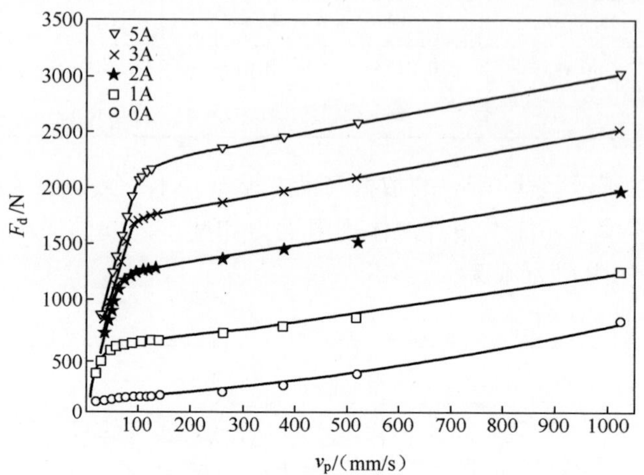

图 8.15 样机二的实验数据和数值计算结果对比

样机三的活塞组件中有带有磁通旁路,其实验结果如图 8.16 和图 8.19 所示。除了环形间隙中具有磁通旁路外,活塞的几何形状和参数与样机一的活塞完全相同。因此,线圈电流的磁通密度变化与图 8.13(a)类似。

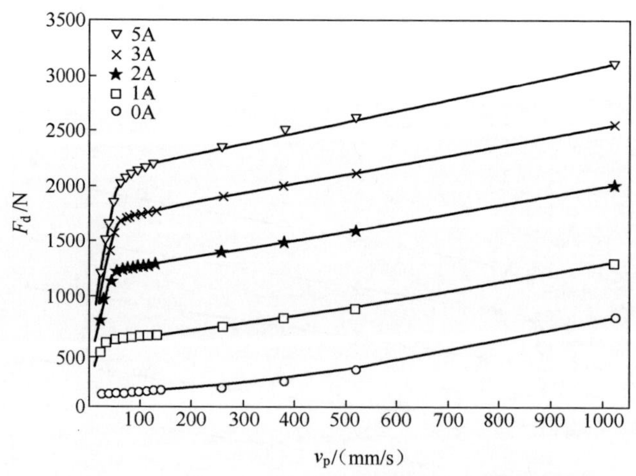

图 8.16 样机三的实验数据和数值计算结果对比

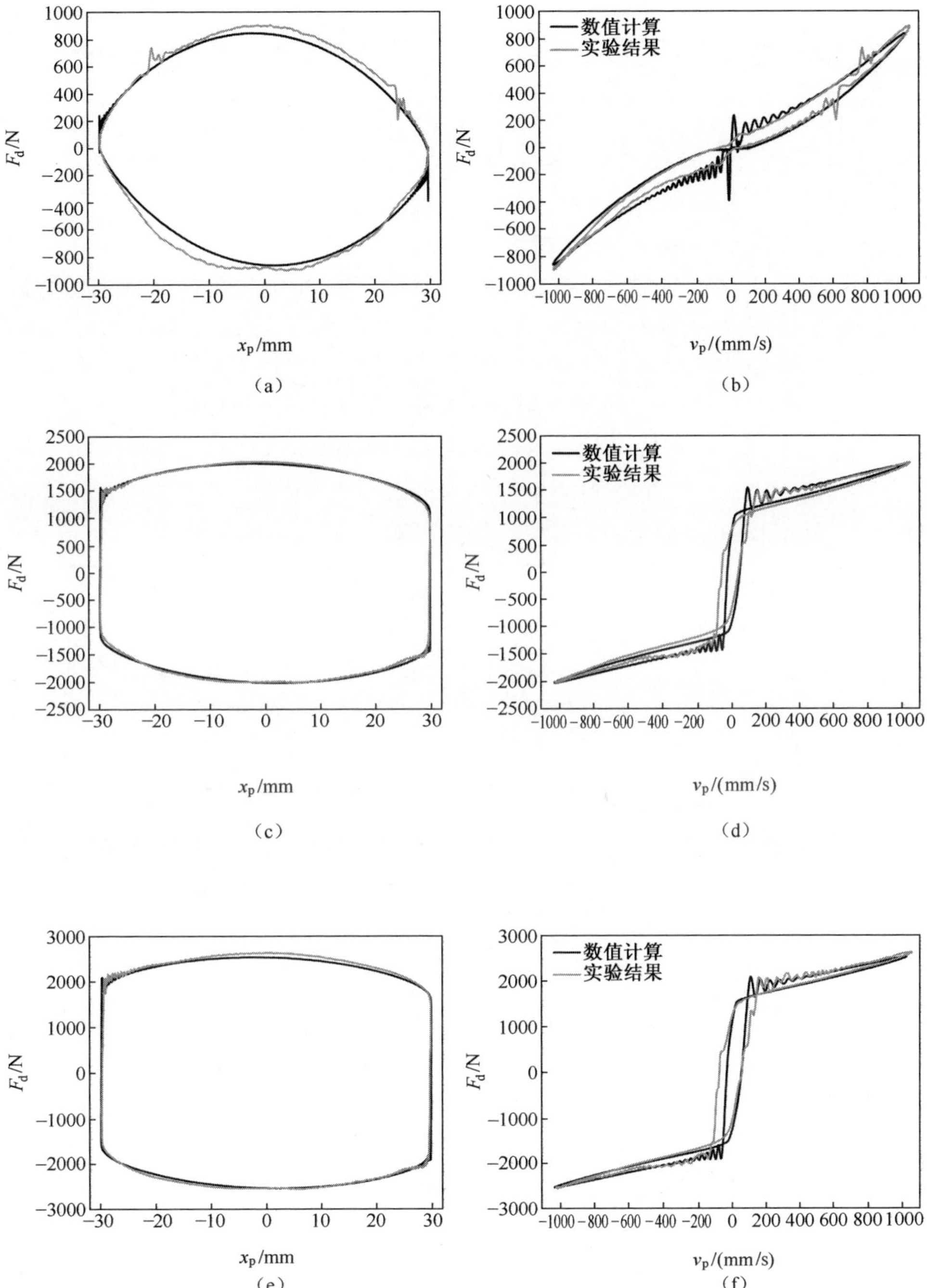

1000
800
600
400
200
0
−200
−400
−600
−800
−1000
F_d/N
−30 −20 −10 0 10 20 30
x_p/mm
(a)
数值计算
实验结果
−1000 −800 −600 −400 −200 0 200 400 600 800 1000
v_p/(mm/s)
(b)
2500
2000
1500
1000
500
−500
−1000
−1500
−2000
−2500
(c)
(d)
3000
2000
1000
−1000
−2000
−3000
(e)
(f)

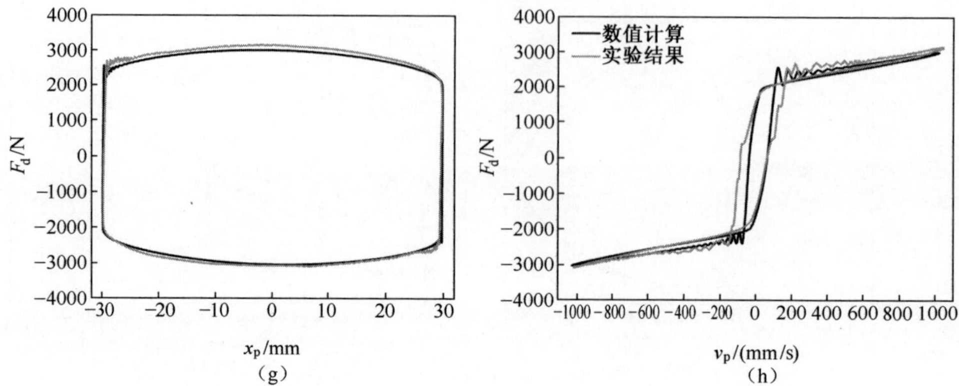

图 8.17 样机一:实验数据和仿真结果对比($X_p = 30$mm, $V_P = 1024$mm/s)

(a)$I_{CO} = 0$A;(b)$I_{CO} = 0$A;(c)$I_{CO} = 2$A;(d)$I_{CO} = 2$A;

(e)$I_{CO} = 3$A;(f)$I_{CO} = 3$A;(g)$I_{CO} = 5$A;(h)$I_{CO} = 5$A。

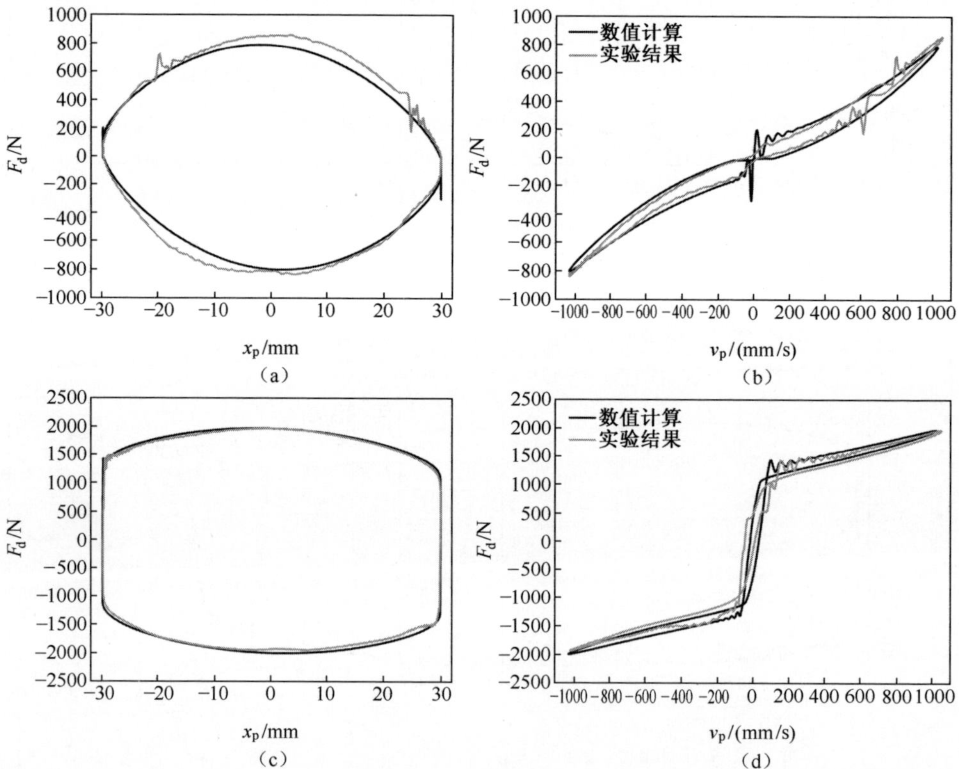

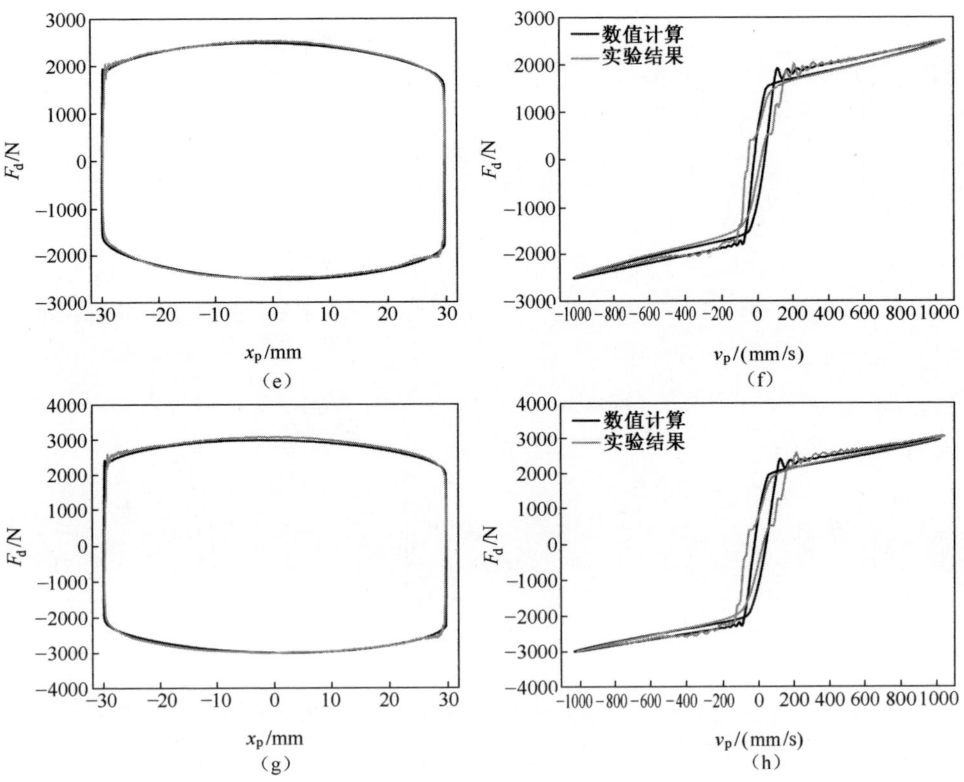

图 8.18 样机二:实验数据和仿真结果对比($X_p = 30$mm,$V_P = 1024$mm/s)

(a)$I_{CO} = 0$A;(b)$I_{CO} = 0$A;(c)$I_{CO} = 2$A;(d)$I_{CO} = 2$A;

(e)$I_{CO} = 3$A;(f)$I_{CO} = 3$A;(g)$I_{CO} = 5$A;(h)$I_{CO} = 5$A。

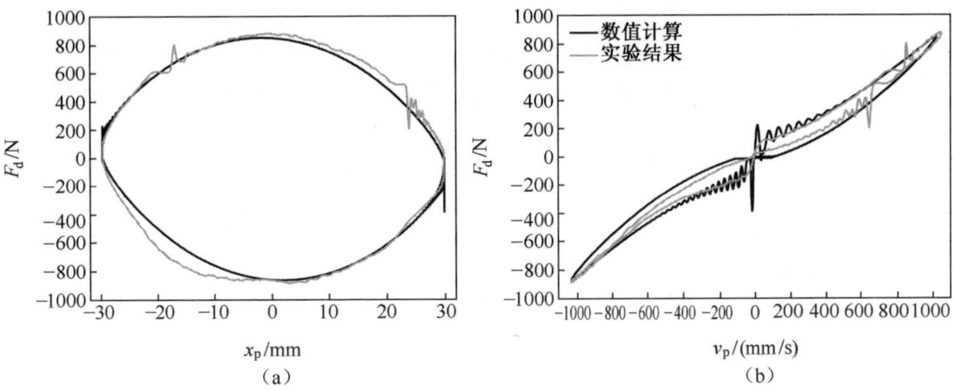

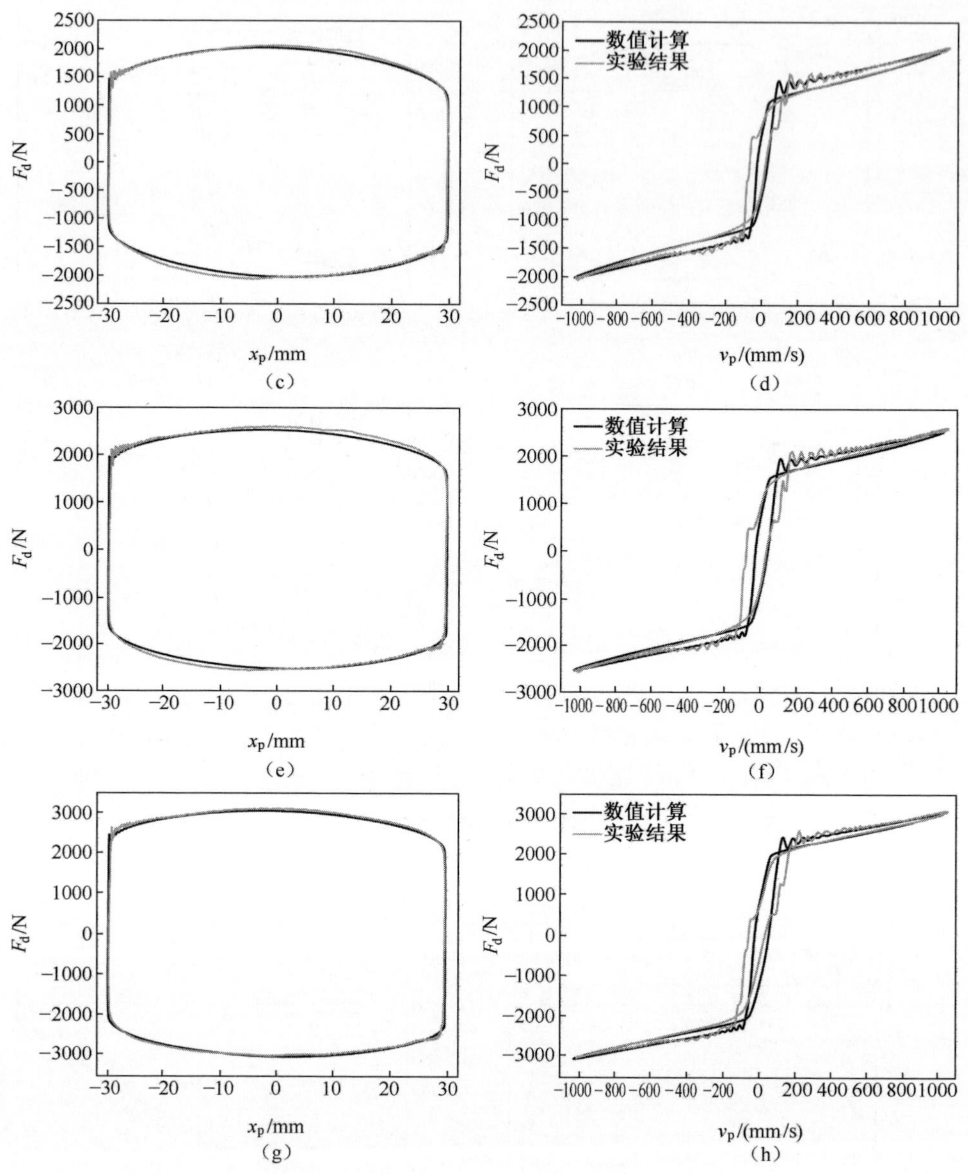

图 8.19 样机三:实验数据和仿真结果对比

($X_p = 30\text{mm}, V_P = 1024\text{mm/s}$)

(a) $I_{CO} = 0\text{A}$; (b) $I_{CO} = 0\text{A}$; (c) $I_{CO} = 2\text{A}$; (d) $I_{CO} = 2\text{A}$;

(e) $I_{CO} = 3\text{A}$; (f) $I_{CO} = 3\text{A}$; (g) $I_{CO} = 5\text{A}$; (h) $I_{CO} = 5\text{A}$。

最后，图 8.20 显示了当速度峰值为 262mm/s，线圈电流在 0~5A 范围内时，小冲程实验的结果和数值计算的对比情况。总之，该模型能够预测阻尼力和速度之间的滞后关系以及阻尼力-位移环随激振频率变化在图像上发生的旋转现象。活塞运动到反转点处时出现的阻尼力异常（图 8.20(c)）可能是由于测试仪器的问题，而不是阻尼器本身的结构特征所导致的。类似地，测试仪器的问题可能导致了阻尼器的输出阻尼力在活塞运动反向点处出现振荡。例如，当运动方向变化时或阻尼器由压缩状态转变为复原状态时的阻尼力振荡。虽然，该模型可以体现出阻尼力的振荡，但在数值仿真的结果中阻尼力的振荡程度被降低了。

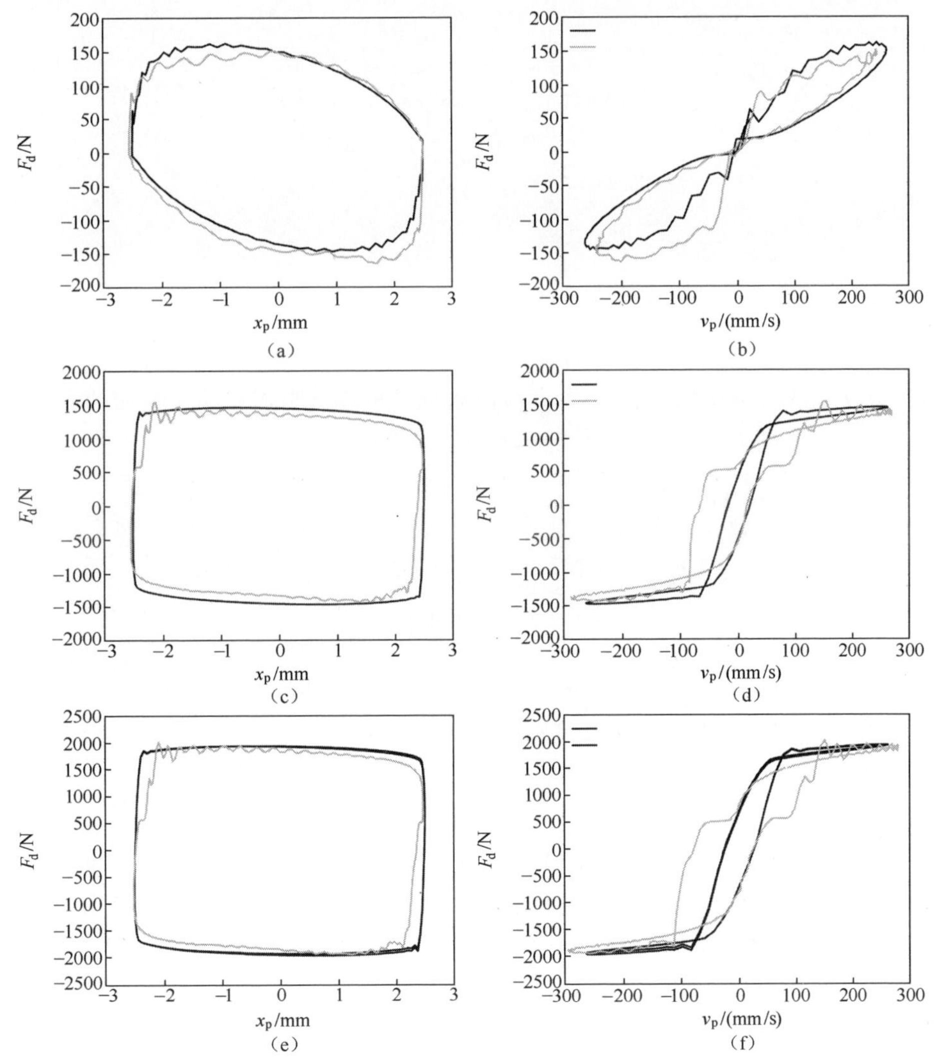

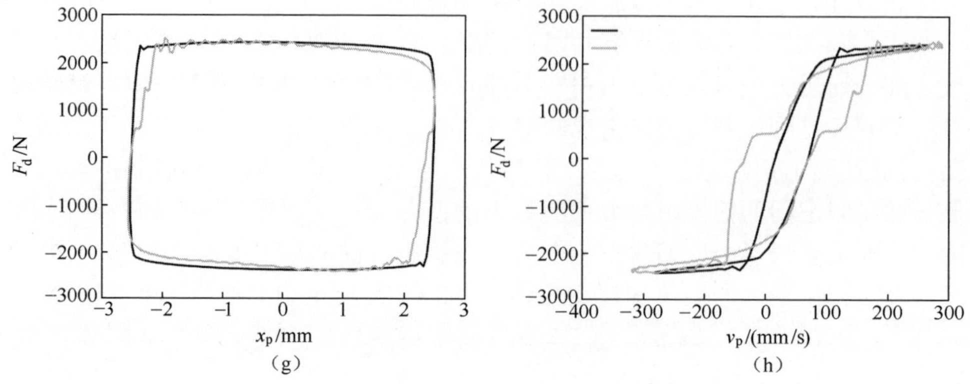

图 8.20 样机三:实验数据和仿真结果对比

(X_p = 2.5mm, V_P = 262mm/s)

(a) I_{CO} = 0A; (b) I_{CO} = 0A; (c) I_{CO} = 2A; (d) I_{CO} = 2A;

(e) I_{CO} = 3A; (f) I_{CO} = 3A; (g) I_{CO} = 5A; (h) I_{CO} = 5A。

8.2.2 单筒磁流变阻尼器的瞬态响应

本节对第5章中提出的单筒阻尼器模型进行了仿真分析,计算过程中涉及的参数在4.4.3节中已列出。为了验证阻尼器的瞬态响应,对其施加如图8.10所示的恒定速度输入(梯形位移输入)和步进电流输入。

本节对比了针对线圈电路提出了两种建模方案,即基本LR(电感-电阻)模型和二阶网络模型,分别如图8.21(a),(b)所示。如图8.22所示,通过比较这两种方案可得,一阶LR模型能够很好地描述线圈电流上升和衰减时阻尼器的响应。如图8.23所示,使用一阶LR模型描述线圈电路时,阻尼器并不能产生实验中观察到的阻尼力峰值,这表明了该模型高估了阻尼器在稳态时的输出阻尼力。虽然一阶LR电路模型可以描述实验中观测到的时变形为,但这个模型并不能清晰地描述阻尼器在非稳态时的阻尼力变化。因此,一阶基本LR电路模型的性能不佳。

图8.21(b)和图4.30所示为二阶LR网络模型,电路模型中的闭环部分表示涡流电路。该模型中存在寄生电路,其中的感应电流是基于主电路中的电流以及主电路和辅助电感器之间的耦合而产生的。由图8.24可知,该模型能够很好地描述线圈电流和输出阻尼力的变化,并且能够很好地复现阻尼力在达到稳定状态之前的变化率。因此,相比于一阶基本LR模型,二阶网络模型有更好的描述效果。在这一系列实验中,线圈耦合系数 k_c = 0.5,寄生回路电阻 R_{c2} = $3e^{-4}\Omega$。

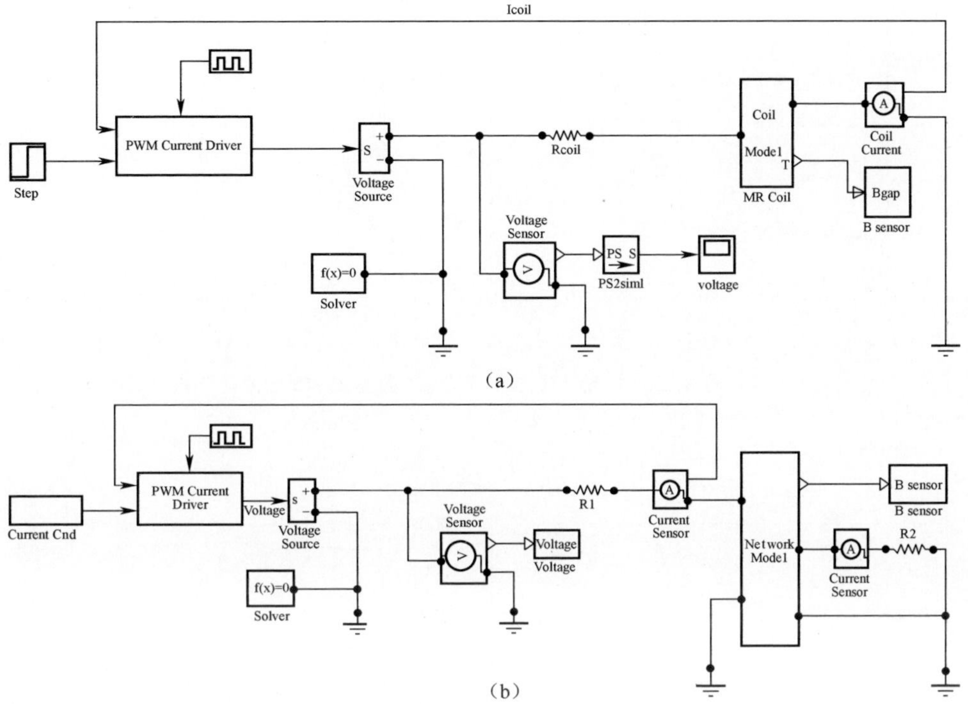

图 8.21　线圈电路的两种建模方案(Simulink/Simscape)

(a)一阶 LR 电路模型(图 4.29(a));(b)二阶网络模型(图 4.30)。

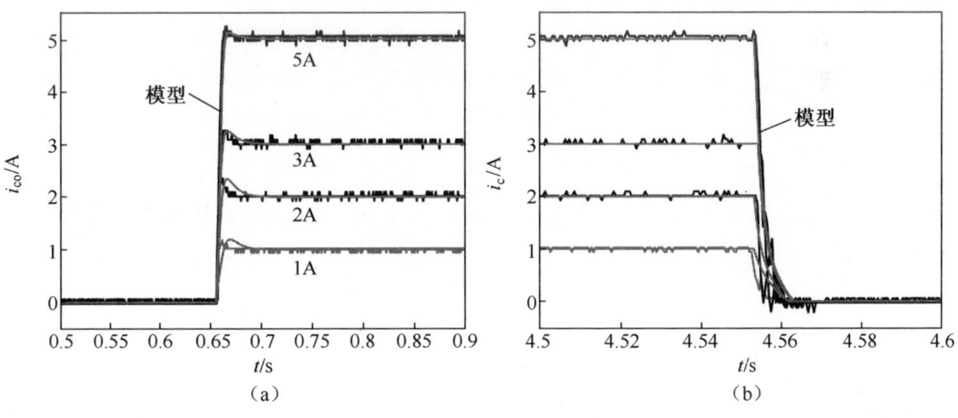

图 8.22　线圈电流(计算和实验结果对比)(V_P = 262mm/s)

(a)电源关断-开启;(b)电源开启-关断。

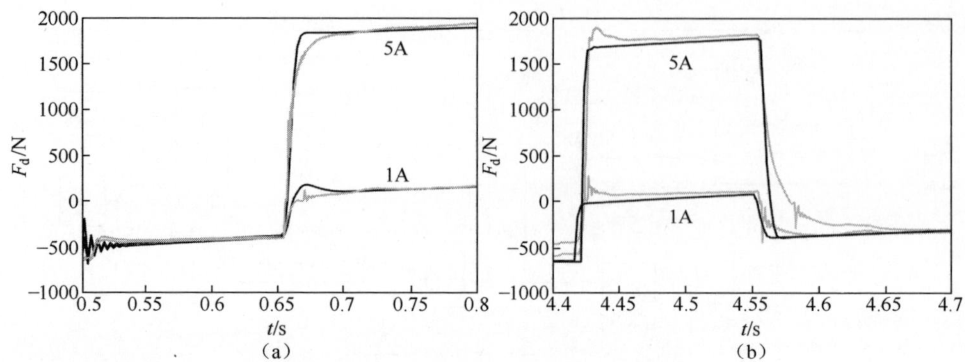

图 8.23 一阶 LR 电路模型:线圈电流-阻尼力
(计算和实验结果对比)(V_P = 262mm/s)
(a)电源关断-开启;(b)电源开启-关断。

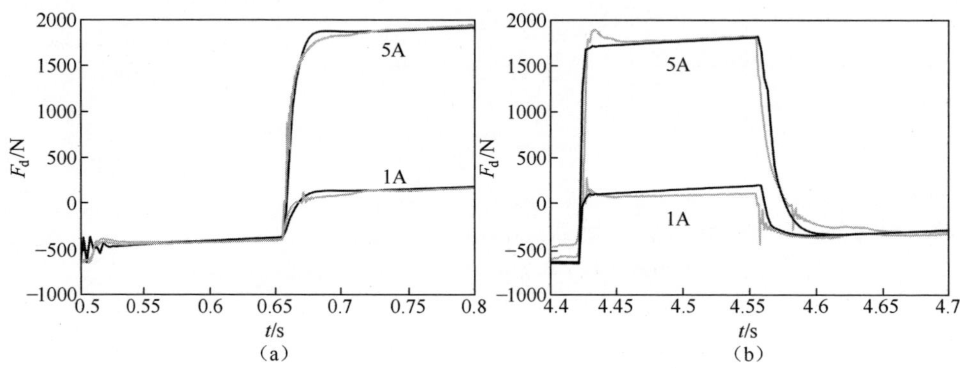

图 8.24 二阶网络模型模型:线圈电流-阻尼力:
(计算和实验结果对比)(V_P = 262mm/s)
(a)电源关断-开启;(b)电源开启-关断。

此外,二阶网络模型可以通过增加次级电流回路的方法来提高准确性,使其能够更好地描述阻尼力的变化趋势。

8.3 本 章 小 结

本章的实验及仿真是基于第 5 章建立的稳态模型和动态模型展开的。本章阐述了三种不同结构磁流变阻尼器的实验结果,这三种阻尼器都是为了验证数学模型而设计的实验样机。这些实验中设置的变量包含了磁流变阻尼器的输入速度以及阻尼器中磁流变液的各种流动状态。首先,进行了大行程实验,给阻尼器施加较高的输入速度，最高为1024mm/s（激励频率最高为6Hz），设置线圈电流为0~5A。然后进行了小行程实验，阻尼器活塞的峰值速度不超过262mm/s，激振频率约为16Hz。

在样机一中，磁流变液只能在环形间隙中流动。样机二中设置了流动旁路以在活塞的输入速度较低时获得最佳的阻尼力衰减效果。而样机三则使用磁通旁路来干扰和降低环形间隙中的磁场强度，使得磁流变液可以在较低的压力差下流过活塞。实验证明，活塞中的任何附加特征都会影响阻尼器的输出阻尼力和阻尼器在低速时的运行状态。

磁流变阻尼器是一种动态设备，因此，应适当的将模型中的恒定磁场改为波动的磁场。所以，接下来进行了关于斜坡位移输入（恒定速度输入）和步进电流输入的一系列实验。实验中，输入速度为定值，将线圈输入电流设置为1~5A的阶梯状电流。结果表明，一阶（但非线性）LR电路模型能够描述线圈电流随时间的变化情况，但并不能准确描述阻尼力的变化。以二阶网络模型为基础提出了扩展模型，结果表明该模型的性能良好，可为后续深入的研究提供坚实的基础。

本章研究结果表明，当活塞输入速度在一定范围内时，基于G-S方案的方法能够描述阻尼器的所有重要性能。该方案考虑了屈服应力变化对阻尼器的影响、高速损耗、滞后和流体惯性。这种建模方法仅使用几何参数和材料属性来计算阻尼力，其中，双塑性Bingham模型的黏度比和屈服应力比可从实验数据或流体数值仿真结果中估算得到。因此，该模型的使用十分方便。

基于本章对于建模结果的分析，本书建立的稳态模型和动态模型都可以用于磁流变阻尼器的实际研究和分析中。

第 9 章　能量收集磁流变阻尼器

9.1 引　　言

能量收集阻尼器能够回收常规阻尼器消耗的动能，自 20 世纪 90 年代以来，能量收集阻尼器因这一特性而备受关注。过去的 20 年中，已有大量的研究工作取得了成效。研究者们分别探索了能量收集阻尼器的设计思想、原理及结构，并注册了多项相关专利。目前的研究主要集中于能量收集阻尼器在不同领域的应用，例如，汽车(Sung et al. ,2008)、铁路车辆(Wang et al. ,2009a,b)、土木工程(Gordaninejad et al. ,2010)等。其中，因为汽车悬架能量收集装置能够回收传统油液阻尼器所浪费的大量能量，所以应用于汽车行业中的能量收集装置受到了极大的关注。

振动能量收集也称为能量采集，是目前最有前景的技术之一。如图 9.1 所示，典型的振动能量收集系统由以下几部分组成：具有外激励的机械系统、将振动能量转换为电能的能量转换器、用于运动传递和放大的机构、电力电子设备、储能装置及能量控制电路。

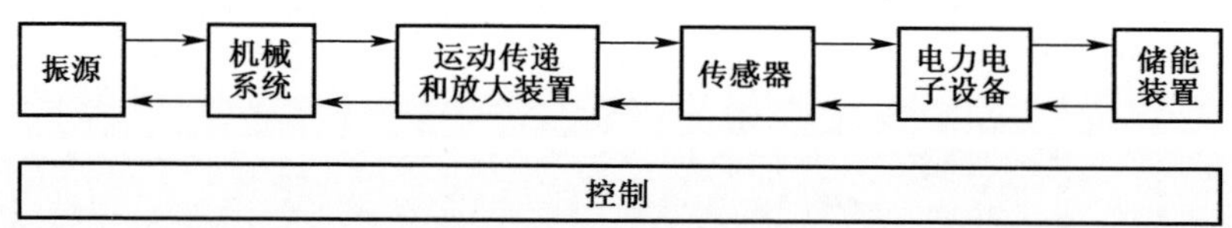

图 9.1　振动能量收集系统的系统框图(Zuo,Tang,2013)

Zhang 等人(2013)回顾了能量可再生汽车悬架系统的研究现状，根据工作原理将这些悬架系统分为两类：机械式振动能量回收悬架与电磁式振动能量回收悬架。其中，机械式振动能量回收悬架由传统液压(空气)悬架改造而成，能够吸收悬架的动能并将其转化为液压能(气压)存储于储能装置中(Aoyama et al. ,1990;Jolly et al. ,1997;Noritsugu,1999)。由于电磁式回收悬架可将冲击产生的能量转化为更易于再利用的电能，近年来的研究重点逐渐从机械式振动能量回收悬架转向电磁式振动能量回收悬架。电磁式回收悬架主要有 6 种类型：直接激励电磁悬架(Nakano et al. ,2004)、滚珠丝杠电磁悬架(Zhang et al. ,

2008)、齿轮齿条电磁悬架(Pei,2010)、行星齿轮电磁悬架(Kawa-moto et al.,2007)、液压传动电磁悬架(Levant Power,2014)及自供电磁流变悬架(Choi et al.,2009;Kim et al.,2010;Sapinski,2011)。最后一种悬架采用能量收集磁流变阻尼器(EH-MR 阻尼器),悬架中装有可将振动能量转化为电能的电磁传感器。与传统的磁流变阻尼器不同,这种阻尼器的振动能量不会以热量形式耗散。

近年来,人们对能量收集领域的磁流变阻尼器产生了极大兴趣,并设计出了自供能磁流变阻尼器,在提高电磁式能量采集器的效率方面取得了重大进展。Scruggs 和 Lindner(1999)首次提出将结构振动中回收的能量用于驱动磁流变阻尼器。自此,在这一领域逐渐展开了许多不同的研究项目。例如,Cho 等人(2004)设计了一种基于电磁感应(EMI)能量回收技术的磁流变阻尼器,并将其应用于土木工程领域中。实验结果表明,该系统的性能优于传统磁流变阻尼器系统。Choi 等人(2007)提出了一种由磁流变阻尼器与电磁感应装置组成的结构。Hong 等人(2007)设计了一种基于电磁感应能量回收技术的磁流变阻尼器,并验证了系统在抗震应用中的有效性。Choi 等人(2007)设计了一种智能被动控制系统,其中包含了磁流变阻尼器和用于产生电能的电磁感应装置。Choi 和 Wereley(2009) 提出了一种基于弹簧-质量模块的电磁感应装置,利用该装置设计了自供能磁流变阻尼器,并在理论上证明了它的可行性和有效性。Lam 等人(2010)为实现闭环振动控制,开发了具有双重感应功能的磁流变阻尼器(安装有压电力传感器和位移传感器)。实验结果表明,该装置具备可靠的力传感和位移传感能力,并在实时反馈控制中实现了减轻结构振动的目的。Wang 等人(2009b)提出了一种能量可再生半主动磁流变阻尼器振动控制系统,该系统包括齿轮齿条机构、线性永磁式直流发电机、磁流变阻尼器、电流调节器及控制电路等,相关实验表明该系统具有可行性且性能良好。Zhu 等人(2012)测试了将电磁线性传动装置用于减振和能量收集的可行性。此外,理论分析和实验结果表明,通过给阻尼器连接一个外部电路,可使其阻尼特性和能量收集特性得到显著改善。

研究表明,从电磁感应装置产生的电压信号中提取阻尼器相对速度的信息在技术上是可以实现的,这使能量收集磁流变阻尼器能够实现速度自感知,即该装置可发挥速度传感器的功能。例如,Jung 等人(2009a)研究了磁流变阻尼器振动控制系统的电磁感应装置的感应能力,证明了该装置可以作为速度传感器使用。随后,Jung 等人(2009b)研究了一种基于磁流变阻尼器和电磁感应装置的智能被动控制系统,并将其应用于高架桥的振动控制中。Jung 等人(2010a)研究了电磁感应装置的感应能力,并将电磁感应装置集成到磁流变阻尼器系统中,实验结果证明该装置可作为速度传感器使用。Wang 等人(2009a)提出了一种集成相对位移自传感的磁流变阻尼器,实现了相对位移传感与阻尼可控的功能集成化。基于以上研究,Wang 和 Bai(2013)对这种磁流变阻尼器的原型进行了设计、制造与测试,其工作原理是基于励磁线圈的频分复用及拾波线圈和感应线圈的功能复用。Chen 和 Liao(2010)设计了一种具有发电功能的磁流变阻尼器,将能量收集技术、动态传感技术和磁流变技术集中在一个装置中。此外,Chen 和 Liao(2012)对具有自供电和自传感功能的磁流变阻尼器原型进行了理论分析和实验研究,并申请了相关专利。他们提出该装置的运行需要一种高效的能量收集器及一种提取精确速度信息的特殊方法。Zhu 等人(2012)提出一种自供电自传感的磁流变阻尼器系统,在电力供应不足的大型民用结构中,该系统仍可持续工作。Li 等人(2013b)提出了一种机械运动换向器,可将双向运动转换为单向运动。该装置通过减少冲击力来提高可靠性,通过降低摩擦力来提高效率,从而使发电机以相对稳定的速度单向旋转,使其具有较高的能量效率。

能量可再生汽车磁流变阻尼器能够从悬架振动中回收能量。这种阻尼器主要分为两类:第一类是针对线性发电机设计的线性阻尼器,采用电磁换能器从磁体和线圈之间的相对运动中产生能量;第二类是将线性悬架的振动转换成旋转振荡,采用旋转永磁直流发电机或交流发电机收集能量。在车辆阻尼器领域中,采用电磁换能器进行能量转换的其他阻尼器(黏性阻尼器、摩擦阻尼器和黏弹性阻尼器)也得到了广泛的应用。例如,Lafarge 等人(2013)设计了一种安装在车轮组件上的能量收集阻尼器,该阻尼器考虑了道路条件的变化,且能够对收集的能量进行量化。这种能量回收系统可集成在磁流变阻尼器内,进而应用于不同类型的车辆中。Li 等人(2013a)设计了一种基于永磁体和齿轮齿条机构的新型阻尼器,该阻尼器可从汽车悬架的振动中产生电能,并且通过道路测试验证了这种阻尼器具备能量收集能力。

本章研究了一种 EH-LMR 阻尼器,这种阻尼器能够从振动中回收能量并通过自我调节适应外部激励。如图 9.2 所示,该阻尼器主要包括三个部件:磁流变阻尼器、发电机和调节电子单元。

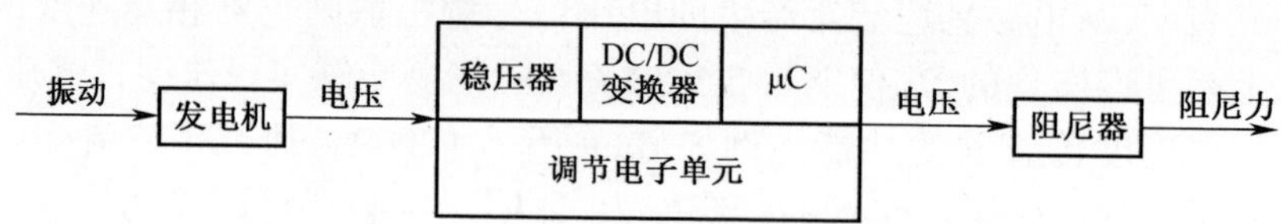

图 9.2 EH-LMR 阻尼器能量回收示意图

在前面的章节中,作者验证了采用无量纲法设计流动模式磁流变阻尼器的可行性并设计了单筒磁流变阻尼器的结构。因为 EH-LMR 阻尼器中的活塞结构与单筒阻尼器的活塞结构相同,因而不对其进行详述。此外,在 Sapinski

(2011)的研究中介绍了磁流变阻尼器的振动控制系统及各个零部件的设计。基于以上结果,本章的工作重点是将磁流变阻尼器和发电机集成在一个装置中。为设计 EH-LMR 阻尼器,本书提出了一种新型发电机结构,且与 Sapinski 和 Krupa(2013)的研究相比效果更好。

本章内容安排如下:第 9.2 节概述发电机的结构设计和工作原理,并对其实验测试与数值分析结果进行比较;第 9.3 节介绍磁流变阻尼器的结构设计和描述其性质的模型,并将该装置的实验与数值计算结果进行比较;第 9.4 节介绍调节电子单元的结构、仿真和实验结果;第 9.5 节介绍 EH-LMR 阻尼器的结构设计及相关实验。最后,在第 9.6 节中给出结论。

9.2 发电机的设计与分析

发电机的原理如图 9.3 所示,主要部件的尺寸见表 9.1。图 9.3 为该装置在 rz 坐标系中的纵剖面图,由图可知,磁体位于线圈绕组中心($z = 0$mm),且可以在(10,+10)mm 的范围内移动。

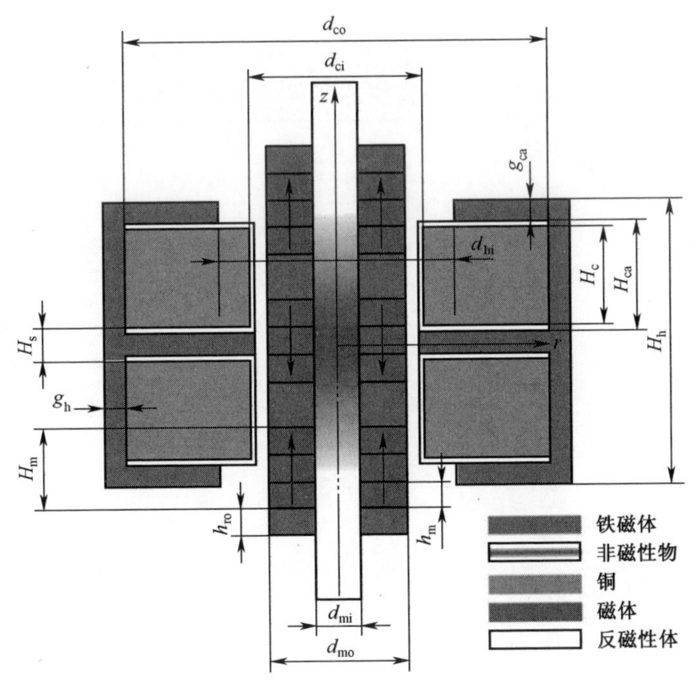

图 9.3 发电机的原理图

发电机的结构如图 9.4 所示，该装置轴向对称，由三个永磁体系统（每个永磁体系统包含三个磁体）、两个内圈和两个外圈组成。每个线圈中包含两个绕组，每个绕组的匝数为 273 匝，线圈绕在具有单侧绝缘铜箔的线圈架上（箔厚度为 0.05mm，绝缘厚度为 0.03mm）。磁铁采用钕铁硼 N35（Tec，2014）制成，呈环形，轴向磁化的方向在图中用箭头表示。

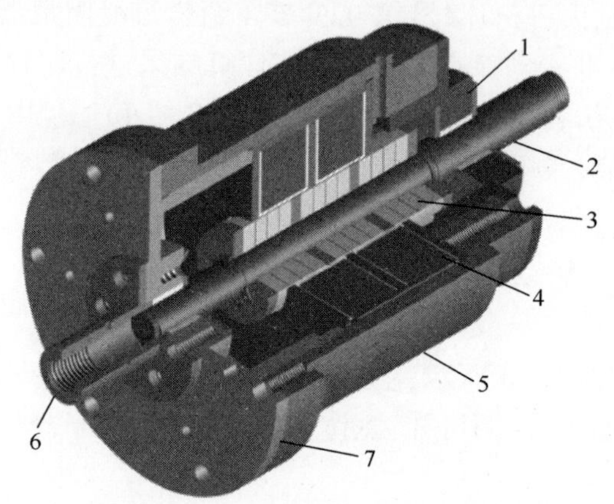

图 9.4　发电机的结构图

1—上端盖；2—轴；3—磁铁；4—线圈；5—外壳；6—紧固件；7—下端盖。

表 9.1　活塞和活塞杆的主要尺寸

部件	参数/mm	数值
磁铁	h_{m}	5
	d_{mi}	12
	d_{mo}	30
外壳	H_{h}	50
	g_{h}	12
主体	H_{ca}	20.5
	g_{ca}	1
线圈	H_{c}	18.5
	d_{ci}	31
	d_{co}	77
	H_{d}	5
垫片	h_{si}	9
	h_{so}	6.5

磁铁和垫片安装在非磁性不锈钢轴上，两个绕组连接在一起并固定在壳体

内部。线圈架和垫片由低碳合金钢制成。移动部件随着环境振动而运动时会产生变化的磁场,从而产生感应电压。发电机的各个零部件都安装在壳体内,用上下端盖将其锁紧。端盖上的套筒确保了活塞杆只能进行轴向运动,下端盖上设有用于固定发电机的紧固件。

为说明发电机的工作原理,在 r、θ、z 的圆柱坐标系中建立电磁场方程。磁体产生磁场的磁通密度为 $B(r,z)$,磁场在发电机中的分布由磁体结构及其相对于铁磁线圈的位置决定。磁体以速度 v_p 沿 z 轴移动,从而在线圈中产生电场。在磁体的速度较低时,发电机导电元件中的涡流可忽略不计,此时,可用麦克斯韦方程式描述磁场的分布情况,具体形式为

$$\mathrm{div}\ \boldsymbol{B} = 0 \tag{9.1}$$

$$\mathrm{rot}\ \boldsymbol{H} = 0 \tag{9.2}$$

$$\boldsymbol{B} = \mu_m \boldsymbol{H} \tag{9.3}$$

引入 $\boldsymbol{B} = \mathrm{rot}\ A$,求得

$$\mathrm{div}^2 \boldsymbol{A} = 0 \tag{9.4}$$

对于永磁体区域,以磁化特性 $B = f(H)$ 的形式引入磁化向量 $\boldsymbol{M}$,则

$$\boldsymbol{H} = \frac{1}{\mu_m}\boldsymbol{B} - \boldsymbol{M} \tag{9.5}$$

发电机中电磁感应的微分为

$$\mathrm{rot}\ \boldsymbol{E} = -\frac{\partial \boldsymbol{B}}{\partial t} + \mathrm{rot} v_p \times \boldsymbol{B} \tag{9.6}$$

$$\mathrm{rot}\ \boldsymbol{H} = 0 \tag{9.7}$$

由于速度 ν_p 较低,式(9.6)的第二项可以忽略不计。由于磁体运动,磁通量 $\psi(t)$ 随时间变化。式(9.6)的积分形式为

$$\oint_l \boldsymbol{E} \mathrm{d}\boldsymbol{l} = -\int_s \frac{\partial \boldsymbol{B}}{\partial t} \mathrm{d}\boldsymbol{S} \tag{9.8}$$

其中, $\mathrm{d}\boldsymbol{S}$ 是线圈架横截面面积的微分, $\mathrm{d}\boldsymbol{l}$ 是沿线圈绕组的螺旋曲线微分,线圈中的电动势定义为

$$e = \frac{\mathrm{d}\Phi}{\mathrm{d}t} \tag{9.9}$$

因此,

$$e = \frac{\mathrm{d}\Phi}{\mathrm{d}z}\frac{\mathrm{d}z}{\mathrm{d}t} = \frac{\mathrm{d}\Phi}{\mathrm{d}z} v_p \tag{9.10}$$

为描述发电机中磁场的变化情况,本章采用有限元软件 OPERA 2D 进行了数值仿真。图 9.5 为磁体在 0 mm、5 mm、10mm 三个位置时的磁场分布,由图可知,

磁感线贯穿线圈架和磁体系统中被线圈包围的部分。Sapinski 和 Krupa(2013)证明了在该结构中,发电机的磁链与坐标 z 之间呈线性关系。

为验证设计的有效性,本书搭建了相关实验测试平台,包括试验机和测量数据采集系统(系统 Compact DAQ 配有控制总线和模拟输入卡 NI 9205,通过 USB 接口连接到计算机,并由 Windows XP 的 Lab View 软件支持),对所设计的发电机在该实验测试平台上进行了大量测试实验。实验中,分别对空载和负载条件下,磁体受到正弦位移激励和三角波位移激励作用时的运行情况进行了测试。实验中,振幅为 10mm,频率 f 在(0.5,6)Hz 范围内以 0.25Hz 的增量进行变化,保持试验期间环境温度为 22℃。在空载条件下测量磁体的位移和电动势,并在负载条件下测量磁体位移、电压、磁流变阻尼器控制线圈中的电流。为确定发电机的齿槽力,需要在这两种情况下对发电机的阻力进行测量。实验中,对 10 个周期内 6 个位移输入的每个测量值进行记录,每个周期的采样频率为 1kHz。

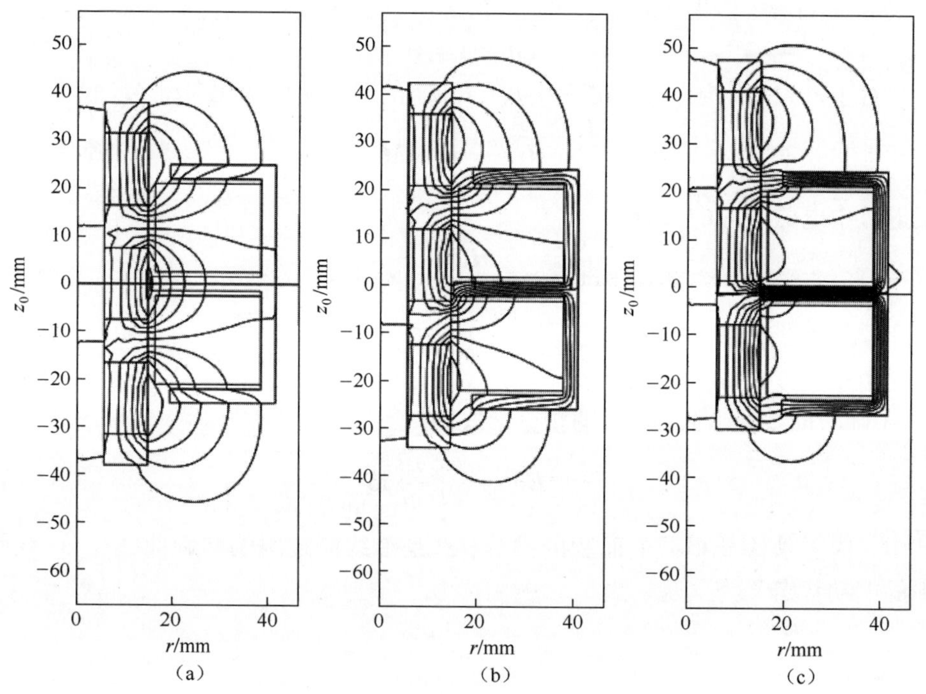

图 9.5 发电机中的磁通密度分布图

(a) z = 0mm; (b) z = 5mm ;(c) z = 10mm。

使用 MATLAB 软件进行辅助计算,计算过程使用的发电机和磁流变阻尼器的等效电路如图 9.6 所示,相关参数值已在电磁场分析的过程中确定:发电机线圈的电阻和电感分别为 R_{go} = 2.45Ω，L_{go} = 141mH，磁流变阻尼器线圈的电阻和电感分别为 R_{co} = 3.6Ω，L_{co} = 71mH。最后，将测量值与数值计算结果进行比较。

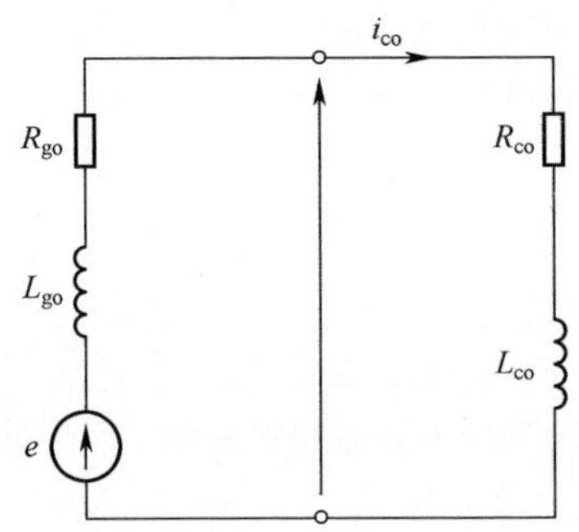

图 9.6　发电机和磁流变阻尼器的等效电路

图 9.7 为空载条件下发电机线圈中电动势 $e(t)$ 随时间的变化情况；图 9.8 和图 9.9 是负载条件下磁流变阻尼器线圈中电压 $u_{co}(t)$ 和电流 $i_{co}(t)$ 随时间的变化情况。图中，测量数据用黑线表示，计算数据用灰线表示。图 9.7～图 9.9 中发电机线圈的电动势、电压和电流值的计算值和测量值之间存在的误差主要是由计算时的设定值与发电机组件实际材料参数的差异以及发电机结构的缺陷引起的。图 9.10 为电压 $u_{co}(t)$ 和电流 $i_{co}(t)$ 随时间的变化情况，该曲线决定了磁流变阻尼器线圈中的瞬时功率 $p_{EH}(t)$ 随时间的变化情况，如图 9.11 所示。图 9.12 为活塞速度 v_p 在(60,240)mm/s 范围内时，v_p 和 e_{rms}，$i_{co,rms}$ 之间的关系。由图 9.12 可知，这两个变量和活塞速度之间呈线性关系。

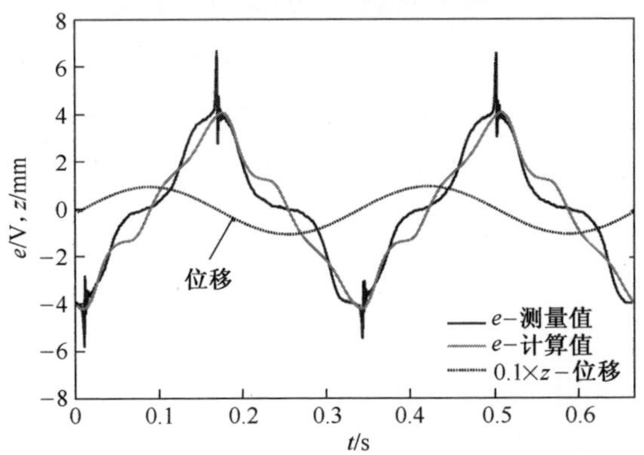

图 9.7　发电机线圈中电动势随时间的变化趋势：
正弦激励 X_p = 10mm，f = 3Hz

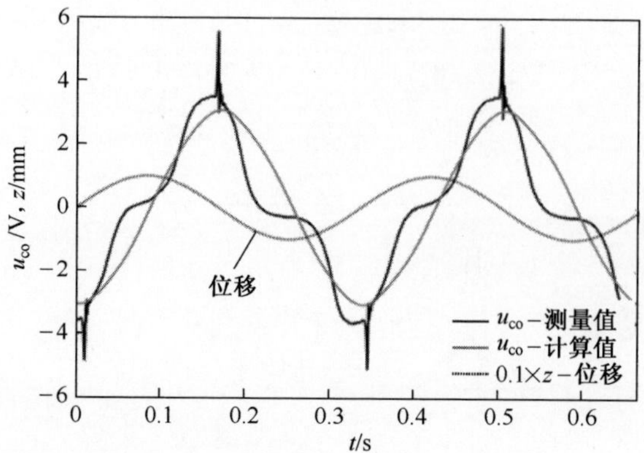

图 9.8 磁流变阻尼器线圈中电压随时间的变化趋势：
正弦激励 $X_p = 10\text{mm}, f = 3\text{Hz}$

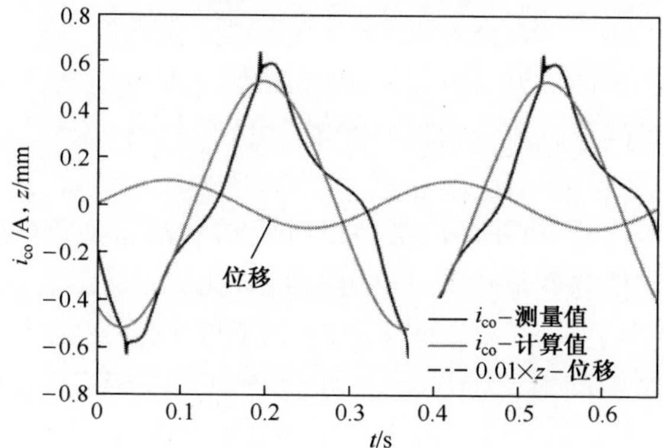

图 9.9 磁流变阻尼器线圈中电流随时间的变化趋势：
正弦激励 $X_p = 10\text{mm}, f = 3\text{Hz}$

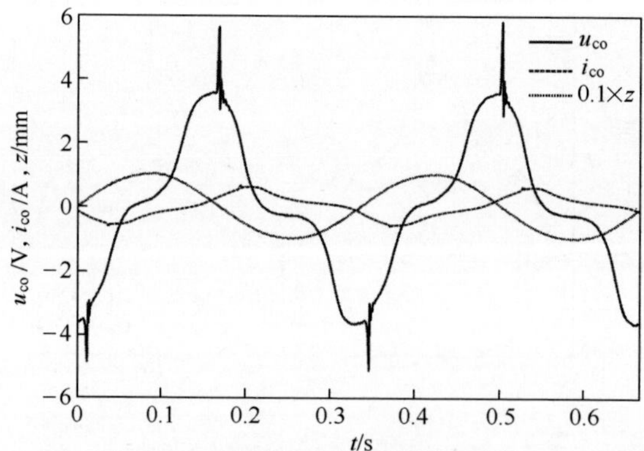

图 9.10 磁流变阻尼器线圈中电压和电流随时间的变化趋势：
正弦激励 $X_p = 10\text{mm}, f = 3\text{Hz}$

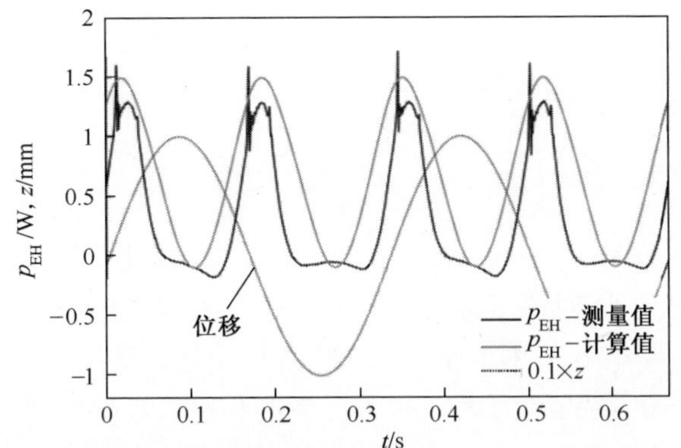

图 9.11　磁流变阻尼器线圈瞬时功率随时间的变化趋势：正弦激励 $X_p = 10\text{mm}, f = 3\text{Hz}$

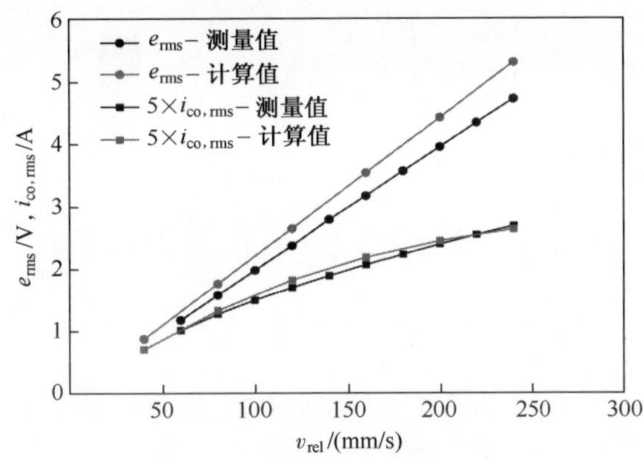

图 9.12　发电机中电动势的均方根值和磁流变阻尼器线圈中的电流和速度的关系：正弦激励 $X_p = 10\text{mm}, f = 3\text{Hz}$

发电机的永磁体与铁磁零件相互作用会产生齿槽力，且这种力对该装置的性能影响较大，本书通过控制磁路中相关部件的参数来削弱齿槽力的影响。本书根据麦克斯韦提出的表面应力张量法推导了齿槽力的表达式。在发电机中，对于磁通密度为 $\boldsymbol{B}$，表面积为 S、体积为 V 的系统部件受到的齿槽力为

$$\boldsymbol{F} = \int_V f_m \mathrm{d}\boldsymbol{V} \tag{9.11}$$

其中，f_m 为力密度，其表达式为

$$\boldsymbol{f}_m = \boldsymbol{j} \times \boldsymbol{B} = \frac{1}{\boldsymbol{\mu}_m}(\text{rot}\,\boldsymbol{B} \times \boldsymbol{B}) \tag{9.12}$$

式(9.11)中齿槽力 $\boldsymbol{F}$ 的主要分力是 F_z，其表达式为 $F_z = \int_V f_z \mathrm{d}V$。考虑麦克斯韦表面应力张量，力密度 $\boldsymbol{f}_\mathrm{m}$ 的分量 f_z 为

$$f_z = \left\{\frac{1}{\mu_\mathrm{m}}\frac{\partial(B_x B_z)}{\partial x} + \frac{1}{\mu_\mathrm{m}}\frac{\partial(B_y B_z)}{\partial y} + \frac{1}{\mu_\mathrm{m}}\frac{\partial(B_z^2 - B^2/2)}{\partial z}\right\} \tag{9.13}$$

在发电机中，定义分力 F_z 为齿槽力，使用 Opera 2D 软件进行数值计算。

图 9.13 和图 9.14 对比了齿槽力 F_z 的理论值和实验值。其中，图 9.13 为齿槽力随时间的变化情况，图 9.14 为齿槽力与坐标 z 的关系。由图可知，磁体向上运动时($z > 0$)的齿槽力大于向下运动时($z < 0$)的齿槽力。计算数据和测量数据之间的误差主要是由计算中的设定值与发电机组件的实际材料参数之间的差异、发电机的结构缺陷及测试过程中测试装置的特性引起的。

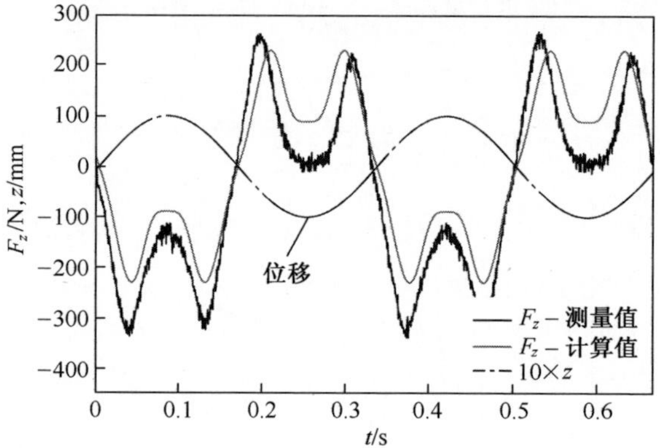

图 9.13　发电机的齿槽力随时间的变化趋势：
正弦激励 X_p = 10mm, f = 3Hz

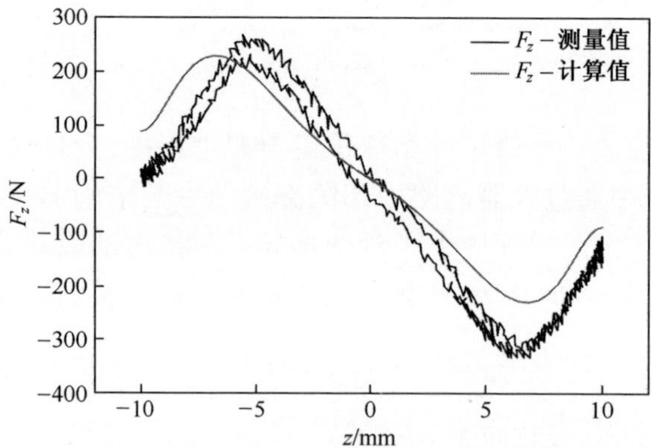

图 9.14　发电机线圈中齿槽力随位移的变化趋势：
正弦激励 X_p = 10mm, f = 3Hz

9.3　阻尼器的设计与分析

阻尼器活塞和活塞杆组件的结构示意图如图 9.15 所示，其尺寸见表 9.2。阻尼器的结构如图 9.16 所示，它是一种轴向对称的单筒阻尼器，带有圆周切口，由非磁性奥氏体不锈钢制成的活塞杆通过铁磁性腰形板与活塞连接，并使用密封圈进行密封。活塞杆的活塞环与套筒一起置于两个同轴导轨中以引导活塞杆的运动。

表 9.2　活塞和活塞杆相关尺寸

符号	参数/mm	数值
D_{dp}	活塞直径	41
L_{dp}	活塞长度	47
D_{dr}	活塞杆直径	14
D_{dp2}	缸筒内径	34
D_{dc}	磁芯直径	32.4
L_{dp1}	磁芯长度	35
H_{dc}	线圈槽深度	5.2
L_{dc}	运动区间长度	24
L_{dp2}	挡板高度	6
D_{dp3}	腰形孔内径	29
D_{dp1}	腰形孔外径	37

阻尼器线圈由直径为 0.4mm 的铜线缠绕在线圈架上形成，线圈匝数为 306 匝。线圈放置在由铁磁钢 SAE 1215 制成的磁芯上，通过活塞杆中的通孔将控制线圈电流的导线引出。阻尼器外壳由 SAE 1025 铁磁性钢制成，两个用于紧固的端盖由奥氏体不锈钢制成。阻尼器中注入了 36.5 ml 型号为 BASONETIC 4035 (Corp. 2013) 的磁流变液。

本次计算过程使用 Sapinski (2012) 提出的磁流变阻尼器的数学模型。式 (5.18) 为磁流变液在活塞上下腔内的压力变化率和在环形间隙中的流速。计算过程中使用的模型为双塑性模型（在 4.2 节中已经说明，并在 4.3.2 节中进一步说明），阻尼器产生的阻尼力可由式 (5.19) 解出。最后，使用附录 A 中的模型估算摩擦力对输出阻尼力的影响。

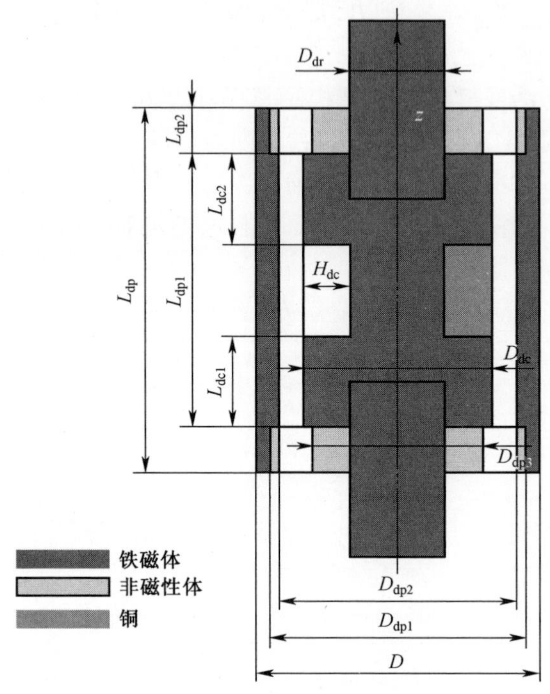

图 9.15　阻尼器的活塞和活塞杆组件示意图

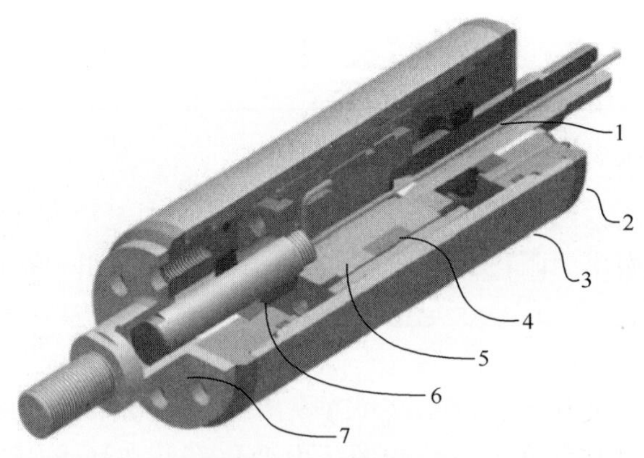

图 9.16　阻尼器结构

1—导线;2—端盖;3—缸筒;4—线圈;5—磁芯;6—活塞杆;7—活塞杆导承。

本次计算采用的双塑性模型的具体参数如下：τ_0 = 8.5kPa（电流为 0.3A

时的屈服应力值)，$\delta = 0.8$，$\gamma = 0.05$。摩擦模型中的系数为$f_1 = 90\text{N}$，$f_2 = 500\text{N}$，$f_3 = 90\text{N}$，$f_4 = 500\text{N}$，$f_5 = 90\text{N}$，$f_6 = 500\text{N}$，$f_7 = 90\text{N}$，$f_8 = 500\text{N}$，$c_1 = 35\text{s/mm}$，$c_2 = 35\text{s/mm}$，$c_3 = 50\text{s/mm}$，$c_4 = 35\text{s/mm}$，$c_5 = 35\text{s/mm}$，$c_6 = 50\text{s/mm}$，流体的黏度μ为30cP，密度$\rho = 2.65\ \text{g/cm}^3$，$\beta_c = 800\text{MPa}$（柔性流体）。

在相同的位移输入下，使用9.2节测试发电机的实验平台对阻尼器进行实验测试。实验中，安装在阻尼器外壳上的热电偶将缸体温度维持在40℃附近。改变输入线圈电流的大小，对阻尼器的阻尼力F_d和活塞位移z进行测量，并将测量结果与计算结果进行比较。图9.17为阻尼力与活塞位移之间的关系，以及阻尼器在振幅为$X_\text{p} = 10\text{mm}$且频率为$f = 3\text{Hz}$的正弦激励下的输出阻尼力与活塞速度之间的关系。当线圈电流分别为0A和0.3A时，活塞速度和输出阻尼力之间的关系如图9.18所示。由图可知，计算结果和实验测量结果基本吻合。

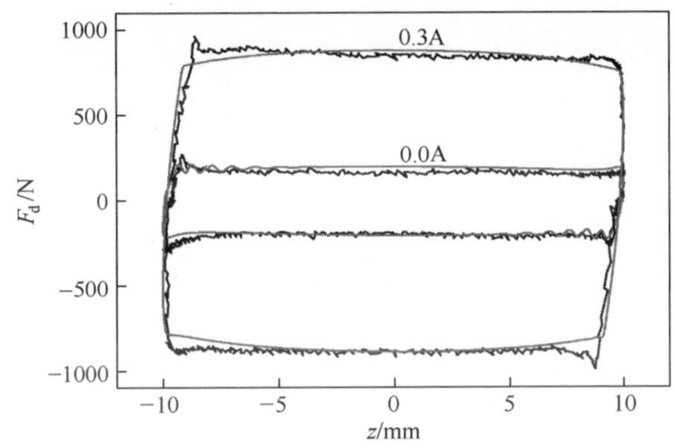

图9.17　磁流变阻尼器的输出阻尼力和活塞位移的关系：正弦激励$X_\text{p} = 10\text{mm}$，$f = 3\text{Hz}$

9.4　调理电路的设计与分析

调理电路单元可改善发电机的输出电压。因此，设计该单元时，应考虑发电机和磁流变阻尼器的相关特性。调理电路单元中的DC/DC变换器可对发电机的输出电压进行转换。为了选择合适的DC/DC变换器，本节使用MATLAB/Simulink中的Sim Scape工具箱对前两节中发电机的实验数据进行数值仿真，得到了该单元中的电压和电流。如图9.19框图所示，仿真过程中考虑了如下两种情况：情况1，不给阻尼器线圈提供电压；情况2，用装有控制器的光电继电器给

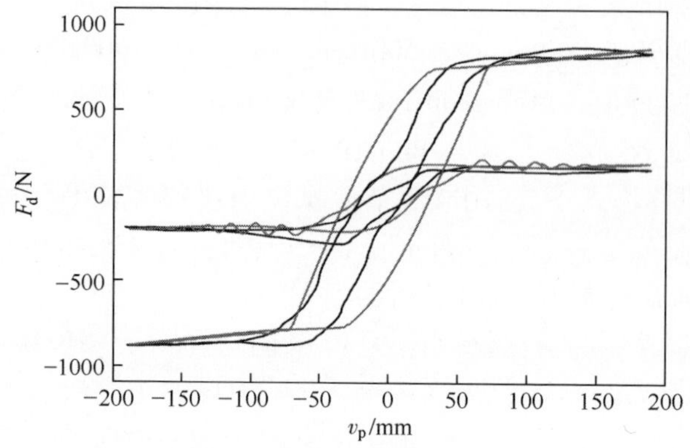

图 9.18 磁流变阻尼器的输出阻尼力和活塞速度的关系：正弦激励 $X_p = 10\text{mm}, f = 3\text{Hz}$

阻尼器线圈提供电压。仿真模型如图 9.20 所示。

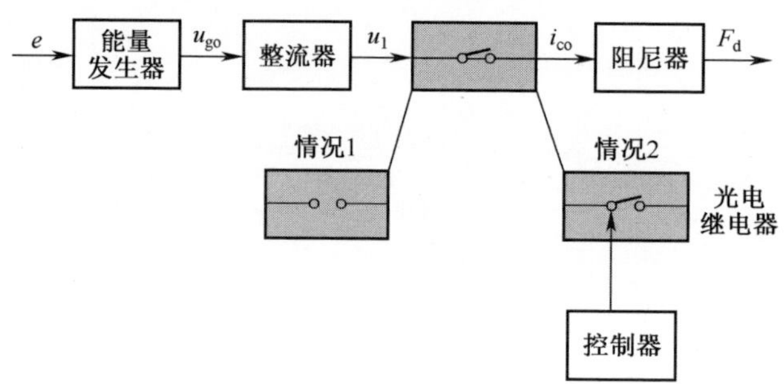

图 9.19 两种仿真情况的系统框图

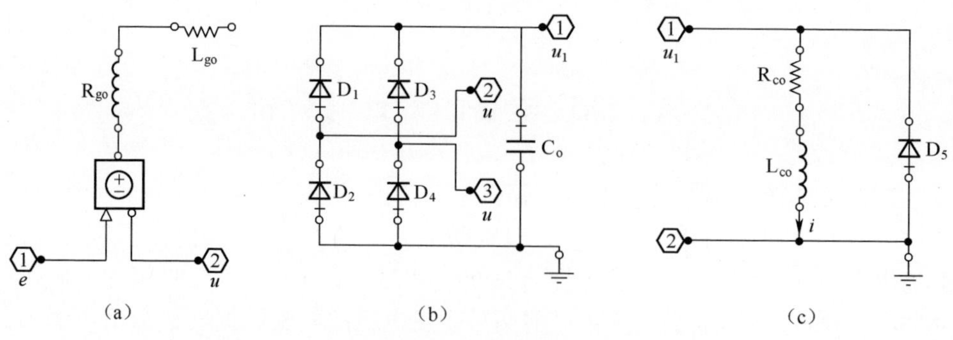

图 9.20 仿真模型

(a)发电机线圈；(b)Graetz 桥；(c)磁流变阻尼器线圈。

仿真过程采用的数据如下：

（1）使用9.2节中给出的阻尼器线圈的电阻和电感。

（2）肖特基二极管的参数为：导通方向的电压 $U_f = 0.25V$，导通方向的电阻 $R_{ON} = 0.3\Omega$，阻断方向的电导率 $G_{OFF} = 10^{-8}\Omega^{-1}$；光电继电器的参数为：导通方向的电阻 $R_{ON} = 0.3\Omega$，阻断方向的电阻 $R_{OFF} = 108\Omega$；电容 $C_o = 470\mu F$。

（3）在发电机的实验过程中记录的以线性调频信号形式出现的电动势时间历程曲线（见图9.20(a)中的 e）。

阻尼器线圈中电压和电流随时间的变化情况如图9.21所示。由图可知，电动势频率越高，电压 u_1 和电流 i 值越大，最大值分别为 $u_1 = 2.5V$，$i = 0.45A$。作者试图将电流稳定在50mA，结果如图9.21(b)所示，由图可知，电流只能在一定的临界电动势频率范围内达到稳定。实验证明，在电动势的值较低时，调理电路单元中的DC/DC变换器应能够保证输出电压值的稳定。阻尼器线圈的最大电流值为1A，根据这一条件和上述原则，选择DC/DC变换器的参数如下：其开关在 $u_1 = 1.2V$ 时接通，在 $u_1 = 0.8V$ 时断开，输出电压为 $u_1 = 5V$。因此，实际应用中选用DC/DC变换器（0.8V/5V）。

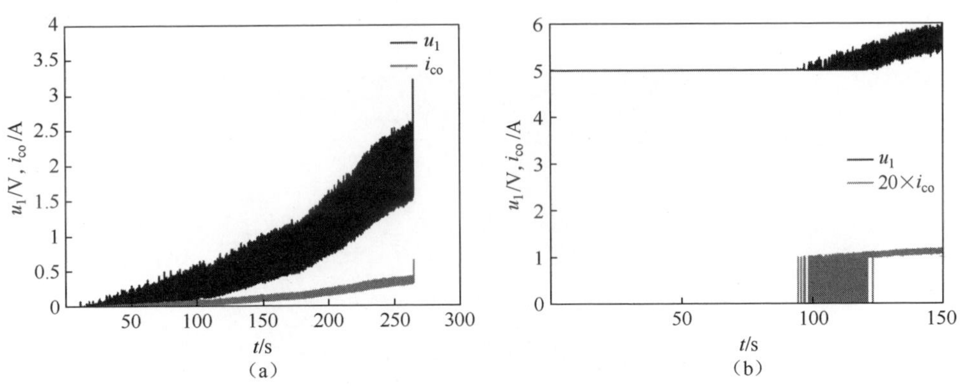

图9.21　阻尼器线圈中电压和电流随时间的变化情况

(a)情况一；(b)情况二。

图9.23为调理电路单元的系统框图，其中主要包括Graetz桥、变换器1（0.8V/5V）、变换器2（5V/±15V）、基于ACS 712系统的霍尔传感器（Allegro Micro Systems LLC 2013）、测量和信号处理模块以及配有微处理器PIC 18的控制器（Microchip Technology Inc. 2010）。发电机产生的电压 u 通过变换器1和变换器2进行整流后通过光电继电器 K_a 进行传输，最终施加给负载（阻尼器线圈）。控制器通过USB接口控制光电继电器 K_a 并监控调理电路与PC机的交互过程。

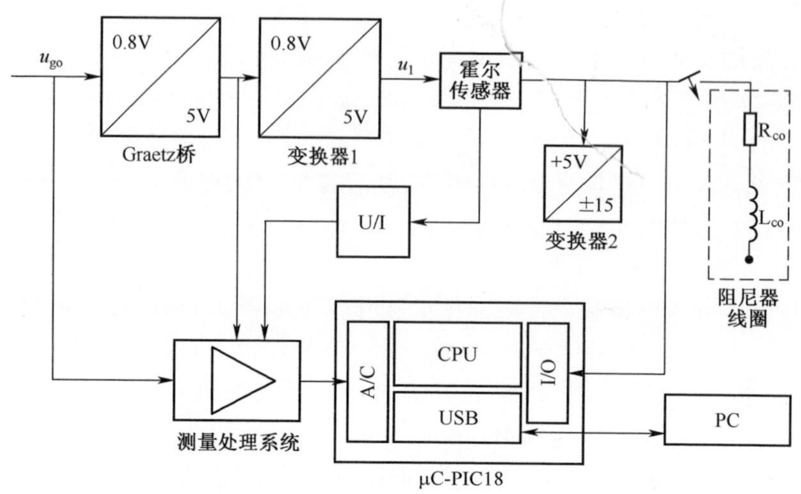

图 9.22　调理电路单元的系统框图

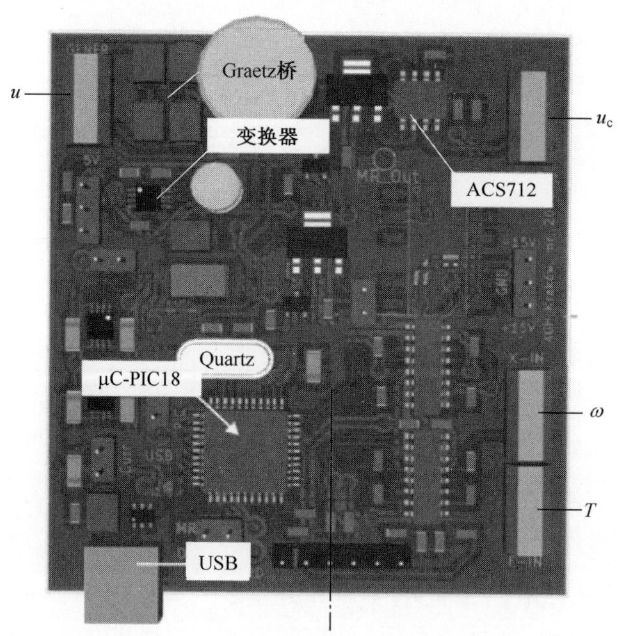

图 9.23　调理电路单元的印制电路板

如图 9.23 所示为本章设计的调理电路单元的印制电路板(PCB)。

给发电机中的磁体施加正弦位移输入 z，振幅为 $X_p = 10\text{mm}$，频率 f 在(0.5,6)Hz 范围内以 0.25Hz 的增量增加，分别在空载和负载条件下对调理电路单元进行测试，结果如图9.24所示。图9.24(a)，(b)分别为发电机和变换器1在空载运行和负载运行时输出电压随时间变化的曲线图。因为霍尔传感器和光电继电器 K_a 处于导通状态时电阻非常小(大约几毫欧左右)，所以可以假定变换器1的输出电压、变换器2的输出电压及继电器 K_a 的电压近似相等。结果表明，在频率为6.5Hz的外加激励下，发电机的输出电压幅值约为8V，该电压比变换器1输出的最大容许电压高约3V。此外，在低频激励下该单元性能良好。

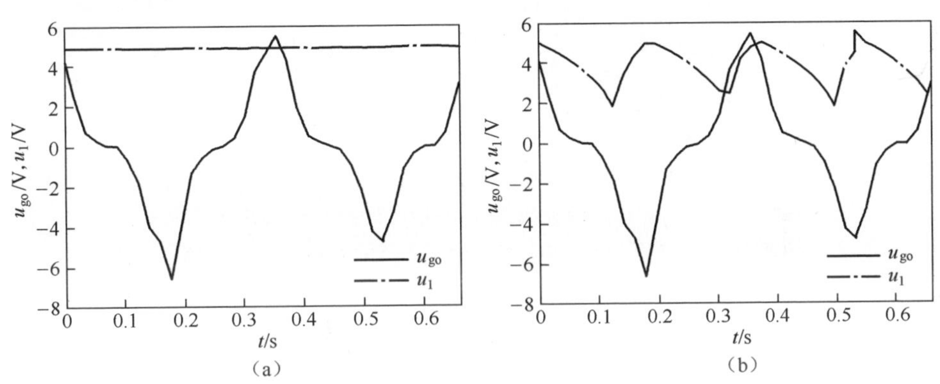

图9.24 发电机和变换器1的输出电压随时间的变化趋势

正弦激励 $X_p = 10\text{mm}, f = 3\text{Hz}$

(a)空载运行；(b)负载运行。

9.5 EH-LMR阻尼器的设计与分析

如图9.25所示，将发电机的线圈与阻尼器线圈直接连接，将发电机和阻尼器安装在连杆上就形成了EH-LMR阻尼器。拆去发电机的上端盖，把发电机连接到阻尼器的端盖上，使两者共用一个端盖。使用黄铜连接器将阻尼器外壳与发电机外壳连接起来，该连接器还起到密封元件的作用，且能够使杆件稳定导向。调理电路安装在该装置外部，位于发电机线圈和阻尼器线圈之间。

EH-LMR阻尼器样机如图9.26所示，实验测试装置如图9.27所示，实验方法与发电机和磁流变阻尼器的实验方法相同。实验中，将发电机(DS)和调理电路单元(CE)产生的电压直接供给阻尼器线圈，测量该装置在负载运行时的工作特性。测量磁体的位移、阻尼器线圈中的电压和电流以及该装置产生的阻尼力。

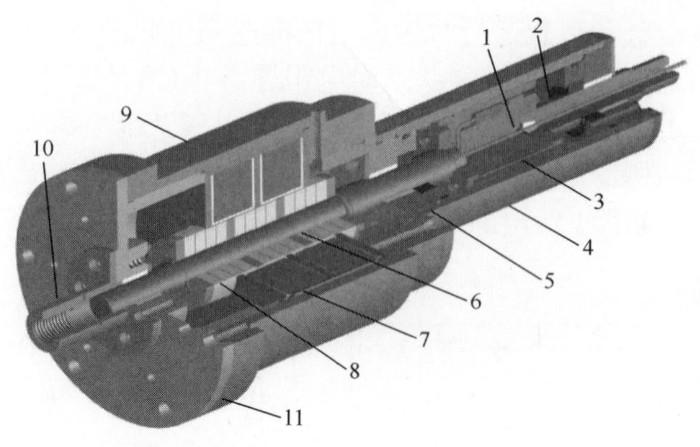

图 9.25 EH-LMR 阻尼器的结构

1—导杆;2—活塞杆;3—阻尼器线圈;4—阻尼器外壳;5—连接器;6—轴;
7—发电机线圈;8—磁铁;9—发电机外壳;10—发电机紧固件;11—发电机下端盖。

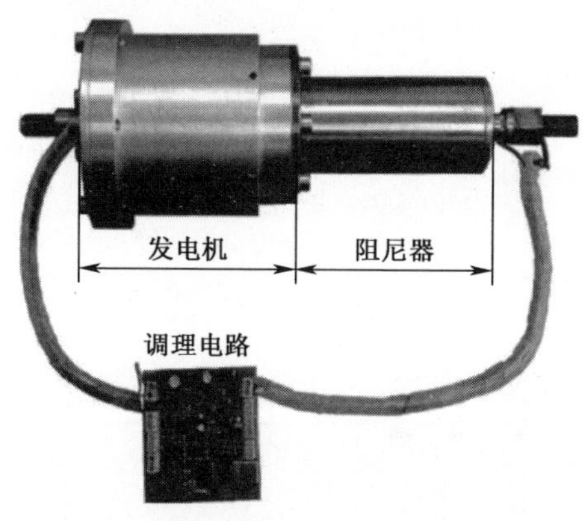

图 9.26 EH-LMR 阻尼器样机

给发电机中的磁体施加振幅为 $X_p = 10\text{mm}$、频率为 $f = 3\text{Hz}$ 的正弦位移输入 z 时的实验结果如图 9.28 和图 9.29 所示。图 9.28 和图 9.29 为阻尼线圈中电压和电流随时间变化的曲线;图 9.30 为 DS 和 CE 工作时,该装置产生的阻尼力随时间的变化情况。结果表明,当阻尼器线圈直接由发电机供电时,阻尼器线圈的最大电流接近 0.5A;通过调理电路系统向阻尼器线圈提供整流电压时,电流约为 0.18A;所产生的最大阻尼力分别为 900N(DS)和 670N(CE)。

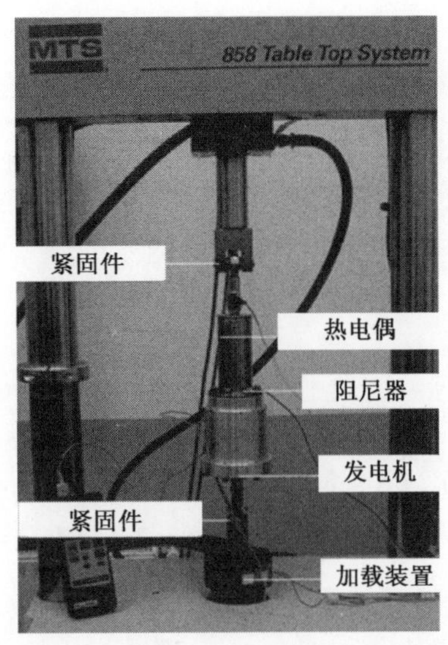

图 9.27　EH-LMR 阻尼器的测试装置

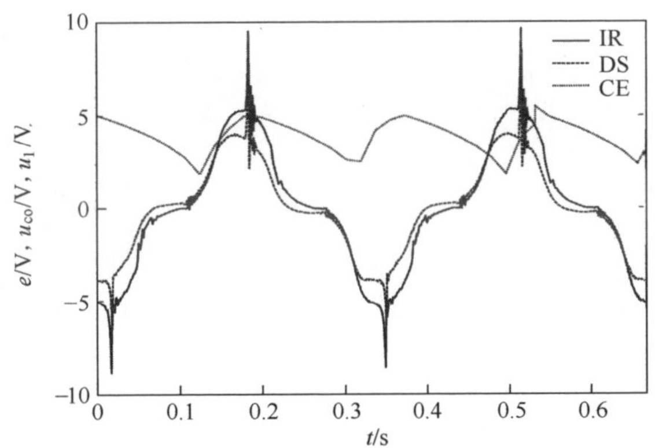

图 9.28　EH-LMR 阻尼器线圈的电压随时间的变化趋势：
正弦激励 $X_p = 10$mm，$f = 3$Hz

给阻尼器施加正弦位移激励，DS 部分和 CE 部分分别工作时的阻尼力-活塞位移关系 $F_{EH}(z)$ 和阻尼力-活塞速度关系 $F_{EH}(v_p)$ 分别如图 9.31 和图 9.32 所示。这些特征的实际结果与 9.3 节得出的结果不同(图 9.17 和图 9.18)，差异主要是由齿槽力、系统中的刚度力、密封节点摩擦力以及空气阻力等因素引起的。通过比较 $F_z(z)$（图 9.14）和 $F_{EH}(z)$（图 9.31，空载运行），结合 $F_d(z)$（图 9.17，电流为 1A）确定了这些力对 EH-LMR 阻尼器的输出阻尼力的影响。但本节没有详细

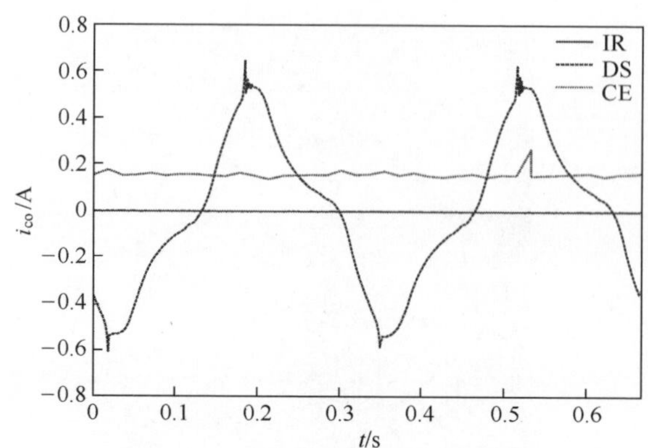

图 9.29 EH-LMR 阻尼器线圈的电流随时间的变化趋势：
正弦激励 $X_p = 10\text{mm}, f = 3\text{Hz}$

确定每个分力的具体作用及其对设备性能的影响。在设计 EH-LMR 阻尼器的结构时，应尽可能将这些力最小化。图 9.31 和图 9.32 所示为 DS 运行时输出阻尼力的最大值。在 CE 运行时，输出阻尼力偏小是由 Graetz 桥中二极管的电压降造成的。当阻尼线圈中的电流为零时，空载运行时的输出阻尼力最小。

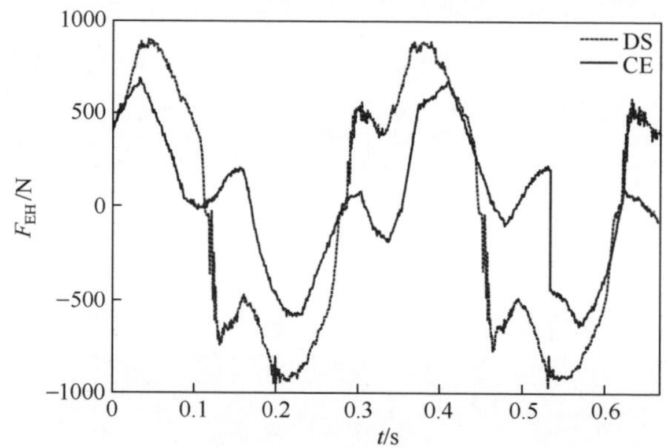

图 9.30 EH-LMR 阻尼器的输出阻尼力随时间的变化趋势：
正弦激励 $X_p = 10\text{mm}, f = 3\text{Hz}$

给阻尼器线圈施加大小为 0.18A 的直流电流，在相同的正弦激励（CE）下，EH-LMR 阻尼器和磁流变阻尼器的输出阻尼力-活塞位移关系如图 9.33 所示；EH-LMR 阻尼器和磁流变阻尼器的输出阻尼力-活塞速度关系如图 9.34 所示。由图可知，两个装置产生的最大输出阻尼力相近，外部电源为磁流变阻尼器提供 0.18A 时的电流消耗的能量为 24J，而 EH-LMR 阻尼器可从振动中回收的能量约为 12J。

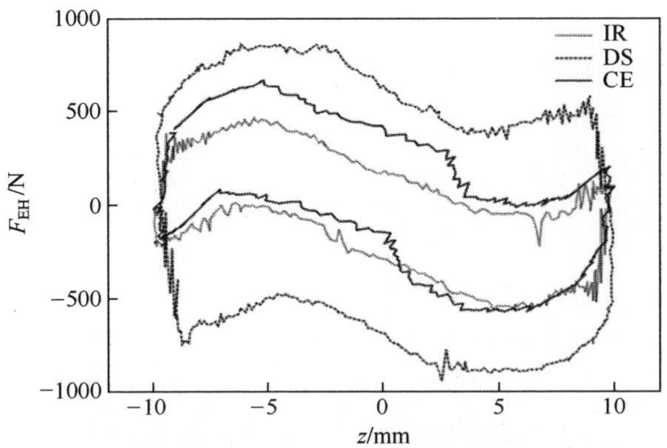

图 9.31　活塞位移对 EH-LMR 阻尼器的输出阻尼力的影响：正弦激励 $X_p = 10mm, f = 3Hz$

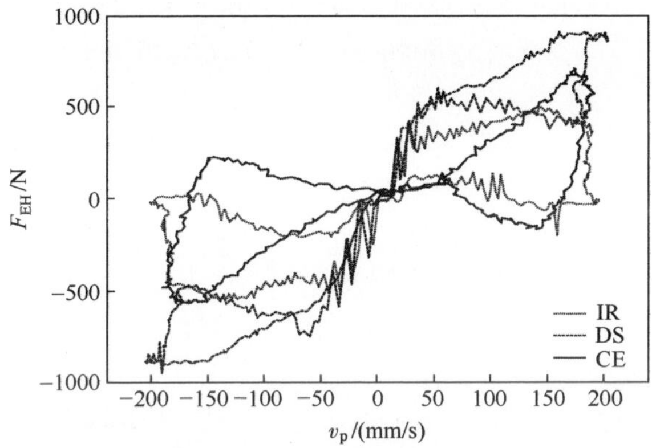

图 9.32　活塞速度对 EH-LMR 阻尼器的输出阻尼力的影响：正弦激励 $X_p = 10mm, f = 3Hz$

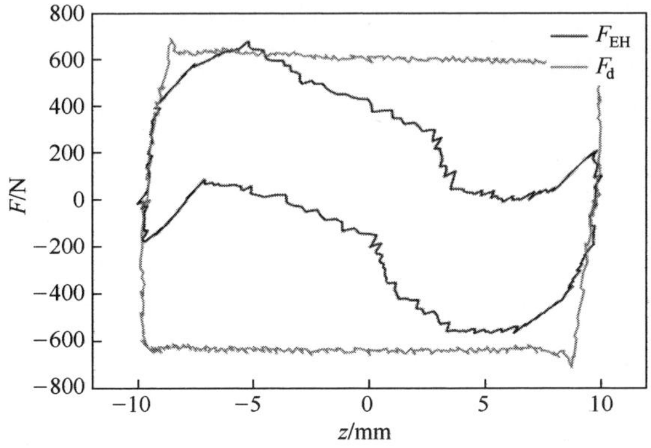

图 9.33　活塞位移对磁流变阻尼器和 EH-LMR 阻尼器的输出阻尼力的影响正弦激励 $X_p = 10mm, f = 3Hz, I_C = 0.108A$

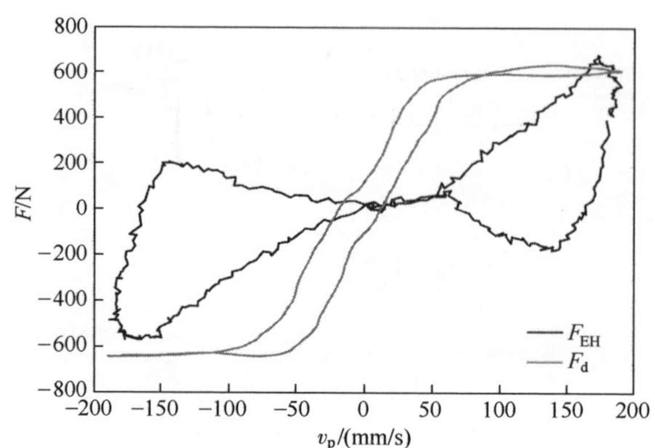

图 9.34 活塞速度对磁流变阻尼器和 EH-LMR 阻尼器的输出阻尼力的影响
正弦激励 $X_p = 10mm, f = 3Hz, I_C = 0.108A$

在 EH-LMR 阻尼器的测试过程中,实验数据可反映装置的自感知能力。EH-LMR 阻尼器可以利用传感功能提供阻尼器的速度信息,此信息是控制系统动力学中非常有用的动态信息。Jung 等人(2010b)、Sapinski(2011)、Chen 与 Liao(2010)和 Liao 和 Chen(2012)的研究表明,自感能力的研究具有一定的难度。Jung 等人(2009b)指出,电磁感应装置产生的电压与磁流变阻尼器的相对速度成正比关系。Sapinski(2011)证明了在实验设定的频率范围内,基于磁流变阻尼器的振动控制系统中电磁感应装置产生的电压与磁流变阻尼器的相对速度之间呈线性关系。Chen 和 Liao(2010)提出并验证了一种用于自传感磁流变阻尼器的速度传感方法,此方法需要对信号进行实时处理。研究表明,他们所提出的传感函数适用于各种控制算法。只有采用合适的控制算法,阻尼器才能具有良好的减振性能,从而广泛应用于减振领域。

图 9.35 所示为实验得到的发电机输出电压 u_{go} 和阻尼器活塞速度 v_p 之间的关系。由图可知,这两者之间呈近似线性关系,即 $u_{go} = \kappa_{EH} v_p + \sigma_{EH}$,在图中用灰色直线表示。对于不同的正弦激励(振幅为 $X_p = 10mm$、频率 f 以 0.25Hz 的增量在 0.5~6Hz 范围内变化),作者记录了实验中的电压 u 和对应的速度 v_p,基于这些测量值,确定了装置的方向性系数 κ_d 和偏移系数 σ_{EH}。使用 MATLAB 数值分析软件,利用最小二乘法对各参数进行识别,κ_d 和 σ_{EH} 与速度的关系曲线如图 9.36 所示,这两个参数的平均值分别为 $\kappa_{EH} = 39.989Vs/m$,$\sigma_{EH} = 0.221V$。

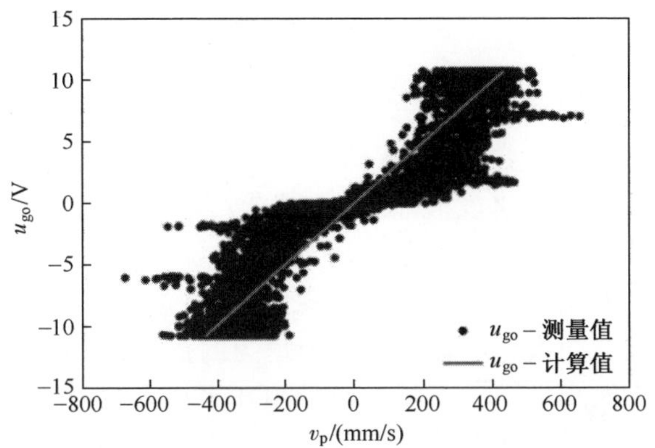

图 9.35 活塞速度对发电机输出电压的影响

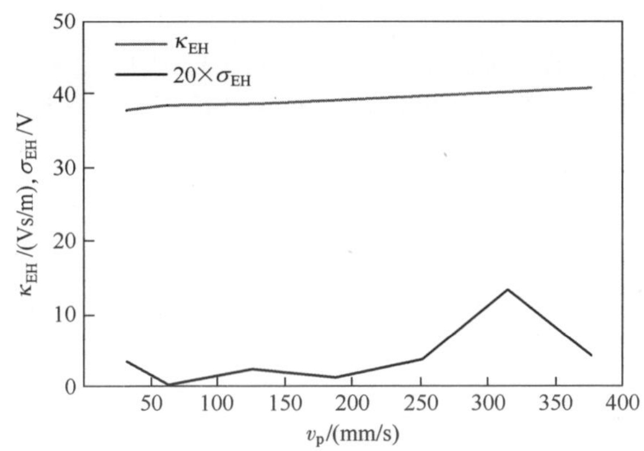

图 9.36 方向性系数 κ_d 和偏移系数 σ_{EH} 与速度的关系

9.6 本 章 小 结

本章对 EH-LMR 阻尼器的结构进行了研究,该装置主要包括发电机、磁流变阻尼器和调理电路单元这三个主要部件。需要注意的是,本章所述的阻尼器仅是为了研究搭建的阻尼器样机,而不是真实产品。研究表明,EH-LMR 阻尼器能够从振动中回收能量,且具备自供电和自传感功能。

在开展整机实验之前,本章首先对各个系统组件进行了测试。将发电机产生的电压通过调理电路处理后提供给磁流变阻尼器线圈,研究了该装置在负载条件下的特性。磁流变阻尼器和发电机的数值仿真结果与实验结果基本吻合。调理电路的特性研究表明,本章中设计的单元只能在有限的发电机输出电压范围内运行良好。这种缺陷是由于磁流变阻尼器活塞速度的设定范围引起的。

研究结果表明：

(1) 发电机的效率有待提高(如通过提供额外的磁体系统和线圈绕组的分段),在实验设定的激励参数下,从振动中回收的能量可能不足以为磁流变阻尼器供能,特别是对于活塞速度较低的阻尼器(发电机产生的电压相当小,且 Graetz 桥中二极管上的压降使其进一步降低)。

(2) 建议减少发电机中永磁体与铁磁性元件相互作用产生的齿槽力。

(3) 必须增大磁流变阻尼器的输出阻尼力的范围,减小密封节点的摩擦力。

(4) 必须扩大调理电路单元能处理的电压范围,且发电机的输出电压不应超过 5V。

(5) 调理电路的 PCB 尺寸应最小化,使得 EH-MR 阻尼器的三个主要部件能够固定在一个外壳内。

基于本章的讨论,作者认为接下来的研究应集中于：

(1) 增加 EH-LMR 阻尼器的行程并减小其重量和尺寸。

(2) 在磁流变阻尼活塞的激励频率较高的情况下,验证速度传感方法的可行性。

(3)研究该装置在较高频率激励下产生的涡流。

第10章　总　　结

本书重点介绍流动模式磁流变阻尼器以及磁流变悬架阻尼器。

磁流变器件吸引了许多科学家与工程师的关注，且已经逐渐实现了商业化，但设计出能够满足特定性能需求的磁流变器件仍是一个很大的挑战。此外，设计磁流变器件需要固体力学、流体力学、电力电子学以及化学等多个领域的专业知识，这使得磁流变器件的设计更加复杂。模型中所涉及的几何和材料变量数目较多，且现有的模型只适用于有限的流动条件和理想化的几何形状，这也使得磁流变设备的建模工作非常复杂。

具体地，本书着重描述了车用磁流变阻尼器和磁流变控制阀的相关结构，建立了不同阻尼器结构的数学模型，并在不同的电输入和机械输入条件下对这些模型进行了仿真分析和实验验证。通过分析 PWM 控制器及其在阻尼器电路中的应用，对相关的控制过程也进行了验证。

第 1 章概述了智能材料与智能系统的概念与功能，介绍了磁流变液与磁流变器件相关知识。首先，对磁流变技术进行了全面综述。然后，对所研制材料的优缺点进行了讨论。最后，简要介绍了自适应车辆阻尼器的发展历程。

第 2 章介绍了磁流变液的概念与功能，回顾并强调了磁流变效应的机理、磁流变液的组成以及流变特性。

第 3 章详细阐述了磁流变阻尼器和磁流变控制阀的结构。首先，回顾了汽车阻尼器最常见的结构形式，即单筒结构和双筒结构，重点介绍了这两种结构的工作原理并对比了它们的性能优势。然后，对不同结构的磁流变控制阀进行了讨论。其中，具有流量旁路的控制阀适用于中低速运行的磁流变阻尼器，并能够通过流量最大化、线圈布置及采用高导磁材料等手段优化阻尼器的性能。最后，介绍了几种旁路和控制阀的结构。

第 4 章讨论了磁流变阻尼器控制阀的几种建模方法。通过引入一些用于对阻尼器进行建模及其性能表征的无量纲变量，简要介绍了磁流变控制阀的计算方法。重点对单环形流道、多流道及液压结构和磁路结构进行了建模。

第 5 章阐述了无量纲法在特定磁流变阻尼器结构中的应用，并研究了磁流变液在控制阀内外的行为。描述这些行为的参数主要包括流体的可压缩性、流体集中质量的惯性对柔性油柱的影响、流体体积模量随压力的变化、气缸的弹性及摩擦性。在此基础上,通过数值模拟分析了这些参数对单筒阻尼器和双筒阻尼器性能的影响。

第 6 章基于计算流体学对磁流变液的稳态流动进行了介绍,对第 4 章和第 5 章的理论模型进行了补充。基于不同的表观黏度模型对平面流动的磁流变液(Bingham 模型)进行了数值模拟,并对流体的几种流动状态进行了研究。结果表明,当输入速度和屈服应力发生变化时,流体的流动状态发生变化。计算流体动力学表现出耗时长的局限性,但经过优化后,现代计算流体力学能够在短时间内计算多种方案。因此,本书选择使用此方法进行计算。

第 7 章介绍了 PWM 驱动器的基本原理及其在控制磁流变阻尼器的动态特性中的应用。重点介绍了通过电流反馈来提升阻尼器电路的电流响应速度。对阻尼器的动态特性进行了实验研究,基于实验数据设计了控制器的结构,并使用闭环控制方法进一步缩短了阻尼器电路的响应时间、拓宽了频带范围。

第 8 章回顾了前几章中介绍的阻尼器模型,针对这些模型设置了一系列实验并分析了实验结果。在不同位移输入条件下,评估了磁流变阻尼器分别在直流电流和脉动电流输入下工作时的静力学特性和动力学特性,并在指定的电流输入和机械输入范围内进行实验,根据实验结果分析这些模型的有效性。

第 9 章介绍能量收集阻尼器的研究成果。近几年,这种特殊阻尼器的应用引起了广泛关注,故本书单独设立本章讨论这种阻尼器。通过实验阐释发电机-阻尼器原型的发展过程。

本书首次将磁流变液与阻尼器的活塞结构相结合进行研究。书中的理论与模型可用来对阻尼器的运行状态、动态范围和优化等方面进行研究,同时还可用于对阻尼器的部件和整个系统进行分析。本书重点研究了磁流变材料在阻尼器内部的行为及其本身固有的磁流变效应。主要涉及参数化研究(灵敏度)以及几何变量(如活塞的几何形状)对磁流变阻尼器的阻尼力-速度特性的影响。此外,还介绍了外界因素对磁流变材料属性(如铁粉含量、流体的磁化曲线、黏度、体积模量等)的影响。

磁流变阻尼器的出现引起了众多学者的广泛关注,实际上还存在很多重要的研究要点。但由于篇幅有限,很难在一本书中面面俱到。例如,对于长期行驶的汽车中的阻尼器,在建模时需要考虑传热能力的因素;对于在高速情况下运行的汽车阻尼器,需要建立比书中介绍的更为复杂的流动阻力损失模型;对于阻尼器的稳态和瞬态磁场特性的研究,还应考虑具体材料性能的表征;在优化磁通量分布、提高响应速度以及优化控制阀的拓扑结构时也应考虑上述因素；对于能量收集磁流变阻尼器，应进一步研究降低成本且能提升 EH 器件能量收集效率的方法。

本书提供了磁流变阻尼器的基本信息和设计方法。在此，也提醒读者，研发性能优良且可靠性强的磁流变阻尼器是一项十分复杂而艰巨的任务。

附录A　模 型 概 述

在本书的第 5 章中介绍了磁流变阻尼器的摩擦力计算模型，如图 A.1 所示，这一模型和 Powell(1994)针对电流变液建立的唯象模型十分相似。唯象模型中包括 8 个控制摩擦力大小的参数和 6 个随着速度变化用于修正力的衰减/增长的参数。这种模型用途广泛，可用于模拟实验中观测到的复杂相互作用关系产生的摩擦力。表 A.1 为仿真时使用的模型的参数，相应的摩擦力大小如图 A.2 所示。为了模拟阻尼器中浮动气杯与缸筒间的摩擦，作者将在单筒阻尼器实验中观测到的不对称摩擦力添加到模型中。模型中摩擦力与速度的关系分别为

$$\dot{x} \geqslant 0 \mapsto F = \begin{cases} f_1\left[1 + \dfrac{f_2 - f_1}{f_1} e^{(-c_1|\dot{x}|)}\right] \tanh c_3\dot{x},\ x \cdot \dot{x} > 0 \\ f_3\left[1 + \dfrac{f_4 - f_3}{f_3} e^{(-c_2|\dot{x}|)}\right] \tanh c_3\dot{x},\ x \cdot \dot{x} < 0 \end{cases}$$

$$\dot{x} \leqslant 0 \mapsto F = \begin{cases} f_5\left[1 + \dfrac{f_6 - f_5}{f_5} e^{(-c_4|\dot{x}|)}\right] \tanh c_6\dot{x},\ x \cdot \dot{x} > 0 \\ f_3\left[1 + \dfrac{f_8 - f_7}{f_7} e^{(-c_5|\dot{x}|)}\right] \tanh c_6\dot{x},\ x \cdot \dot{x} < 0 \end{cases}$$

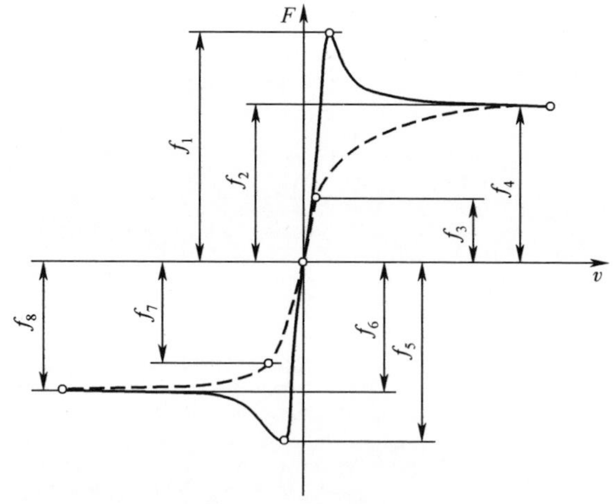

图 A.1　摩擦力模型

表 A.1 摩擦力模型的参数

图示	参数	1	2	3	4	5	6	7	8
图 A.2(a)	c_i /(s/m)	7×10^4	7×10^4	7×10^4	7×10^4	7×10^4	7×10^4	—	—
	f_i /N	100	100	100	100	100	100	100	100
图 A.2(b)	c_i /(s/m)	7×10^4	7×10^4	2×10^5	7×10^4	7×10^4	2×10^5	—	—
	f_i /N	100	140	100	140	100	140	100	140
图 A.2(c)	c_i /(s/m)	7×10^4	7×10^4	2×10^5	7×10^4	7×10^4	2×10^5	—	—
	f_i /N	100	140	100	140	40	80	40	80
图 A.2(d)	c_i /(s/m)	7×10^4	7×10^4	2×10^5	7×10^4	7×10^4	2×10^5	—	—
	f_i /N	100	140	100	60	100	140	100	60

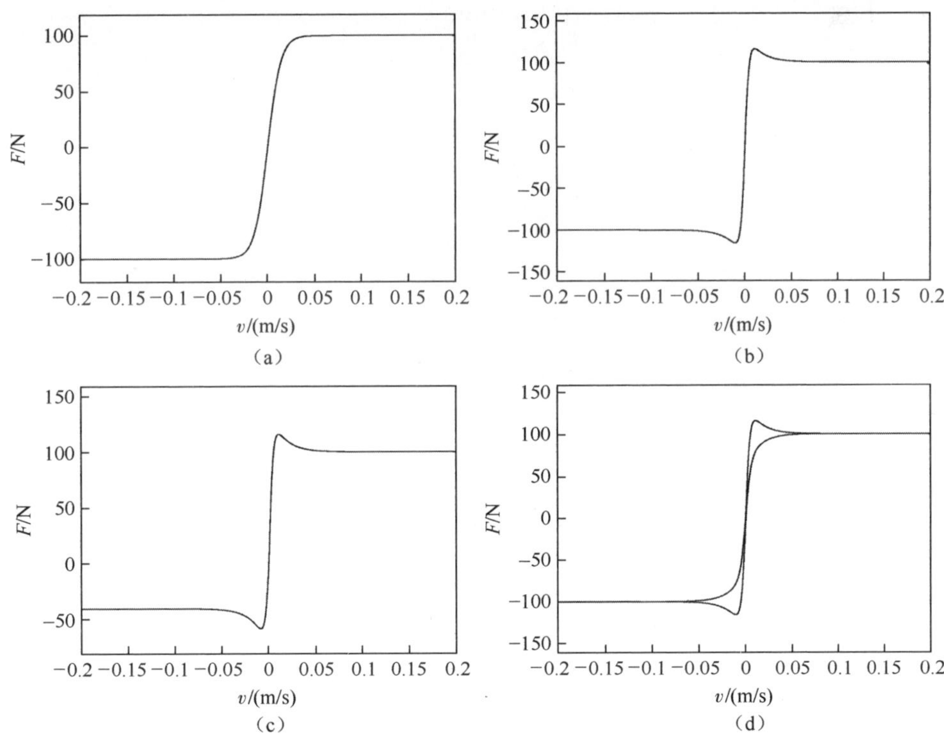

图 A.2 摩擦力模型:摩擦力和速度的关系图

缩 略 语

1D	一维
2D	二维
3D	三维
ABS	制动防抱死系统
A/D	模拟/数字
BP	宾汉塑性
BPP	双塑性-宾汉
BV	双黏度
CAN	控制器局域网络
CFD	计算流体动力学
CI	羰基铁
CIP	羰基铁粉
DAC	数据采集
DAE	微分代数方程
EMI	电磁感应
EH-LMR	线性能量回收(磁流变阻尼器)
ER	电流变
FE	有限元
I/O	输入/输出
LF	左-前
LR	左-后
LDE	设备的寿命估计
MR	磁流变
MagneRide	基于磁流变液的车辆悬挂系统
NVH	噪声、振动、声振粗糙度
ODE	常微分方程
PDE	偏微分方程

PI	比例-积分
PID	比例-积分-微分
PADM	保时捷的主动传动系统支座
PM	永磁体
PWM	脉冲宽度调制
RF	右-前
RR	右-后
RT	实时
RMS	均方根
SCM	(法拉利)磁流变悬挂系统
SMC	软磁复合材料
SMS	智能材料系统(或结构)
TC	牵引力控制
UDF	自定义函数

参考文献

Adiguna, H. (2003). Transient response of a hydraulic engine mount. Journal of Sound and Vibration, 268, 217–248.

Agraval, A., Kaikarni, P., Vieira, S. I., & Naganathan, N. G. (2001). An overview of magnetorheological and electrorheological fluids and their applications in fluid power systems. International Journal of Fluid Power, 2(2), 5–36.

Alexandridis, A. A. (2000). MagneRide: Magnetorheological fluid-based semi-active suspension system. In European Conference on Vehicle Electronic Systems. Vehicle Electronic Systems 2000. (2000: Stratford-upon-Avon, England).

Alexandridis, A. A. (2007). The MagneRide System. In Proceedings of the US Vehicle Dynamics Expo, Novi, MI(US).

Alexandridis, A. A., & Goldasz, J. (2004). High-frequency dynamics of magnetorheological fluid dampers. In Proceedings of the International Conference on Actuators and New Technologies (pp. 292–295). Bremen, Germany.

Allegro MicroSystems LLC. ACS712 Hall effect current sensor IC. http://www.allegromicro.com, 2013. Technical Information.

Alonso, M., & Comas, A. (2006). Modelling a twin tube cavitating shock absorber. Proceedings of the Institution of Mechanical Engineers, Part D: Journal of Automobile Engineering, 220(8), 1031–1040.

Aoyama, Y., Kawabate, K., & Hasegawa, S. (1990). Development of the fully active suspension by Nissan. Technical Report 901747, SAE Technical Paper.

Ashour, O., Rogers, C., & Kordonsky, W. (1996). Magnetorheological fluids: Materials, character-ization, and devices. Journal of Intelligent Material Systems and Structures, 7, 123–130.

BASF Corp. (2013). MR fluid Basonetic 4035. http://www.basonetic.com, Technical Information.

Batterbee, D. C., & Sims, N. D. (2009). Magnetorheological platform dampers for mountain bikes. In SPIE Smart Structures and Materials and Nondestructive Evaluation and Health Monitoring (Vol. 7290, pp. 72900B-11).

Batterbee, D. C., & Sims, N. D. (2007). Hardware-in-the-loop simulation of magnetorheological dampers for vehicle suspension systems. Journal of Systems and Control Engineering, 221, 265-278.

Battlogg, S. (2010). Valve for magnetorheological fluids, US Patent Application No. 2010/0199519 A1.

Battlogg, S., Poesel, J., & Elsensohn, G. (2013). Movement damping apparatus, US Patent 8,418,819.

Baudendistel, T. A., Tewani, S. G., Shores, J. M., Long, M. W., Longhouse, R. E., Namuduri, C. S., & Alexandridis, A. A. (2003). Hydraulic mount with magnetorheological fluid, US Patent No. 6,622,995.

Bell, R. C., Zimmermann, D. T., & Wereley, N. M. (2008). Impact of nano-wires on the properties of magnetorheological fluids and elastomer composites. In Electrodeposited Nanowires and Their Applications InTech.

Bombard, A. J. F., Antunes, L. S., & Gouvea, D. (2009). Redispersibility in magnetorheological fluids: Surface interactions between iron powder and wetting additives. Journal of Physics: Conference Series, (Vol. 149, p. 012038). IOP Publishing.

Bombard, A. J. F., Alcantara, M. R., Knobel, M., & Volpe, P. L. O. (2005). Experimental study of MR suspensions of carbonyl iron powders with different particle sizes. International Journal of Modern Physics B, 19(07n09), 1332-1338.

Bombard, A. J. F., Teodoro, J., & Victor, R. (2011). Magnetorheological fluids with carbonyl and water atomized iron powders. International Journal of Modern Physics B, 25(07), 943-946.

Bose, H., Ehrlich, J., Meneroud, P., & Magnac, G. (2009). Magnetorheological force transmission device, US Patent Application No. 2009/0133976 A1.

Bose, H., & Ehrlich, J. (2010). Performance of magnetorheological fluids in a novel damper with excellent fail-safe behavior. Journal of Intelligent Material Systems and Structures, 21, 1537-1542.

Bossis, G., & Lemaire, E. (1991). Yield stresses in magnetic suspensions. Journal of Rheology (1978-present), 35(7), 1345-1354.

Bossis, G., Lacisb, S., Meuniera, A., & Volkova, O. (2008). Magnetorheological fluids. Journal of Magnetism and Magnetic Materials, 222, 2395-2407.

Brigley, M., Choi, Y. -T., Wereley, N. M., & Choi, S. B. (2007). Magnetorheological isolators using multiple fluid modes. Journal of Intelligent Material Systems and Structures, 12(18), 1143-1148.

Browne, A. L., Johnson, N. L., Wereley, N. M., Choi, Y. -T., Hu, W., & Man, M. (2011). Method of designing magnetorheological fluid energy absorbing device using hydromechanical analysis, US Patent No. 7,930,150 B2.

Burson, K. (2006). Lord MR damping solutions for automotive applications. In Proceedings of the Vehicle Dynamics Expo, Novi, MI(US).

BWI Group. (2014). URL http://www.bwigroup.com.

Carlson, D. J. (1996). Multi-degree of freedom magnetorheological devices and system for using same, US Patent No. 5492312.

Carlson, D. J. (1999). Magnetorheological fluid actuators. In Adaptronics and Smart Structures. New York: Springer.

Carlson, D. J., & Chrzan, M. J. (1994). Magnetorheological fluid dampers, US Patent No. 5, 277, 281. Carlson, D. J., & Weiss, K. D. (1995). Magnetorheological materials based on alloy particles, US Patent No. 5,382,373.

Carlson, D. J., Goncalves, F. D., Catanzarite, D. M., & Dobbs, D. R. (2008). Controllable magne-torheological fluid valve, devices and methods, US Patent Application No. 20080060710 A1.

Carlson, J. D., Jolly, M. R., & Ivers, D. E. (2009). Magnetorheological fluid damper having enhanced on-state yield strength, US Patent Application No. 2009/0294231 A1.

Carlson, J. D. (2002). What makes a good MR fluid. Journal of Intelligent Material Systems and Structures, 13, 431-435.

Carlson, D. J. (2003). Critical factors for MR fluids in vehicle systems. Journal of Vehicle Design, 33(1), 207-217.

Carrera Racing. (2000). URL http://www.qa1.net.

Chang, Ch-Ch., & Roschke, P. (1998). Neural network modeling of a magnetorheological damper. Journal of Intelligent Material Systems and Structures, 9(9), 755-764.

Chen Yang Technologies. (2014). CY-Mag-NdFeB. Technical Information.

Chen, J., & Liao, W. H. (2006). A leg exoskeleton utilizing a magnetorheological actuator. In Proceedings of ROBIO' 06. IEEE International Conference on Robotics and Biometics (pp. 824-829). Kunming, China.

Chen, C., & Liao, W. H. (2010). A self-powered, self-sensing magnetorheological damper. In Proceedings of IEEE Conference on Mechatronics and Automation (pp. 1364-1369).

Chen, S. M., Bullough, W. A., & Ellam, D. J. (2007). Examination of through flow in a radial ESF clutch. Journal of Intelligent Material Systems and Structures, 12, 1175-1179.

Chen, Ch., & Liao, W. H. (2012). A self-sensing magnetorheological damper with power generation. Smart Materials and Structures, 21, 025014.

Cho, S. W., Park, K. S., Kim, Ch. H., & Lee, I. (2004). Smart passive system based on MR damper. In Proceedings of the 1st International Conference From Scientific Computing to Computational Engineering. Athens, Greece.

Cho, S. W., Jung, H. J., & Lee, I. W. (2005). Smart passive system based on a magnetorheological dampers. Smart Materials and Structures, 14(4), 707-714.

Choi, Y. -T., Bitman, L., & Wereley, N. M. (2005). Nondimensional analysis of electrorheological dampers using an Eyring constitutive relationship. Journal of Intelligent Material Systems and Structures, 16(5), 383-394.

Choi, J. S., Park, B. J., Cho, M. S., & Choi, H. J. (2006). Preparation and magnetorheological characteristics of polymer coated carbonyl iron suspensions. Journal of Magnetism and Magnetic Materials, 304(1), 374-376.

Choi, S. W., Jung, H. J., Lee, I. W., & Cho, S. W. (2007). Feasibility study of an MR damper-based smart passive control system employing an electromagnetic induction device. Smart Materials and Structures, 16(6), 2323-2329.

Choi, Y. - T., & Wereley, N. M. (2009). Self - powered magnetorheological dampers. Journal of Vibration and Acoustics, 131, 44-50.

Chong, K. P. (Ed.). (2003). Intelligent structures. CRC Press.

Chrzan M. J., & Carlson, J. D. (2001). MR fluid sponge devices and their use in vibration control of washing machines. In Proceedings of the SPIE Conference, Smart Structures and Materials: Damping and Isolation (Vol. 4331, p. 370). Singapore.

Dessimond, J. (1957). System de reglage pour amortisseurs de suspension, French Patent No. 1,165,327.

de Vicente, J., Vereda, F., Segovia - Gutierrez, J. P., del Puerto Morales, M., & Hidalgo - Alvarez, R. (2010). Effect of particle shape in magnetorheology. Journal of Rheology, 54(6), 1337-1362.

de Vicente, J., Klingenberg, D. J., & Hidalgo-Alvarez, R. (2011). Magnetorheological fluids: A review. Soft Matter, 7(8), 3701-3710.

Dimatteo, M. A., Hopkins, P. N., Kruckemeyer, W. C., Longhouse, R. E., & Oliver, M. L. (1997). Alternating state pressure regulation valved damper, US Patent No. 5,690,195.

Dimock, G. A., Lindler, J. E., & Wereley, N. M. (2000). Bingham biplastic analysis of shear thinning and thickening in magnetorheological damper. In Proccedings of SPIE's 7th International Symposioum on Smart Structures and Materials.

Ding, Y., Zhang, L., Zhu, H. -T., & Li, Z. -X. (2013). A new magnetorheological damper for seismic control. Smart Materials and Structures, 22, 115003.

Dixon, J. C. (2007). The shock absorber handbook (2nd ed.). London: John Wiley and Sons. Duym, S. W. (2000). Simulation tools, modeling and identification for an automotive shock absorber in the context of vehicle dynamics. Journal of Vehicle System Dynamics, 33, 261-285.

Elahinia, M., Ciocanel, C., Nguyen, T., & Wang, S. (2013). MR- and ER-based semi-active engine mounts: A review. Smart Materials Research, 2013, 21.

Farjoud, A., Craft, M., Burke, W., & Ahmadian, M. (2011). Experimental investigation of MR squeeze mounts. Journal of Intelligent Material Systems and Structures, 22(15), 1645-1652.

Felt, D., Hagenbuchle, M., Liu, J., & Richard, J. (1996). Rheology of a magnetorheological fluid. Journal of Intelligent Material Systems and Structures, 7, 589-593.

Flores, G. A., Sheng, R., & Liu, J. (1999). Medical applications of magnetorheological fluids: A possible new cancer therapy. Journal of Intelligent Material Systems and Structures, 10, 708-713.

Flores, G. A., & Lui, J. (2002). Embolization of blood vessels as a cancer therapy using magnetorheological fluids. Journal of Intelligent Material Systems and Structures, 13, 641-646.

Fludicon. (2014). URL http://www.fludicon.de.

Foister, R. T. (1997). Microspheres dispersed in liquid, increase in flow resistance, US Patent No. 5,667,715.

Foister, R. T., Iyengar, V. R., & Yurgelevic, S. M. (2003). Stabilization of magnetorheological fluid suspensions using a mixture of organoclays, US Patent No. 6,592,772 B2.

Foister, R. T., Iyengar, V. R., & Yurgelevic, S. (2004). Low cost MR fluids with powdered iron, US Patent No. 6,787,058 B2.

Foister, R. T., Nehl, T. W., Kruckemeyer, W. C., & Raynauld, O. (2011). Magnetorheological (MR) piston assembly with primary and secondary channels to improve MR damper force, US Patent Application No. 20110100775.

Forehand T. L., & Barber, D. E. (2010). High durability magnetorheological fluids, WO Patent App. PCT/US2010/036,513.

Frost. (2009). Frost and Sullivan honours Fludicon with European Automotive Advanced Suspension Technologies Excellence in Research Award, URL http://www.frost.com.

Gartling, D., & Phan-Tien, N. (1984). A numerical simulation of plastic fluid flow in a parallel plate plastomer. Journal of Non-Newtonian Fluid Mechanics, 14, 347-360.

Gavin, H. P., Hanson, R. D., & Filisko, F. E. (1996). Electrorheological dampers, Part I: Analysis and design. Journal of Applied Mechanics, 63(a), 678-682.

Gavin, H. P. (1998). Design method for high force electrorheological dampers. Smart Materials and Structures, 7(5), 664.

Gavin, H. P., & Dobossy, M. E. (2001). Optimal design of an MR device. In Proceedings of SPIE's 8th Annual International Symposium on Smart Structures and Materials (pp. 273-280).

Gavin, H. P. (2001). Multi-duct ER dampers. Journal of Intelligent Material Systems and Structures, 12(5), 353-366.

Ginder, J. M., Davis, L. C., & Elie, L. D. (1996a). Rheology of magnetorheological fluids: Models and measurements. International Journal of Modern Physics B, 10 (23n24), 3293-3303.

Ginder, J. M., Elie, L. D., & Davis, L. C. (1996b) Magnetic fluid - based magnetorheological fluids, US Patent No. 5549837.

Ginder, J. M., & Davis, L. C. (1994). Shear stresses in magnetorheological fluids: Role of magnetic saturation. Applied Physics Letters, 65(26), 3410-3412.

Ginder, J. M. (1998a). Behavior of magnetorheological fluids. MRS Bulletin, 23(8), 26 - 28. Ginder, J. M. (1998b). Behavior of magnetorheological fluids. MRS Bulletin, 23, 26-29.

GM Heritage Center (1933). Cadillac 355C V8, 2014. URL http://www.gmheritagecenter.com. Gołdasz, J. (2012). Magnetorheological shock absorbers: Automotive context. Wydawnictwo Politechniki Krakowskiej (PK).

(Monograph).

Goldasz, J. (2014) Theoretical study of a twintube magnetorheological fluid damper, To be pub-lished.

Goldasz, J., Szklarz, Z., Alexandridis, A. A., Nehl, T. W., Deng, F., & Valee, O. (2005). High-performance piston core for a magnetorheological damper, US Patent No. 6,948,312.

Goldasz, J., & Sapinski, B. (2011). Model of a squeeze-mode magnetorheological mount. Solid State Phenomena, 177, 116-124.

Goldasz, J., & Alexandridis, A. A. (2012). Medium- and high-frequency analysis of magnetorheo-logical fluid dampers. Journal of Vibration and Control, 18(14), 2140-2148.

Goldasz, J., & Sapinski, B. (2012). Nondimensional characterization of flow-mode magnetorheo-logical fluid dampers. Journal of Intelligent Material Systems and Structures, 23(14), 1545-1562.

Goldasz, J. (2013a). Study of a magnetorheological fluid damper with multiple parallel flow gaps. Journal of Vehicle Design, 62(1), 21-41.

Goldasz, J. (2013b). Electromechanical analysis of a magnetorheological damper with electrical steel laminations in the piston core. Przeglad Elektrotechniczny (Electrical Reviews), 2013(2a), 8-12.

Gomez-Ramirez, A., Lopez-Lopez, M. T., Kuzhir, P., Duran, J. D. G., & Gonzales-caballero, F. (2011). Magnetic and magnetorheological properties of nanofiber suspensions. In Electro-rheological Fluids and Magneto-rheological Suspensions: Proceedings of the 12th International Conference, Philadelphia, USA, 16-20 August 2010 (p. 348).

Goncalves, F. D. (2005). Characterizing the behavior of magnetorheological fluids at high velocities and high shear rates. PhD Thesis. Virginia Polytechnic Institute and State University.

Goncalves, F. D., & Carlson, D. J. (2009). An alternative operation mode for MR fluids—magnetic gradient pinch. Journal of Physics: Conference Series, 149 (1), 012050.

Gopalakrishnan, S., & Namuduri, C. S. (2011). High bandwidth control of a magnetic ride control system, US Patent No. 8,055,408 B2.

Gordaninejad, F., Fuchs, A., & Dogrour, U. (2003). A new generation of magnetorheological fluid dampers. Technical Report ADA426496, US Army

Research Office.

Gordaninejad, F., Wang, X., Hitchcock, G., Bangrakulur, K., Ruan, S., & Siino, M. (2010). Self - powered magnetorheological dampers. Journal of Structural Engineering, 136, 135-143.

Gorodkin, S. R., Kolomentsev, A. V., Kordonsky, W. I., Kuzmin, V. A., Luk' ianovich, A. V., Prokhorov, I. V., Protasevich, N. A., & Shulman, Z. P. (1994). Magnetorheological valve and devices incorporating magnetorheological elements, US Patent 5,353,839.

Groves, G. W., Kazmirski, K. C., Steed, D. L., & Zebolsky, M. L. (2002). Solenoid actuated continuously variable shock absorber, EP Patent Application No. EP-20010117501.

Guan, X., Guo, P., & Ou, J. (2009). Study of the response time of MR dampers. In Proceedings of Second International Conference on Smart Materials and Nanotechnology in Engineering (Vol. 7493, pp. 1117). Weihai, China.

Guo, P., Guan, X., & Ou, J. (2013). Physical modeling and design method of the hysteretic behav - ior of magnetorheological dampers. Journal of Intelligent Material Systems and Structures, 1045389X13500576.

Gysen, B. L. J., Janssen, J. L. G., Paulides, J. J. H., & Lomonova, E. A. (2009). Design aspects of an active electromagnetic suspension system for automotive applications. IEEE Transactions on Industry Applications, 45(5), 1589-1597.

Gysen, B., Paulides, J., Janssen, J., & Lomonova, E. (2010). Active electromagnetic suspension system for improved vehicle dynamics. IEEE Transactions on Vehicular Technology, 50(3), 1156-1163.

Hato, M. J., Choi, H. J., Sim, H. H., Park, B. O., & Ray, S. S. (2011). Magnetic carbonyl iron suspension with organoclay additive and its magnetorheological properties. Colloids and Surfaces A: Physicochemical and Engineering Aspects, 377(1), 103-109.

Hong, J. H., Choi, K. M., Lee, J. H., Oh, J. W., & Lee, I. W. (2007). Experimental study on smart passive system based on MR damper. In Proceedings of the 18th KKCNN Symposium on Civil Engineering. Kaohsiung, China.

Hong, S. R., Choi, S. B., Jung, W. J., & Jeong, W. B. (2002). Vibration isolation using squeeze-mode ER mounts. Journal of Intelligent Material Systems and Structures, 7(13), 421-424.

Hong, S. R., Choi, S. B., Choi, Y. -T., & Wereley, N. M. (2003). Non-dimensional analysis for effective design of semi-active electrorheological damping control systems. Proceedings of the Institution of Mechanical Engineers, Part D: Journal of Automobile Engineering, 7, 1095-1106.

Hong, S. R., Choi, S. - B., Choi, Y. - T., & Wereley, N. M. (2005). Non - dimensional analysis and design of a magnetorheological damper. Journal of Sound and Vibration, 288(4-5), 847-863.

Hong, S. R., Gang, W., Hu, W., & Wereley, N. M. (2006). Liquid spring shock absorber with con - trollable magnetorheological damping. Proceedings of the Institution of Mechanical Engineers, Part D: Journal of Automobile Engineering, 220(8), 1019-1029.

Hong, S. R., Shaju, J., Wereley, N. M., Choi, Y. -T., & Choi, S. -B. (2008). A unifying perspective on the quasi - steady analysis of magnetorheological dampers. Journal of Intelligent Material Systems and Structures, 19, 959-976.

Hopkins, P. N., Fehring, J. D., Lisenker, I., Longhouse, R. E., Kruckemeyer, W. C., Oliver, M. L., Robinson, F. M., & Alexandridis, A. A. (2001). Magnetorheological fluid damper, US Patent No. 6,311,810 B1.

Hrovat, D. (1997). Survey of advanced suspension developments and related optimal control applications. Automatica, 33(10), 1781-1817.

IV Lienhard, J. H., & V Lienhard, J. H. (2002). A heat transfer textbook. Cambridge: Phlogiston Press.

Iyengar, V. R., & Foister, R. T. (2002). Use of high surface area untreated fumed silica in MR fluid formulation, US Patent No. 6,451,219 B1.

Iyengar, V. R., & Foister, R. T. (2003a). Durable magnetorheological fluid compositions, US Patent No. 6,599,439 B2.

Iyengar, V. R., & Foister, R. T. (2003b). Optimized synthetic base liquid for magnetorheological fluid formulations, US Patent No. 6,638,443 B2.

Iyengar, V. R., Alexandridis, A. A., Tung, S. C., & Rule, D. (2004a). Wear testing of seals in magneto-rheological fluids. Tribology Transactions, 47(1), 23-28.

Iyengar, V. R., Foister, R. T., & Johnson, J. C. (2004b). MR fluids containing magnetic stainless steel, US Patent No. 6,679,999 B2.

Iyengar, V. R., Hopkins, P. N., & Myers, M. E. (2006). Magnetorheological fluid resistant to settling in natural rubber devices, US Patent No. 7,070,708 B2.

Iyengar, V. R., Yurgelevic, S., & Foister, R. T. (2010). Magnetorheological fluid with a fluorocarbon thickener, US Patent No. 7,731,863 B2.

Jackel, M., Hansmann, J., Matthias, M., & Melz, T. (2014). Development of a magnetorheological damper with an in two ways adjustable magnetic field for an electrically powered car with wheel hub motors. In Proceedings of the International Conference on New Actuators—ACTUATOR (pp. 493 –497). Bremen, Germany.

Janocha, H. (2007). Adaptronics and Smart Structures. Berlin, Heidelberg, New York: Springer. Jensen, E. L., Oliver, M. L., & Kruckemeyer, W. C. (2002). Twin-tube magnetorheological damper, US Patent Application No. 20020139624.

Jiang, W., Zhang, Y., Xuan, S., Guo, Ch., & Gong, X. (2011). Dimorphic magnetorheological fluid with improved rheological properties. Journal of Magnetism and Magnetic Materials, 323(24), 3246-3250.

Jiang, Z., & Christenson, R. E. (2012). A fully dynamic magnetorheological fluid damper model. Smart Materials and Structures, 21, 065002.

Jolly, M. R., & Carlson, D. J. (1996). Controllable squeeze film damping using magnetorheological fluids. In Proceedings of the 5th International Conference on New Actuators (pp. 333-336). Bremen, Germany.

Jolly, M. R., & Nakano, M. (2013). Properties and applications of commercial controllable fluids. In Proceedings of the 6th International Conference on New Actuators (pp. 414-419). Bremen, Germany.

Jolly, M., Carlson, J. D., & Munoz, B. C. (1996). A model of the behaviour of magnetorheological materials. Smart Materials and Structures, 5, 607-614.

Jolly, M., & Margolis, D. (1997). Regenerative systems for vibration control. Journal of Vibration and Acoustics, 119(2), 208-215.

Jolly, M. R., Bender, J., & Carlson, D. J. (1999). Properties and applications of commercial magnetorheological fluids. Journal of Intelligent Material Systems and Structures, 1, 5-13.

Jung, H. J., Jang, D. D., Cho, S. W., & Koo, J. H. (2009a). Experimental verification of sensing capability of an electromagnetic induction system for an MR fluid damper based control system. Journal of Physics: Conference Series, 149(1), 012058.

Jung, H. J., Jang, D. D., Choi, K. M., & Cho, S. W. (2009b). Vibration mitigation of isolated highway isolated bridge using MR damper-based smart passive control system employing an electromagnetic induction part. Journal of Structural and Health Monitoring, 16, 613-625.

Jung, H. J., Jang, D. D., Koo, J. H., & Cho, S. W. (2010a). Experimental evaluation of a self-sensing capability of an electromagnetic induction system designed for MR dampers. Journal of Intelligent Material Systems and Structures, 21, 837 –

836.

Jung, H. J. , Jang, D. D. , Lee, H. J. , Lee, I. W. , & Cho, S. W. (2010b). Feasibility test of adaptive passive control system using MR fluid damper with electromagnetic induction. Journal of Engineering Mechanics, 136, 254–259.

Karnopp, D. C. , Crosby, M. J. , & Harwood, R. A. (1974). Vibration control using semi–active force generators. ASME Journal of Engineering for Industry, 96(2), 619–626.

Kawamoto, Y. , Suda, Y. , & Inoue, H. (2007). Modeling of electromagnetic damper for automobile suspension. Journal of System Design and Dynamics, 1 (3), 524535.

Kim, I. H. , Jung, H. J. , & Koo, J. H. (2010). Experimental evaluation of a self–powered smart damping system in reducing vibration of a fully – scale say cable. Smart Materials and Structures, 19(1), 1–10.

Kittipoomwong, D. , & Klingenberg, D. J. (2005). Dynamic yield stress enhancement in bi – disperse magnetorheological fluids. Journal of Rheology, 49 (6), 1521 – 1538.

Klingeberg, D. J. (2001). Magnetorheology: Applications and challenges. AIChE Journal, 47(2), 246–249.

Koo, J. –H. , Goncalves, F. D. , & Ahmadian, M. (2006). A comprehensive analysis of the response time of MR dampers. Smart Materials and Structures, 15(2), 351.

Kordonski, W. I. , & Golini, D. (2000). Magnetorheological fluid utilization in high precision fin – ishing. In Proceedings of 7th International Conference on Electrorheological Fluids and Mag–netorheological Suspensions (p. 682). Singapore.

Kordonsky, V. I. (1993a). Elements and devices based on magnetorheological effect. Journal of Intelligent Material Systems and Structures, 4, 65–69.

Kordonsky, V. I. (1993b). Magnetorheological effect as a base of new devices and technologies. Journal of Magnetism and Magnetic Materials, 122, 395398.

Kruckemeyer, W. C. , Jensen, E. L. , Longhouse, R. E. , Hopkins, P. N. , Fehring, J. D. , Lisenker, I. , & Morgan, J. A. (2001). Magnetorheological fluid damper tunable for smooth transitions, US Patent No. 6, 318, 519.

Lafarge, B. , Curea, O. , & Hacala, A. (2013). Modeling of an electromechanical energy harvesting system using an linear movement. In Proceedings of JNRSE' 2013. Tolouse.

Lam, K. H. , Chen, Z. H. , Ni, Y. Q. , & Chan, H. L. (2010). A magnetorheological damper capable of force and displacement sensing. Sensors and Actuators, 158,

51-59.

Lang, H. (1977). A study of the characteristics of automotive hydraulic dampers at high stroking frequencies. PhD Thesis. University of Michigan.

Lee, D. -R., Huh, Ch. -D., & Jin, M. -H. (2010). Piston valve assembly and damper having the same, US Patent Application No. 20100006381 A1.

Lee, L. (1997). Numerical modelling for the hydraulic performance prediction of automotive mono-tube dampers. Journal of Vehicle System Dynamics, 28, 25-39.

Levant Power. (2014). URL http://www. levantpower. com.

Li, W., Jeong, Y. -W., & Koh, Ch-S. (1859). An adaptive equivalent circuit modeling method for the eddy current-driven electromechanical system. IEEE Transactions on Magnetics, 46(6), 2010.

Li, W. H., Du, H., & Guo, N. Q. (2003). Finite-element analysis and simulation evaluation of a magnetorheological valve. Journal of Advanced Manufacturing Technology, 21, 438-445.

Li, H., & Peng, X. (2012). Simulation for the microstructure and rheology in bidisperse magne-torheological fluids. Journal of Computers, 7(6), 1405-1412.

Li, Z., Zhuo, L., Luhrs, G., Lin, L., & Qin, Y. (2013a). Electromagnetic energy-harvesting shock absorbers: Design, modeling and road tests. IEEE Transactions on Vehicular Technology, 62, 1065-1074.

Li, Z., Zuo, L., Kuang, J., & Luhrs, G. (2013b). Energy-harvesting shock absorber with a mechanical motion rectifier. Smart Materials and Structures, 22, 025008.

Liao, W. H., & Chen, C. (2012). Self-powered and self-sensing magnetorheological dampers, Inter- national Patent (PTC) Application No. WO 2012/016488 A1.

Lisenker, I., Hofmann, R. L., & Hurtt, M. W. (2005). Magnetorheological fluid damper, US Patent No. 6, 874, 603.

Lopez, J., & Skarbek, J. (2013). Magnetorheological (MR) piston ring and MR damper having same, 2013. US Patent No. 8, 490, 762.

Lopez-Lopez, M. T., Kuzhir, P., Lacis, S., Bossis, G., Gonzalez-Caballero, F., & Duran, J. D. G. (2006). Magnetorheology for suspensions of solid particles dispersed in ferrofluids. Journal of Physics: Condensed Matter, 18(38), 2803-2813.

Lopez-Lopez, M. T., Kuzhir, P., Meunier, A., & Bossis, G. (2010). Synthesis and magnetorheology of suspensions of submicron-sized cobalt particles with tunable particle size. Journal of Physics: Condensed Matter, 22(32), 324106

Lopez-Lopez, M. T., Bossis, G., Duran, J. D. G., Gomez-Ramirez, A., Kuzhir, P., Iskakova, L., et al. (2013). Inversion of magnetic forces between microparticles and its effect on the magnetorheology of extremely bidisperse magnetic fluids. Journal of Nanofluids, 2(2), 85-93.

Lord Corp. (2001). MRB - 2107 - 3 Brake, URL http://www.mrfluid.com. Ly, H. V., Reitich, F., Jolly, M. R., Banks, H. T., & Ito, K. (1999). Simulations of particle dynamics in magnetorheological fluids. Journal of Computational Physics, 155(1), 160-177.

Lyman, T. (1961). Metals handbook: Properties and selection of metals, (8th ed.). ASM International.

Manring, N. D. (2005). Hydraulic control systems. New York: John Wiley and Sons.

Mao, M., Choi, Y. -T., & Wereley, N. M. (2007). A magnetorheological damper with bifold valves for shock and vibration mitigation. Journal of Intelligent Material Systems and Structures, 18, 1227-1232.

Mao, M., Hu, W., Choi, Y. -T., Wereley, N. M., Browne, A. L., Ulicny, J., et al. (2013). Nonlinear modeling of magnetorheological energy absorbers under impact conditions. Smart Materials and Structures, 22, 115015.

Margida, A. J., Weiss, K. D., & Carlson, D. J. (1996). Magnetorheological materials based on iron alloy particles. International Journal of Modern Physics B, 10 (23n24), 3335-3341.

Marjoram, R., & Chrzan, M. (2004). Magnetorheological twin-tube damping device, US Patent No. 6,695,102.

Microchip Technology Inc. (2010). PIC18f47J53 Family Data Sheet. Technical Information.

Mikulowski, G. M. (2008). Adaptive impact absorbers based on magnetorheological fluids. PhD Thesis. Institute of Fundamental Technological Research, Warsaw, Poland: Polish Academy of Sciences.

Minh, N. T. (2009). A novel semi-active magnetorheological mount for vibration isolation. PhD Thesis. University of Toledo, US.

Mohebi, M., Jamasbi, N., Flores, G. A., & Liu, J. (1999). Numerical study of the role of magnetic field ramping rate on the structure formation in magnetorheological fluids. International Journal of Modern Physics B, 13 (14n16), 2060-2067.

Mollica, M. (1997). Nonlinear dynamic model and simulation of a high pressure monotube shock absorber using the bond graph method. Master's Thesis. Massachusetts

Institute of Technology (MIT).

Munoz, B. C., Adams, G. W., Ngo, V. T., & Kitchin, J. R. (2001). Stable magnetorheological fluids, US Patent No. 6,203,717 B1.

Munoz, B. C., Margida, A. J., & Karol, T. J. (1998). Organomolybdenum-containing magnetorhe-ological fluid, US Patent No. 5,705,085.

Murphy, T. (2012). MR dampers bound for high volume, URL http://www.wardsauto.com. Nakano, K., & Suda, Y. (2004). Combined type of self-powered active vibration control of truck cabins. Journal of Vehicle System Dynamics, 41(16), 449-473.

Nam, Y. - J., & Park, M. - K. (2009). Electromagnetic design of a magnetorheological damper. Journal of Intelligent Material Systems and Structures, 20, 181-191.

Namuduri, C. S. (2003). Fluid damper having continuously variable damping response, US Patent No. 7,232,016 B2.

Namuduri, C. S., Alexandridis, A. A., Madak, J., & Rule D. (2001). Magnetorheological fluid damper with multiple flow gaps, US Patent No. 6,279,701.

Nehl, T. W., & Alexandridis, A. A. (2010). Magnetorheological devices with permanent magnet field bias, US Patent Application No. 2010/0089711 A1.

Nehl, T. W., & Deng, F. (2007). Velocity sensing system for a damper, US Patent No. 7,308,975.

Nehl, T. W., Alexandridis, A. A., Foister, R. T., Kruckemeyer, W. C., & Deng, F. (2009). Magnetorheological fluid - based device having a magnetorheological piston assembly, US Patent Application No. 20090188763.

Nehl, T. W., Gopalakrishnan, S., & Deng, F. (2007). Direct flux control for magnetic structures, US Patent Application No. 2007/0285195 A1.

New Electronics. (2011). How electronics technology is contributing to much improved handling in a range of top end cars. URL http://www.newelectronics.co.uk.

Ngatu, G. T., Wereley, N. M., Karli, J. O., & Bell, R. C. (2008). Dimorphic magnetorheological fluids: Exploiting partial substitution of micro-spheres by micro-wires. Smart Materials and Structures, 17, 045022.

Nguyen, T. M. (2009) A novel semi-active magnetorheological mount for vibration isolation. PhD Thesis. University of Toledo, US.

Nguyen, Q. H., Han, Y. M., Choi, S. B., & Wereley, N. M. (2007). Geometry optimisation of MR valves constrained in a specific volume using finite element method. Smart Materials and Structures, 16, 2242–2252.

Nguyen, Q. – H., Choi, S. B., & Wereley, N. M. (2008). Optimal design of magnetorheological valves via a finite element method considering control energy and time constant. Smart Materials and Structures, 17, 025024.

Nguyen, Q. –H., & Choi, S. B. (2009a). A new approach for dynamic modeling of an electrorheological damper using a lumped parameter method. Smart Materials and Structures, 18(11), 115–120.

Nguyen, Q. H., & Choi, S. B. (2009b). Optimal design of vehicle MR damper considering damping force and dynamic range. Smart Materials and Structures, 18, 015013.

Nguyen, Q. H., Choi, S. B., Lee, Y. S., & Han, M. S. (2011). Damping force prediction of electrorheological fluid damper using an analytical dynamic model. Journal of Vehicle System Dynamics, 57(1), 50–70.

Noritsugu, T. (1999). Energy saving of a pneumatic system (2). Energy regenerative control of a pneumatic drive system. Application to active air suspension. Hydraulics and Pneumatics, 38(4), 1–4.

Oakley, R. (2008). Twin – tube magnetorheological damper, European Patent No. EP1908985. Ohori, S., Fujisawa, K., Kawai, M., & Mitsumata, T. (2013). Magnetoelastic behavior of bimodal magnetic hydrogels using non – magnetic particles. Chemistry Letters, 42, 50–51.

Oliver, M., & Kruckemeyer, W. (2002). Magnetorheological damping valve using laminated construction, US Patent No. 6,481,546 B2.

Oliver, M. L., Kruckemeyer, W. C., & Bishop, T. (2003). Magnetorheological piston with bypass valving, 2003. US Patent Application No. 20030000781 A1.

Or, S. W., Duan, Y. F., Ni, Y. Q., Chen, Z. H., & Lam, K. H. (2008). Development of magnetorheological dampers with embedded piezoelectric force sensors for structural vibration control. Journal of Intelligent Material Systems and Structures, 19, 1327–1337.

Osiowski, J., & Szabatin, J. (1962). Podstawy teorii obwodów (Fundamentals of circuit theory). Wydawnictwo Naukowo–Techniczne (In Polish).

Papanastasiou, T. C. (1987). Flow of materials with yield stress. Journal of Rheology, 31, 385–404.

Pawlak, A. M. (2006). Sensors and actuators in mechatronics: Design and applications. CRC Press.

Peel, D. J., Stanway, R., & Bullough, W. A. (1996). Dynamic modelling of an ER vibration damper for vehicle suspension applications. Smart Materials and Structures, 5, 591-606.

Pei, S. Z. (2010). Design of electromagnetic shock absorbers for energy harvesting from vehicle suspensions. Master's Thesis. Stony Brook University.

Petek, N. (1993). Adjustable dampers using electrorheological fluids, US Patent No. 5,259,487.

Phillips, R. W. (1969). Engineering applications of fluids with a variable yield stress. PhD Thesis. Berkeley: University of California.

Phule, P. P., & Ginder, J. M. (1999). Synthesis and properties of novel magnetorheological fuids having improved stability and redispersibility. International Journal of Modern Physics B. 13(14n16), 2019-2027.

Phule, P. P., Mihalcin, M. P., & Genc, S. (1999). The role of the dispersed-phase remnant magnetization on the redispersibility of magnetorheological fluids. Journal of Materials Research, 14(7), 3037-3041.

Phule, P. P. (2001). Magnetorheological (MR) fluids: Principles and applications. Smart Materials Bulletin, 2001(2), 7-10.

Pitcher, G. (2010). On the level: Automotive electronics. New electronics. URL http://www.newelectronics.co.uk.

Potnuru, M. R., Wang, X., Mantripragada, S., & Gordaninejad, F. (2013). A compressible magnetorheological fluid damper-liquid spring system. Journal of Vehicle Design, 63, 256-274.

Powell, J. A. (1994). Modelling the oscillatory response of an electrorheological fluid. Smart Materials and Structures, 3, 416-438.

Poynor, J. C. (2001). Innovative designs for magnetorheological dampers. Master's Thesis. Virginia Polytechnic Institute and State University.

Rabinov, J. (1948). The magnetic field clutch. AIEE Transactions, 67, 1308-1315.

Raja, P., & Gordaninejad, F. (2014). A high-force controllable MR fluid damper-liquid spring suspension system. Smart Materials and Structures, 23(1), 015021.

Ramana, B. V. (2006). Higher engineering mathematics. Tata McGraw - Hill Education.

Rich, J. P., Doyle, P. S., & McKinley, G. H. (2012). Magnetorheology in an aging, yield stress matrix fluid. Rheologica Acta, 51(7), 579-593.

Rizzo, R., Sgambelluri, N., Scilingo, E. P., Raugi, M., & Bicchi, A. (2007). Electromagnetic modeling and design of haptic interface prototypes based on magnetorheological fluids. IEEE Trans-actions on Magnetics,43,3586-3599.

Rogers, C. (1993). Intelligent material systems—the dawn of a new materials age. Journal of Intelligent Material Systems and Structures,4,4-12.

Rosenfeld, N., & Wereley, N. M. (2002). Behavior of magnetorheological fluids utilizing nanopowder iron. International Journal of Modern Physics B, 16 (17-18),2392-2398.

Rosol, M., Sapinski, B., & Jastrzebski, L. (2014). Experimental investigation of an MR damper control circuit driven by a PWM power driver. To be published.

Sapinski, B. (2004). Linear magnetorheological fluid dampers for vibration mitigation: modelling, control and experimental testing. Uczelniane Wydawnictwa Naukowo-Dydaktyczne.

Sapinski, B. (2011). Experimental study of a self-powered and sensing MR-damper-based vibration control system. Smart Materials and Structures,20,105007.

Sapinski, B., & Krupa, S. (2013). Efficiency improvement in a vibration power generator for a linear MR damper: Numerical study. Smart Materials and Structures,22(4),045011.

Sapinski, B. (2014). Energy-harvesting linear MR damper: Prototyping and testing. Smart Materials and Structures,23(3),035021.

Scruggs, J. T., & Lindner, D. (1999). Active energy control in civil structures. In Proceedings of the SPIE Conference on Smart Systems for Bridges, Structures and Highways (pp. 194-205).

Sedlacik, M., Pavlinek, V., Saha, P., Svrcinova, P., & Filip, P. (2011). Polymer coated carbonyl iron particles and their magnetorheological suspensions. In Proceedings of the 4th WSEAS Interna-tional Conference on Energy and Development-Environment-Biomedicine (pp. 289-293). World Scientific and Engineering Academy and Society (WSEAS).

Segel, L., & Lang, H. H. (1981). The mechanics of automotive hydraulic dampers at high stroking frequencies. Journal of Vehicle System Dynamics, 10 (2-3), 82-85.

Shokrollahi, H., & Janghorban, K. (2007). Soft magnetic composite materials (SMCs). Journal of Materials Processing Technology,189,1-12.

Shulman, Z. P., & Kordonsky, V. I. (1986). The magnetorheological effect. Technical Report. Shulman, Z. P., Kordonsky, V. I., Zaltsgendler, E. A., Prokhorov, I. V., Khusid, B. M., & Demchuk.

S. A. (1986). Structure, physical-properties and dynamics of magnetorheological suspensions. International Journal of Multiphase Flow,12,935-955.

Shulman,Z. P. ,Kordonsky,V. I. ,& Demchuk,S. A. (1993). The mechanism of heat transfer in magnetorheological systems. International Journal of Heat and Mass Transfer,22(3),389-394.

Si,H. ,Peng,X. ,& Li,X. (2008). A micromechanical model for magnetorheological fluids. Journal of Intelligent Material Systems and Structures,19(1),19-23.

Singh,R. (1992). Linear analysis of automotive hydro-mechanical mount with emphasis on decoupler characteristics. Journal of Sound and Vibration,158(2), 219-243.

Spencer, B. F, Jr, Dyke, S. J. , Sain, M. K. , & Carlson, D. J. (1997). Phenomenological model of a magnetorheological damper. Journal of Mechanical Engineering (ASCE),20,383-394.

Spillman, W. B. , Sirkis, J. S. , & Gardiner, P. T. (1996). Smart materials and structures: What are they? Smart Materials and Structures,5(3),247.

Sproston,J. L. ,Rigby,S. G. ,Wiliams,E. W. ,& Stanway,R. (1994). A numerical simulation of electrorheological fluids in oscillatory compressive squeeze-flow. Journal of Physics D: Applied Physics,2(27),338-340.

ST Microelectronics. (2013). VNH2SP30E, Data Sheet. URLhttp://www. st. com/web/catalog/.

Stanway,R. ,Sproston,J. L. ,& El-Wahed,A. K. (1996). Application of electrorheological fluids in vibration control: A survey. Smart Materials and Structures,5 (4),464-482.

Starkovich,J. ,& Shtarkman,E. (2002). Non-spherical particles such as rod,that increase the field yield and responsive to particle interaction forces;use for space applications such as vibration isolators, vibration dampeners, and latch mechanisms. US Patent Application No. 09/782,472.

Sung,K. G. , & Choi, S. B. (2008). Effect of an electromagnetically optimized magnetorheological damper on vehicle suspension control performance. Proceedings of the Institution of Mechanical Engineers, Part D: Journal of Automobile Engineering,222,2307-2319.

Szydlo,Z. ,Kowal,J. ,Martynowicz,P. ,& Sapinski,B. (2010). Controlled two-way throttle valve for magnetorheological fluids. Polish Patent P-391 189.

Takagi,T. (1996). Recent research on intelligent materials. Journal of Intelligent Material Systems and Structures,7,346-353.

Tannehill,J. C. , Anderson, D. A. , & Pletcher, R. H. (1997). Computational fluid mechanics and heat transfer (2nd ed.). Taylor & Francis.

Trendler, A. -M., & Bose, H. (2005). Influence of particle size on the rheological properties of magnetorheological suspensions. International Journal of Modern Physics B, 19(07n09), 1416-1422.

Tucker, C., Wendell, R., Anderson, Z. M., Moen, E., Schneider, J., Jackowski, Z. J., & Morton, S. (2013). Integrated energy generating damper. US Patent Application No. 13/759467.

Ulicny, J. C., Snavely, K. S., Golden, M. A., & Klingenberg, D. J. (2010). Enhancing magnetorheology with nonmagnetizable particles. Applied Physics Letters, 96(23), 231903.

Walid, H. E. A. (2002). Finite-element analysis based modeling of magnetorheological dampers. Master's Thesis. Blacksburg: Virginia Polytechnic Institute and State University.

Wan g, D. H., & Liao, W. H. (2011). Magnetorheological fluid dampers: A review of parametric modeling. Smart Materials and Structures, 20(2), 023001.

Wang, D. -H., Bai, X. -X., & Liao, W. H. (2009a). Principle, design and modeling of an integrated relative displacement magnetorheological damper based on electromagnetic induction. Smart Materials and Structures, 18, 095025.

Wang, Z., Chen, Z., & Spencer, B. F. (2009b). Self-powered and sensing control system based on MR damper: Presentation and application. In Proceedings of the SPIE Conference: Smart Structures/NDE (Vol. 7292, p. 729240-1).

Wang, J., & Meng, G. (2001). Magnetorheological fluid devices: Principles, characteristics and applications in mechanical engineering. Proceedings of the Institution of Mechanical Engineers, Part D: Journal of Automobile Engineering, 2715, 165-174.

Wang, D. -H., & Liao, W. H. (2009a). Semi-active suspension systems for railway vehicles using magnetorheological dampers: Part I. System integration and modelling. Journal of Vehicle System Dynamics, 47, 1305-1325.

Wang, D. -H., & Liao, W. H. (2009b). Semi-active suspension systems for railway vehicles using magnetorheological dampers: Part II. Simulation and analysis. Journal of Vehicle System Dynamics, 47, 1349-1371.

Wang, D. -H., & Bai, X. -X. (2013). A magnetorheological damper with an integrated self-powered displacement sensor. Smart Materials and Structures, 22, 075001.

Weiss, K. D., Carlson, D. J., & Nixon, D. A. (2000). Method and magnetorheological fluid formulations for increasing the output of a magnetorheological fluid. US Patent No. 6027664.

Weiss, K. D., Carlson, D. J., Duclos, T. G., & Abbey, K. J. (1997a). Temperature independent magnetorheological materials. US Patent No. 5599474.

Weiss, K. D., Nixon, D. A., Carlson, D. J., & Margida, A. J. (1997b). Thixotropic magnetorheological materials. US Patent No. 5645752.

Weiss, K. D., Carlson, J. D., & Nixon, D. A. (1994). Viscoelastic properties of magneto- and electro-rheological fluids. Journal of Intelligent Material Systems and Structures, 5, 772-775.

Wereley, N. M., & Pang, L. (1998). Nondimensional analysis of semi-active electrorheological and magnetorheological dampers using approximate parallel plate models. Smart Materials and Structures, 7, 732-743.

Wereley, N. M., Kamath, G. M., & Madhavan, V. (1999). Hysteresis modeling of semi-active magnetorheological helicopter dampers. Journal of Intelligent Material Systems and Structures, 10, 624-633.

Wereley, N. M. (2003). Non-dimensional Herschel-Bulkley analysis of magnetorheological and electrorheological dampers. Journal of Intelligent Material Systems and Structures, 19(3), 257-268.

Wereley, N. M., Lindler, J., Rosenfeld, N., & Choi, Y.-T. (2004). Biviscous damping behavior in electrorheological shock absorbers. Smart Materials and Structures, 13(4), 743.

Wereley, N. M., Chaudhuri, A., Yoo, J. H., Kotha, S. J., Suggs, A., Radhakrishnan, R., et al. (2006). Bidisperse magnetorheological fluids using Fe particles at nanometer and micron scale. Journal of Intelligent Material Systems and Structures, 17, 393-401.

Wiliams, E., Rigby, S. G., Sproston, J., & Stanway, R. (1993). Electorheological fluids applied to an automotive engine mount. Journal of Non-Newtonian Fluid Mechanics, 47, 221-238.

Winslow, W. M. (1947). Method and means for translating electrical impulses into mechanical force. US Patent No. 2417850.

Wisniewski, A. (2011). On the possibility of use of magnetorheological fluids in armours. Biuletyn Wojskowego Instytutu Techniki Uzbrojenia (Military Technology Institute Bulletin), 11, 169-176.

Wong, A. P., Tozer, R. C., Bullough, W. A., & Ellam, D. J. (2008). Computational fluid dynamics in the flow of ERF/MRF in control devices and of oil flow through piezo-hydraulic valves. Computers and Structures, 86, 266-280.

Yang, G. (2001). Large-scale magnetorheological fluid damper for vibration mitigation: Modeling, testing and control. PhD Thesis. Notre Dame University.

Yoo, J.-H., & Wereley, N. M. (2002). Design of a high-efficiency magnetorheological valve. Journal of Intelligent Material Systems and Structures, 13, 679-685.

Zhang, J. Q., Pen, Z. Z., Zhang, L., & Zhang, Y. (2013). A review on energy-regenerative suspension systems for vehicles. In Proceedings of the World Congress on Engineering. London, England.

Zhang, Y. C., Yu, F., & Gu, Y. H. (2008). Isolation and energy regenerative performance experimental verification of automotive electrical suspension. Journal of Shanghai Jiao Tang University, 42(6), 874-877.

Zhang, X., Farjoud, A., Ahmadian, M., Guo, K., & Craft, M. (2011). Dynamic testing and modeling of an MR squeeze mount. Journal of Intelligent Material Systems and Structures, 22(15), 1717-1728.

Zheng, J., Li, Z., Koo, J., & Wang, J. (2014). Magnetic circuit design and multiphysics analysis of a novel MR damper for applications under high velocity. Advances in Mechanical Engineerings, 2014, 402501.

Zhu, S. Y., Shen, W. A., Xu, Y. L., & Lee, W. C. (2012). Linear electromagnetic devices for vibration damping and energy harvesting: Modeling and testing. Engineering Structures, 34, 198-212.

Zhu, X., Xingjian, J., & Cheng, L. (2013). Magnetorheological fluid dampers: A review on structure design and analysis. Journal of Intelligent Material Systems and Structures, 23(8), 839-873.

Zuo, L., & Tang, X. (2013). Large-scale vibration energy harvesting. Smart Materials and Structures, 24(11), 1405-1430.